Langenkamp/Malottke

Stationenlernen in Trainings und Seminaren

Dirk Langenkamp/Annette Malottke

Stationenlernen in Trainings und Seminaren

Wie individuelles Lernen in der Gruppe gelingt

Dirk Langenkamp war Lkw-Fahrer und später Stipendiat der Hans-Böckler-Stiftung. Heute ist er Dipl.-Pädagoge und arbeitet seit 2007 in Frankfurt am Main als Bildungsreferent bei der gemeinnützigen verdi Bildung & Beratung GmbH. Er berät Betriebsräte zu Bildungsfragen und gibt Trainings im Betriebsverfassungsrecht sowie in Train-the-Trainer-Seminaren.
d.langenkamp@t-online.de

Annette Malottke arbeitete früher als Versicherungskauffrau und war Stipendiatin der Hans-Böckler-Stiftung. Sie ist heute selbstständige Rechtsanwältin/Fachanwältin für Arbeitsrecht und arbeitet zudem als Trainerin für Arbeitsrecht sowie Train-the-Trainer-Seminare.
malottke@80drei.de

Dieses Buch ist auch als E-Book erhältlich
(ISBN 978-3-407-29271-1).

© 2014 Beltz Verlag · Weinheim und Basel
www.beltz.de

Lektorat: Dr. Erik Zyber
Herstellung: Lelia Rehm
Satz und Druck: Beltz Bad Langensalza GmbH, Bad Langensalza
Umschlagkonzept: glas ag, Seeheim-Jugenheim
Umschlaggestaltung: Lelia Rehm
Printed in Germany

ISBN 978-3-407-36561-3

Inhaltsverzeichnis

8

Inhaltsverzeichnis

Vorwort

Herzlich willkommen zu unserem Buch »Stationenlernen in Trainings und Seminaren«! Viele Jahre praktische Erfahrung mit Seminaren, in denen wir das Stationenlernen angewendet haben, sowie ein eklatanter Mangel an Literatur zu dieser Lernform für Erwachsene haben uns dazu bewogen, das vorliegende Buch zu schreiben. Wie so viele Trainer in der Erwachsenenbildung bewegt auch uns die Frage, unter welchen Voraussetzungen das Lernen Erwachsener am besten gelingen kann. Uns leitet dabei die klassische Herausforderung, die biografisch und soziokulturell bedingte Verschiedenheit der Lernenden und die daraus resultierende Individualität ihres Lernens im Seminar so zu organisieren, dass alle ihren individuellen Bedürfnissen und Anforderungen gemäß mit anderen gemeinsam lernen können.

Wir haben dieses Buch in der Überzeugung geschrieben, mit dem Stationenlernen allgemein und insbesondere mit unserer Herangehensweise einen erfolgreichen und wirksamen Weg subjektorientierten Lernens gefunden zu haben, den wir immer wieder mit Beispielen beleuchten werden. Gleichwohl ist uns viel daran gelegen, anderen Praktikern und Praktikerinnen deutlich zu machen, dass neben unserem Weg noch weitere Wege existieren, über die sich individualisiertes Lernen organisieren und praktizieren lässt. In diesem Buch stellen wir *unseren* Weg dar. Wir hoffen, dass schon bald weitere Erfolg versprechende Varianten des Stationenlernens in der Erwachsenenbildung diskutiert werden.

Dieses Buch kann Ihr Selbstverständnis als Trainerin und Trainer verändern. Individualisiertes, subjektorientiertes Lernen erfordert einen Perspektivwechsel. Schließlich wird der sogenannte Lehr-Lernprozess weniger aus Sicht der Verantwortlichen geplant und durchgeführt, vielmehr steht das lernende Subjekt im Zentrum. Beim Stationenlernen liegt der Schwerpunkt auf dem Unterstützen, Beraten und Begleiten. Es ist ein Wechsel vom Leader zum Coach. Wem es gelingt, diesen Wechsel zu vollziehen, dem versprechen wir tolle Erfahrungen und Lernerfolge.

 Beispiel

 Tipp

 Übung

Stationenlernen ist untrennbar verknüpft mit theoretischen Grundannahmen zum Lernen. Sie liefern den Grundstoff, aus dem Trainer und Trainerinnen ihr eigenes Bild von der Praxis des Stationenlernens konstruieren können. Ein konstruktiver Prozess, der sich nicht nur lohnt, sondern der sich sogar als theoretische Voraussetzung vor der Anwendung von Stationenlernen eignet. Das Stationenlernen ist keine solitäre Methode, vielmehr ist es ein methodischer Rahmen, vielgestaltig formbar vor dem Hintergrund biografischer und soziokultureller Prägung sowie pädagogischer Prämissen der ihn anwendenden Trainerinnen und Trainer. Stationenlernen verlangt geradezu eine kritische Überprüfung der eigenen Idee vom erfolgreichen Lernen, an deren Ende dann eine persönliche Deutung dieser für die Erwachsenenbildung noch ungewöhnlichen Seminarform steht.

Unsere Deutung von Stationenlernen haben wir hiermit vorgelegt. Um jeden Verdacht von Beliebigkeit bei der Anwendung bzw. Ausübung von Stationenlernen zu vermeiden, verwenden wir bewusst wertende Vokabeln, sagen deutlich, was jeweils zu tun ist, stellen Regeln auf, die keine Zweifel an unseren Überzeugungen aufkommen lassen sollen, und setzen uns damit sehenden Auges dem Vorwurf der Dogmatik aus. Andererseits stehen wir Rede und Antwort hinsichtlich unserer Beschreibungen einzelner Schritte. So hoffen wir, dass es unseren Leserinnen und Lesern gelingen möge, mit diesem Buch hin und wieder in einen kritisch konstruktiven Dialog einzutreten. Aus diesem Grund haben wir einige zwischen uns geführte Streitgespräche über das Für und Wider so mancher unserer Betrachtungsweisen eingefügt, ohne die Kontroverse aufzulösen. Denn obwohl wir dieses Buch zusammen geschrieben haben, betrachten und bewerten auch wir die Welt und das, was in ihr geschieht, stets entlang jener Determinanten, die unsere Subjektivität prägen. So kommt es, dass unser subjektiver Blick auf ein pädagogisch-didaktisches Problem oder Phänomen zuweilen recht verschieden ist. Wir hoffen, dass diese Kontroversen als Einladung verstanden werden, zu einer eigenen Meinung zu finden. Wenn es uns gelingt, Trainerinnen und Trainer neugierig darauf zu machen, mit dieser Methode zu arbeiten, dann hat dieses Buch seinen Zweck erfüllt.

Die definierende Macht von Sprache anerkennend, sollen beide Geschlechter ausgewogen repräsentiert und angesprochen werden. Deshalb haben wir uns für häufige Wechsel zwischen männlicher und weiblicher Ausdrucksweise entschieden.

Einstieg für Entdeckerinnen und Entdecker

Das Stationenlernen ist ein Seminarrahmen, bei dem das im Mittelpunkt stehende Subjekt lernend einen »Parcours« durchschreitet. Dieser Parcours besteht aus verschiedenen Stationen, an denen mal eine, mal mehrere Aufgaben zu finden sind. Die Aufgaben unterscheiden sich bezüglich ihres Anspruches an Vorwissen, ihres Informationsgehaltes und der jeweils angewandten Methodik. Ob ein Text gelesen und zusammengefasst, ein Zeitungsartikel interpretiert, aus lauter Einzelinformationen ein Schema herausgearbeitet und in eine bestimmte Reihenfolge gebracht oder eine analysierte Situation szenisch oder in einem selbstgemachten Kurzfilm auf den Punkt gebracht werden soll – die Teilnehmenden entscheiden mit größtmöglichem Freiraum und begleitender Unterstützung der Trainerin oder des Trainers selbst über ihren Weg zu einer neuen oder erweiterten Handlungskompetenz.

Eine kurze Definition

Denken wir uns ein Seminar. Denken wir uns weiter, dass dieses Seminar einen sehr trockenen Lerninhalt hat, zum Beispiel Arbeitsrecht. Das Seminar dauert eine Woche. Die Zielgruppe sind Trainees in einem Interessenverband. Teilweise haben sie Arbeitsrecht bereits an einer Hochschule studiert, theoretische Kenntnisse liegen demnach vor. Andere wiederum haben überhaupt keine Kenntnisse, und wieder andere haben als Arbeitnehmer oder Arbeitnehmerin reichlich praktische Erfahrungen mit dem Arbeitsrecht gesammelt, jedoch keinen theoretischen Hintergrund. Das Trainerteam überlegt: Wie können wir das Lehrziel erreichen, ohne einige zu langweilen und andere zu überfordern? Wegen der positiven Erfahrungen mit dem Stationenlernen entscheidet sich das Team für diese Methode, beschließt aber gleichzeitig, viele gemeinsame Lernzeiten im Plenum anzubieten.

Ein Beispiel aus der Praxis

Die Lernzeiten im Plenum dienen unterschiedlichen Zwecken. Zu Beginn des Seminars fördern sie das gemeinsame Kennenlernen und vermitteln einen Eindruck vom Ausbildungsstand der Trainees. Das Team ist daran interessiert, sowohl die Spannbreite der Vorkenntnisse zu ermitteln, als auch die Gruppe strukturierende Vorlieben und inhaltliche Schwerpunkte der Teilnehmenden zu erkennen. Im Verlauf des Seminars stärken die Plenumsphasen den Zusammenhalt der Gruppe. Ferner erleichtern sie organisatorische Absprachen und Entscheidungen rund um die Stationen-Lernphasen. Das Mehr an Plenumsphasen soll auch dazu genutzt werden, den Teilnehmenden ein Forum zu bieten, um die verschiedenen Lerngegenstände in der Gruppe diskutieren und vertiefen zu können.

Bei der Vorbereitung berücksichtigt das Team auch den Wunsch des Auftraggebers, der erwartet, dass die Teilnehmer nach dem Seminar zu bestimmten Lerninhalten »sattelfest« sind. Das Team entscheidet sich dafür, den Lernparcours aus Pflichtstationen und Kürstationen zusammenzustellen. Dass die meisten Teilnehmenden ein paar Vorkenntnisse haben, dient dem Team als Maßstab für die Aufgabenstellungen. Für die Neueinsteiger wird es innerhalb der Woche teamgeleitete Einsteiger-Stationen, für Teilnehmende mit guten Vorkenntnissen vertiefende Aufgaben geben. Zugleich sollen diese Teilnehmer durch Begleitung der Neueinsteiger ihre eigene Beratungskompetenz zum Thema erweitern. Für alle Teilnehmenden gibt es Pflichtaufgaben, wobei diese von den Neueinsteigern erst im Laufe der Woche bearbeitet werden können, den geübten Teilnehmenden hingegen zum Einstieg ins Thema und zum Aufwärmen dienen. Der geplante Ablauf des Seminars wird in Abbildung 1 dargestellt (siehe nächste Seite). Das Seminar beginnt am Montag zum Mittagessen und endet am Freitag zum Mittagessen. In allen grau unterlegten Feldern findet Stationenlernen statt – zusätzlich zu den dargestellten Angeboten.

Montag	Dienstag	Mittwoch	Donnerstag	Freitag
Anreise	9 Uhr Kürstation: Einführung in xy – Vortrag und Lehrgespräch			Lernstandskontrolle
			10 Uhr Kürstation: taktischer Umgang mit xy – Vortrag und Lehrgespräch	Wie geht es weiter nach dem Seminar? - konkrete Transfer-verabredungen - Bildungsplanung
	Vormittagsplenum für alle Input zu unterschiedlichen Themen, Absprachen zu neuen Lernteams, Vorschläge für neue Stationen			
	Etwas, um die Gruppe zusammenzuführen			Seminarauswertung
	Mittagspause			
Plenum für alle Willkommen, Kennen lernen **Etwas, um die Gruppe zusammenzuführen**		14.30 Uhr Kürstation: Jenseits des Themenplans: Informationen zum Thema xy – Vortrag und Lehrgespräch	Ggf. noch: 14.30 Uhr Kürstation: Neue Station! Informationen zum Thema abc – Film mit anschließender Diskussion	**Abreise**
Klären der Seminarthemen und Lernbedürfnisse				
Vorstellen der Methode »Stationenlernen«	**Nachmittagsplenum für alle** Die Teilnehmenden präsentieren Lernprodukte, Absprachen zwischen den Teilnehmenden zu neuen Lernteams, Reflektionen, Tagesauswertung			
	Vorschläge für neue Stationen **Etwas, um die Gruppe zusammenzuführen**		Besprechung der Ergebnisse von Stationen, welche die Gruppe gemeinsam, aber nacheinander erstellt hat	

Abb. 1: Seminarablauf Arbeitsrecht (in den grau unterlegten Feldern findet Stationenlernen statt – zusätzlich zu dem dargestellten Angebot)

Der tatsächliche Ablauf des Seminars ähnelt erfreulicherweise dem geplanten Ablauf. Am Montagabend findet die Einführung in die Methode statt. Das Team stellt fest: Je jünger die Teilnehmenden, umso vertrauter ist ihnen die Methode; sie kennen die Methode aus der Schulzeit. Die Teilnehmer erhalten ihr Stationen-Tagebuch, in dem alle vom Team geplanten Stationen aufgelistet sind. Bei einem Rundgang werden die Stationen vorgestellt, damit alle wissen, wo sie die Stationen finden. Sie beginnen sogleich zu planen, mit welchen Aufgaben sie am nächsten Morgen beginnen wollen, und sich zu Lernteams zu verabreden.

Das Team hat methodengetreu darauf verzichtet, einen gemeinsamen Start im Seminar vorzugeben. Es hat lediglich mitgeteilt, dass es ab 9 Uhr für Rückfragen, Lösungshinweise und Beratungen zur Verfügung steht. Im Übrigen ist die Anfangszeit für die Teilnehmer freigestellt. Diejenigen, die die Einführungsveranstaltung besuchen wollen, starten mit dieser trainergeleiteten Station ganz klassisch um 9 Uhr. Alle anderen stehen gleich zu Beginn des Seminars erstmals vor der ungewohnten Herausforderung, sich nun selbst zum Start in den Seminartag motivieren zu müssen. Einige haben schon vor dem Frühstück mit dem Lernen begonnen, andere trudeln gemütlich kurz nach dem üblichen Seminarbeginn ein, begeben sich ans Stationen-Material und beginnen. Wie erwartet beobachtet das Team, dass zunächst einmal viele Teilnehmende für sich alleine bleiben. Zwischen 9 und 10 Uhr herrscht große Ruhe, die nur kurz von den wenigen Nachzüglerinnen und Nachzüglern unterbrochen wird, die ihr Frühstück ein wenig ausgedehnt haben.

Nach circa einer Stunde betreten auch die Teilnehmenden aus der Einführungsveranstaltung den Parcours. Sie sind soweit orientiert, dass sie mit ihrer ersten Station beginnen können. Sie haben sich bei der Einführungsveranstaltung schon zu einem Lernteam verabredet.

Und schon kommt Bewegung in die Gruppe der Teilnehmenden, die ihre erste Aufgabe bearbeitet haben. Es wird um Lösungshinweise gebeten, die mit den eigenen Ergebnissen verglichen werden. Soweit etwas unklar ist, stellen die Teilnehmenden beim Team Verständnisfragen – für das Funktionieren des Hilfesystems ist es noch etwas zu früh. Das Team erinnert die Teilnehmenden noch einmal daran, sich in der Stationen-Anzeige einzutragen. So steht jeder, der eine Station bearbeitet hat, für nachfolgende Teilnehmende als Unterstützung zur Verfügung. Ungefähr jetzt beginnt das eigentliche selbstbestimmte Lernen: Die Teilnehmenden beginnen, sich in

Kein gemeinsamer Start am Morgen?

Was sind Lösungshinweise?

verschiedenen Sozialformen zum Lernen zu verabreden, sich Themen hierfür auszusuchen und die Pausen eigenverantwortlich zu planen. Das Trainerteam hält sich in dieser Phase ganz besonders zurück, damit den Teilnehmenden der Wechsel der Rollenzuschreibung an das Team, weg von den allwissenden Alleskönnern hin zu gleichberechtigten Lernbegleiterinnen, gut gelingt.

Etwa eine Stunde vor der verabredeten Mittagspause treffen sich Trainerteam und Teilnehmende zum Plenum. Das Team erkundigt sich, ob alle ausreichend orientiert sind und gut ins Lernen gefunden haben. Auf einen fachlichen Input verzichtet das Trainerteam in diesem Vormittagsplenum. Stattdessen bietet es eine fröhliche gruppendynamische Übung an, mit der sich die Teilnehmenden noch besser kennenlernen. Das Team weiß, wie wichtig es in dieser Phase ist, dass alle ihre Scheu davor verlieren, sich gegenseitig um Unterstützung zu bitten oder zum gemeinsamen Lernen einzuladen.

Am Dienstagnachmittag kommen häufig Teilnehmende zum Trainerteam, um sich Lösungshinweise zu bearbeiteten Stationen zu holen. Das Team stellt fest, dass es nach dem Austeilen der Lösungshinweise wenige Rückfragen seitens der Teilnehmenden gibt; dabei gehört das sorgfältige Durcharbeiten der Lösungshinweise ausdrücklich zu den entsprechenden Stationen-Aufgaben. Das Team geht davon aus, dass für viele der Teilnehmenden einige Aspekte aus den Lösungshinweisen nicht selbsterklärend sind. Es nimmt sich vor, im Nachmittagsplenum nochmals dafür zu werben, die Lösungshinweise als Teil des Lernprozesses zu verstehen, und die Teilnehmenden dazu einzuladen, das Team genau für diese Art von Rückfragen zu konsultieren.

Eine Lerngruppe hat sich in einer beim Lernen entstandenen Variante zur Aufgabenstellung verheddert. Eine Teilnehmerin dieser Gruppe wendet sich Rat suchend an die Trainerin und bittet sie, mit in die Lerngruppe zu kommen, um diese zu unterstützen. Die Trainerin geht mit und ist nach circa einer halben Stunde wieder zurück. In dieser Zeit steht ihr Trainerkollege den übrigen Teilnehmenden zur Verfügung.

Das Plenum am späten Nachmittag wird von Aussagen zu den Eindrücken über diese Lernform beherrscht. Das Trainerteam rechnet am ersten Tag noch nicht mit schon fertiggestellten Präsentationen oder anderen Produkten. Es bietet im Plenum die Möglichkeit, sich zu neuen Lerngruppen oder Lerntandems zusammenzuschließen – wohl wissend, dass durch das asynchrone Lernen der Anschluss an Lerngruppen manchmal schwierig ist.

Wer kontrolliert, ob alles verstanden wurde?

Das Plenum endet eine gute halbe Stunde vor dem Abendessen. Das Team schließt das Plenum nach einem Rückmeldeblitzlicht – nicht ohne den nochmaligen Hinweis darauf, dass alle frei sind in der Entscheidung, jetzt weiter zu lernen oder Feierabend machen. Die Teilnehmenden bleiben im Raum und sprechen in kleinen Grüppchen die weitere Arbeitsweise für den nächsten Tag ab oder lesen sich Stationen-Material durch, um schon mal zu wissen, was noch auf sie zukommt.

Am Mittwochmorgen ist der selbstbestimmte Beginn für die Teilnehmenden schon fast Routine. Jetzt arbeiten alle intensiv an Stationen. Das Team ist sich einig: »Es brummt.« Fortwährend sind Lösungshinweise auszugeben, Rückfragen hierzu zu beantworten oder weiterführende, aufbauende bzw. vertiefende Einzelgespräche zu den Themen der Stationen zu führen. Das Team erhält über diese Gespräche einen guten Überblick, welchen Lernstand die Lernenden haben und was sie gegebenenfalls noch benötigen, um die Lehrziele zu erreichen.

Das Vormittagsplenum wird vom Team für eine halbstündige Inputphase genutzt. Selbstverständlich ließe sich diese Inputphase auch als Station anbieten. Das Team nimmt jedoch den schwächeren Lerneffekt durch den Kurzvortrag in Kauf, um der Gruppe eine Phase längeren, gemeinsamen Lernens zu ermöglichen. Es mögen Teilnehmende dabei sein, die den nach allen Regeln der Kunst visualisierten und sprachlich pointierten Input langweilig finden, die gemeinsame Zeit im Plenum aber wollen auch sie nicht missen. Im Anschluss fragt das Team, ob die Teilnehmenden bestimmte Themen aus dem Spektrum der Seminarthemen vermissen. Sollte das der Fall sein, könne entweder das Trainerteam eine Station anbieten oder die Teilnehmenden erstellten selbst eine. Tatsächlich beziehen sich manche Teilnehmende auf eine aktuelle politische Diskussion, woraus sie den Bedarf nach rechtlichem Hintergrundwissen zu diesem Thema ableiten. Da die rechtliche Dimension dieses öffentlichen Diskurses für alle Teilnehmenden gleichermaßen neu ist und sie sich zunächst noch anderen Stationen widmen wollen, bietet das Team an, am Nachmittag des Folgetages eine vom Trainer angeleitete Kürstation zu erstellen. Eine kurze Abfrage macht deutlich, dass gut die Hälfte der Teilnehmenden bei dieser Station mitmachen möchte. Uhrzeit und Raum werden verabredet.

Am Nachmittag gibt es eine besondere Station: Passend zum Seminarthema kann ein Film angeschaut und anschließend diskutiert werden. Gut zwei Drittel der Teilnehmenden sind anwesend. Die Trainerin hat einige Leitfra-

Gemeinsam im Plenum abhängen?

Zeit für zusätzliche Themen

gen für die Anschlussdiskussion vorbereitet und übernimmt die Moderation. Ein paar Teilnehmende verlassen während des Films den Raum. Im späteren Gespräch stellt sich heraus, dass sie lieber an den Stationen weiter arbeiten wollten. Andere Teilnehmende, die den Film angeschaut haben, berichten später, dass sie diese kurze Phase des Konsums und des nicht Diskutieren-müssens genossen haben. Am Nachmittag arbeiten mehrere Teilnehmenden alleine oder zu zweit. Es ist Mittwochnachmittag, das Gruppenstorming ist in vollem Gange, da nutzen einige Teilnehmer die Möglichkeit, sich zum Lernen zurückzuziehen.

Im Nachmittagsplenum am Mittwoch präsentieren erste Grüppchen Produkte der Stationen. Es wird viel gelacht, applaudiert, diskutiert und überlegt. Die Teilnehmenden haben jetzt schon Übung darin, Wünsche für das eigene Lernen im Plenum zu äußern. Für den letzten vollständigen Seminartag – Donnerstag – werden letzte Verabredungen getroffen. Das Team klärt, ob bei der Bewältigung von Pflichtaufgaben noch Unterstützung benötigt wird und wer sie aus der Gruppe oder dem Team geben kann.

Am Donnerstag beobachtet das Team, dass alle routiniert und fast schon gelangweilt das Lernen an den Stationen aufnehmen. Selbstbestimmtes Lernen ist für sie bereits zu einer Selbstverständlichkeit geworden. Hier zeigt sich ein deutlicher Nachteil, der sich aus dem Gewöhnungslernen des Menschen ergibt: die langweilige Routine. Weil das Team das schon kennt, entscheidet es sich, den Spannungsbogen bis zum Nachmittagsplenum ein wenig zu beeinflussen und eine von der Trainerin geleitete spontane Zusatzstation anzubieten. So versucht das Team zu verhindern, dass die Stationen bloß abgearbeitet werden. Nach kurzer Beratung ist es sich einig, dass die Trainerin um 10:30 Uhr einen spontanen Input zu einem realen Fall vortragen wird, der viele Aspekte des Seminarthemas berührt und zu dem die anwesenden Teilnehmenden ein Lösungsszenario entwickeln können. Um die »Spontan-Station« schnell und deutlich bekannt zu machen, klebt das Team zwei Flipchart-Papiere so zusammen, dass sie wie eine Weste übergezogen werden können, beschriften diese beidseitig mit Thema, Ort und Uhrzeit. So ausstaffiert dreht die Trainerin zwei Runden über den Parcours und versucht möglichst alle Teilnehmenden mit dem neuen Angebot zu erreichen. So wird gewährleistet, dass alle die zusätzliche Station wahrnehmen, weil es für eine Bekanntgabe im Plenum oder allein über das Infobrett zu spät ist.

Selbst die Teilnehmenden, die am Dienstagmorgen erstmals mit dem Seminarthema in Berührung gekommen sind, entscheiden schon heute eigenständig, ob sie lieber diese Pflicht- oder jene Küraufgabe bearbeiten oder zu der eben ausgerufenen Station gehen. Mit dem hierfür erforderlichen inhaltlichen Rüstzeug haben sich zu diesem Zeitpunkt alle bereits an den diversen Pflichtstationen beschäftigt.

Die Spontan-Station wird von drei Teilnehmenden besucht. Im Verlauf der Station zeigt sich, dass diese inzwischen ein so gutes Verständnis vom Thema haben, dass sie in der Lage sind, taktische und strategische Fragen miteinander zu beraten. Auf diesem Niveau genießen sie den Austausch. Zum Ende der Station nutzt die Trainerin die Gelegenheit, um einige Stationen anzupreisen, die bislang nur von wenigen Teilnehmenden besucht wurden. Das Team hat beobachtet, dass die Teilnehmenden bevorzugt Stationen bearbeiten, die in vermeintlich harte Fakten münden. Deshalb lädt die Trainerin jetzt dazu ein, sich in der Schlussphase des Stationenlernens auch jenen Stationen zu widmen, die Rollenspiele zum Inhalt haben oder Präsentationen im Plenum erfordern. Wie schon am Vortag wird das Vormittagsplenum, das wegen der Spontan-Station heute kürzer ausfällt, vor allem für einen weiteren Input und Diskussionen genutzt.

Am Nachmittag findet das am Mittwoch verabredete trainergeleitete Angebot zur öffentlich geführten politischen Diskussion statt. Die Gruppe ist vollständig versammelt. Das Nachmittagsplenum verzögert sich, weil einige Teilnehmende darum bitten, noch die eine oder andere Präsentation zu den Stationen-Aufgaben vorbereiten zu dürfen. Zeitlich und inhaltlich bedingt ist das Plenum am Donnerstagnachmittag randvoll. Es werden Produkte aus der Stationenarbeit präsentiert. Ein Bild, das an einer Station durch die sukzessive Bearbeitung der Teilnehmenden entstanden ist, wird gezeigt, interpretiert und diskutiert. Zu einzelnen Themen gibt es jetzt, da alle sie bearbeitet haben, beträchtlichen Diskussionsbedarf. Das Team entscheidet, hierzu am Freitagmorgen nochmals Zeit einzuräumen.

An allen Stationen werden die Lösungshinweise – sofern welche vorhanden sind – neben die entsprechenden Aufgaben gelegt. Den Teilnehmenden wird angeboten, sich diese samt den Lösungshinweisen für das Studium mit nach Hause zu nehmen. Am Freitag findet – auf ausdrückliche Anforderung des Auftraggebers – eine Lernstandskontrolle statt, das heißt ein Test, dessen Lösung sogleich im Anschluss besprochen wird. Die Teilnehmenden behalten den Test bei sich und können zurückmelden, ob sie mit ihren Antworten zufrieden sind. Im Anschluss planen sie, welche neuen oder vertiefenden Inhalte zum Thema sie sich noch aneignen und wie sie das bewerkstelligen werden.

Bei der abschließenden Seminarauswertung bietet das Trainerteam zusätzlich die Möglichkeit, gezielt die Methode des Stationenlernens zu reflektieren:

- Wie habe ich selbst mit dieser Methode mein Lernen organisiert?
- Wie habe ich mich in diesem Lernprozess erlebt?
- Habe ich Dinge in meinem Lernverhalten entdeckt, die mir vorher noch nicht bewusst waren?

Die Antworten sind so unterschiedlich, wie es die Menschen im Seminar sind:

- Ich habe festgestellt, dass ich am besten nachts lerne, und bin froh, dass das Seminar mir das ermöglicht hat.
- Seit Donnerstag hat mich das Stationenlernen gelangweilt.
- Kürzere Phasen des Stationenlernens wären mir lieber.
- Es ist hier so ähnlich wie im Büro, wenn ich ein neues Problem auf den Tisch bekomme. Besser finde ich hier jedoch, dass viele Menschen da sind, mit denen ich mich beraten kann. Dieses Hilfesystem möchte ich gerne in den Alltag mitnehmen.
- Ich bin verdorben für jede Art des Frontalunterrichts.
- Ich hatte befürchtet, mich mit meinen Vorkenntnissen auf dem Seminar zu langweilen. Ich habe aber noch sehr viel dazulernen können.

Fundament

↗ 02

2.1 Die Basis

Die letzten 400 Jahre auf dem Gebiet der Pädagogik und die letzten zwanzig Jahre auf dem Gebiet der Hirnforschung zeigen, dass neues Wissen aus der Verknüpfung und Bewertung neuer mit bereits gemachten Erfahrungen entsteht. Das Stationenlernen berücksichtigt dies und erkennt an, dass Lernen ein konstruktiver schöpferischer Akt ist, der sich unter dem Einfluss externer Impulse ausschließlich im Individuum selbst vollzieht. Die externen Impulse erfüllen die Funktion von Stimuli, die dann die stärkste (Lern-)Reaktion auslösen, wenn sie die Lust zu lernen hervorrufen und Aussicht auf Erfolg versprechen. Daraus ergibt sich die großartige Herausforderung, der Persönlichkeit jeder Teilnehmerin und jedes Teilnehmers so nah wie möglich zu kommen, um herausfinden zu können, welche individuellen Präferenzen sie auf das Lernen bezogen mitbringen. Das ist auch deshalb großartig, weil viele Teilnehmende selbst kaum wissen, wie sie gerne lernen. Ihnen dabei zur Seite zu stehen und zu helfen, es herauszufinden, ist eine tolle Herausforderung.

»Erfahrungen und Menschenkenntnis sind die beiden Hauptquellen der Klugheit.« (Comenius, 1592–1670)

Stationenlernen bietet den notwendigen Rahmen, innerhalb dessen sich Lernende ein und denselben Lerngegenstand auf ihrem jeweiligen Niveau an Vorwissen und vor dem Hintergrund der eigenen Lern- und Lebenserfahrung und weiterer maßgeblicher persönlicher Merkmale aneignen können. Der Eine liest gerne die grobe Zusammenfassung eines Textes, die Nächste hätte den Text gerne ausführlich, um selbst eine Zusammenfassung zu erstellen. Mancher schaut sich lieber einen den jeweiligen Sachverhalt beschreibenden Film an, während andere es bevorzugen, sich einem Thema kreativ interpretierend zuzuwenden, indem sie etwa ein Bild oder eine Skulptur schaffen, wodurch sie dem Lerngegenstand ihre individuelle Perspektive geben. Dank methodisch-didaktischer Vielfalt und sehr persönlicher und individueller Begleitung und Unterstützung seitens der Trainerinnen und Trainer erleben die Teilnehmenden, wie ein Bildungsprozess zu *ihrem* Bildungsprozess wird. Sie sind nicht länger darauf angewiesen, dass irgendwer ihre Leistungsfähigkeit richtig einschätzt, oder dass die für alle ausgewählte Methodik auch zu ihnen passt. Sie wählen aus einem breiten Spektrum selbst.

Die Idee, an Stationen zu lernen, lieferte der Sportunterricht. Die Engländer Morgan und Adamson entwickelten das Zirkeltraining (*circuit training*), bei dem die Sportler verschiedene Übungsstationen durchlaufen. Wer nun an eine vorgegebene Reihenfolge (wie beim Springreiten) oder auch an dynamisch ansteigende Schwierigkeitsgrade denkt, muss dieses Bild gleich weiter bearbeiten. Denn auch die Entscheidung, ob eine Aufgabe jetzt, später oder gar nicht bearbeitet wird, liegt grundsätzlich bei den Lernenden selbst.

Beim Stationenlernen wird aus einem allgemeinen Lernprozess ein individueller. Aus weitgehend fremdbestimmtem Gruppenlernen wird selbstbestimmtes Lernen im Hort einer Gruppe. Wir vergleichen das Stationenlernen, das Bearbeiten der Stationen im Parcours, gerne mit der selbstbestimmten französischstämmigen Straßensportart »Parkour«, in der es allein darum geht, von A nach B zu gelangen, dabei elegant Hindernisse zu überwinden, ohne jedoch in Konkurrenz zu anderen zu stehen, ohne dass Wettbewerb eine Rolle spielt. Beim »Parkour« wie auch beim Stationenlernen geht es zunächst lediglich darum, dass Menschen ihren individuellen Weg finden, um von einem bestimmten Punkt aus zu einem angestrebten Punkt oder Zustand zu gelangen. Ein Hauptanliegen dieses Buches ist es, eine Methode vorzustellen, die aus noch so heterogen zusammengesetzten Seminaren Veranstaltungen selbstgesteuerten und selbstbestimmten Lernens werden lässt.

Ein solches gemeinsam verfasstes Buch kann nicht mehr sein als das subjektive Produkt der vermittelten Ansichten der Autorin und des Autors. In diesem Kapitel legen wir deshalb unser theoretisches Fundament. Wir erläutern die Prinzipien des Stationenlernens, legen gleich zu Beginn unsere grundsätzlichen Haltungen zum Lernen Erwachsener offen und erläutern die uns wichtigen Vorzüge der Methode. Über den Einblick in unsere pädagogischen Grundannahmen hoffen wir einen Impuls geben zu können, der unsere Leserinnen und Leser anregt, sich die eigene pädagogische Grundhaltung bewusst zu machen und einer gelegentlichen Überprüfung zu unterziehen. So begründen wir etwa unseren Standpunkt, dass nicht die Trainerin oder der Trainer, weder eine Institution noch irgendwer sonst die Entscheidung darüber treffen kann, was genau in welcher Intensität wann gelernt wird. Einzig das am Lerngegenstand interessierte Subjekt kann die Entscheidung darüber treffen, wann der richtige Moment gekommen ist, sich einer bestimmten intellektuellen Herausforderung zu stellen. Deshalb gehen wir, wie im Vorwort angekündigt, bisweilen recht dogmatisch an einzelne Aspekte des Stationenlernens heran.

Stationenlernen ist kein Zirkeltraining.

Entwicklung durch Helen Parkhurst (1887–1973), von der auch der Dalton-Plan stammt. Heute stark in der Primarstufe verbreitet (Bauer 1997).

Im dritten Kapitel schauen wir auf die neue Rolle der Trainerin. Für sie endet mit dem Stationenlernen die zentrale Verortung am Kopfende der in U-Form gestellten Tische. Die Rolle der Seminarleitung im Frontalunterricht wandelt sich. Aus der Multifunktionsbühne des Trainers wird die Bühne für das lernende Subjekt. Aus Trainerinnen und Trainern, die Wissen vermitteln, werden Lernberater, Ideengeberinnen, Partner für intensive Gespräche. Bisher konnten nur wenige Teilnehmende über sich selbst sagen, wie sie gerne und am erfolgreichsten lernen. Das wird nun mit Unterstützung der Trainerinnen und Trainer anders. Mehr denn je müssen sie die Teilnehmenden in ihrer Individualität wahrnehmen, um ihnen beim Lernen Impulse geben und sie zu passenden Herausforderungen führen zu können.

Das vierte Kapitel ist den pädagogischen Hintergründen und didaktischen Grundsätzen des Stationenlernens vorbehalten. Wir beleuchten viele grundlegende Aspekte für das Konzipieren und Anwenden von Lernstationen. Dabei greifen wir mal auf praktische Erfahrungen zurück, mal betrachten wir Aspekte aus rein lerntheoretischer Perspektive. Wir beschreiben unsere Didaktik des Stationenlernens. Wir argumentieren mit den vielen Vorteilen für die Lernenden und versuchen deutlich zu machen, warum eine pädagogische Haltung notwendig und viel persönlicher Aufwand erforderlich sind, damit das Stationenlernen erfolgreich sein kann.

Im fünften Kapitel beschäftigen wir uns mit der konkreten Organisation von Station und Aufgabe. Hier dreht sich alles um den organisatorischen, räumlichen und zeitlichen Aufwand im Vorlauf eines solchen Seminars. Wir beleuchten Fragen des systematischen Aufbaus der Stationen, erläutern warum eine Stationen-Aufgabe so oder so aussehen sollte und beschreiben unsere Ansprüche an die räumlichen und sonstigen örtlichen Gegebenheiten. Je flexibler das Seminarhaus ist, desto größer sind auch die Möglichkeiten, um das Stationenlernen noch abwechslungsreicher, spannender, überraschender und erfolgreicher zu machen.

Schließlich wenden wir uns im sechsten Kapitel der konkreten Durchführung, den vier Phasen des Stationenlernens zu. Alles beginnt mit der Vorbereitung. Möglicherweise werden viele Phase 1 als die größte Herausforderung sehen, weil es anfangs wirklich eine ganze Menge vorzubereiten gibt. Es mag aber versöhnen, dass der Aufwand mit zunehmender Routine und Entstehung eines Portfolios sukzessive abnimmt. Phase 2 dient der ausführlichen Vorstellung der Methode. Wir erläutern den Teilnehmenden die Methode an sich, ihre Regeln und Gesetzmäßigkeiten. Wir erklären, was an

Neuem warum auf sie zukommt. Diese Einführungsphase ist von großer Bedeutung, weil unsere Teilnehmenden über den eben erwähnten Diskurs über das Lernen bereits das erste Mal konkret partizipieren. Die dritte Phase ist die Hauptlernphase. Sie nimmt in der Praxis die meiste Zeit ein und erhält auch in diesem Buch gebührenden Raum. Bleibt noch die vierte Phase, die sich dem Abschluss des Stationenlernens widmet.

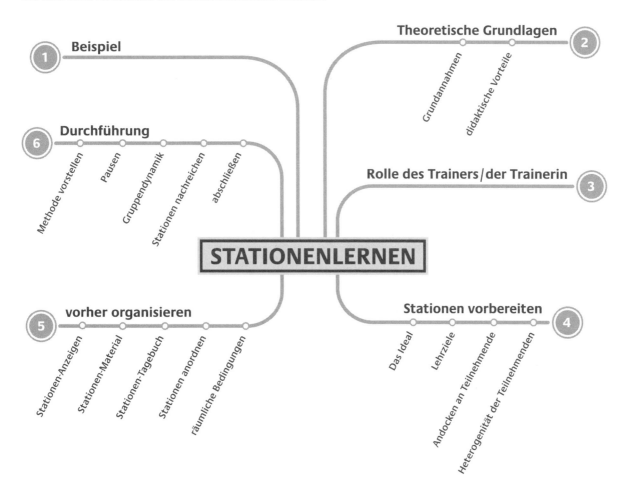

Abb. 2: Mindmap-Skizze

Das alles und einiges mehr behandeln wir vor dem Hintergrund folgender Situation, die vielen Praktikerinnen und Praktikern der Erwachsenenbildung bekannt sein dürfte …

2.2 Die Ausgangssituation

»Da sitzen sie nun vor dir, deine Teilnehmenden: die Älteren, die Jüngeren, solche, die vielleicht vor kurzem ihre Ausbildung beendet haben (bestanden? nicht bestanden?). Hinten links sitzt die Diplompsychologin, die du noch von einem anderen Seminar her kennst. Gleich neben ihr der Schulabgänger, der die 10. Klasse nicht geschafft hat. Rechts von dir stellt sich soeben jemand vor und sagt, er sei froh teilzunehmen, weil er dadurch endlich mal eine Woche aus dem Büro heraus komme. Die Frau dir genau gegenüber rümpft wiederholt die Nase, dabei blickt sie dich ein wenig missmutig an. Ob das an dem Teilnehmer liegt, der da neben ihr sitzt? Der macht einen etwas ungepflegten Eindruck. Die Diplompsychologin ist ganz eingenommen von dem Gedanken, dass du sie im Laufe dieser Woche vielleicht nach vorne bitten könntest. Sie hasst es, vor einer Gruppe ihr unbekannter Menschen reden zu müssen. Ihr Herz rast. Der vermeintlich Ungepflegte meldet sich und bittet darum, ein Fenster öffnen zu dürfen, die Luft sei so schlecht. Der junge Mann links von dir wiegt dein Buch zum Seminarthema im Arm. Du kannst nicht genau sagen, warum, aber er ist dir besonders sympathisch. Er wiederum ist völlig beseelt von dem Gedanken, dir endlich von Angesicht zu Angesicht sagen zu können, wie schlecht er vor allem das zweite Kapitel findet. Du wirst später noch staunen, wie einleuchtend er seine Kritik darlegen wird. Unglücklicherweise erinnerst du die blonde Frau neben dem Mann mit dem riesigen Bierbauch an ihren Dozenten in Mathematik. Der Mistkerl hatte sie in der entscheidenden Prüfung durchfallen lassen. Das Studium hat sie danach geschmissen.«

Glücklicherweise wird man nur seiner eigenen Gedanken gewahr. Umso wichtiger ist es, sich klar zu machen, dass in Seminaren lauter einzelne Persönlichkeiten mit ihren individuellen Gedanken, Erfahrungen und Bewertungen zusammentreffen. Ihre Haltungen, auch dem Lernen als solchem gegenüber, ihr Lerntempo, ihre Motivation, Vorlieben und Abneigungen, kurz alles, was sie zu Individuen macht, führt bei der Trainerin auf der einen Seite des Spektrums zu ganz konkreten, oft auch positiven Erwartungen, während auf der anderen Seite ebenso konkrete Befürchtungen stehen können.

Persönliche Beobachtungen und Gedanken zum Seminarauftakt

Weil Trainer und Teilnehmende in der Regel nicht viel voneinander wissen, muss vor allem der Trainer mannigfaltige Annahmen zu ihm völlig unbekannten Menschen aufstellen. Das wiederum kann nur anhand bestimmter Grundsätze über den Menschen an sich und seine Art zu lernen vonstatten gehen. Welche pädagogischen Prämissen wir für den Prozess des Stationenlernens zugrunde legen, beschreiben wir auf den folgenden Seiten.

2.3 Unsere pädagogischen Grundannahmen

Stationenlernen verlangt vom Trainer breite Methodenkenntnisse, viel praktische Erfahrung, große Kreativität und viel Offenheit. Vor allem aber bedingt Stationenlernen, dass die Trainerin auf festem Fundament steht, dass sie eine pädagogische Grundhaltung innehat, an der sich ihr praktisches Handeln orientiert. Diese Haltung muss so reflektiert und manifestiert sein, dass der Trainer jede im Seminar vollzogene Handlung sich selbst gegenüber und gegebenenfalls anderen begründen kann. Bevor wir also auf die allgemeinen Vorzüge des Stationenlernens in der Erwachsenenbildung zu sprechen kommen, stellen wir zunächst die für unsere praktische Arbeit und das Verständnis der Methode maßgeblichen Grundannahmen dar.

2.3.1 Unser Lernbegriff

2.3.1.1 Lernen aktiv und passiv

Das Gehirn lernt immer, und es beginnt damit schon vor der Geburt. Die Individualisierung der Lernbiografie eines Menschen beginnt lange vor dessen eigener Bewusstwerdung. Erste eigene Körpererfahrungen im Mutterleib sowie verschiedene Körperreaktionen der Mutter, zum Beispiel Anspannung oder Entspannung, üben bereits einen prägenden Einfluss auf den ungeborenen Organismus und seine gesamte weitere Entwicklung aus.

Hier ist vielleicht schon zu erahnen, dass wir einen sehr weit gefassten Lernbegriff verwenden. Denn Lernen ist weit mehr als der bewusst betriebene aktive Prozess des Menschen, einen Zugewinn an Handlungsfähigkeit zu erzielen. Lernen beschränkt sich keinesfalls darauf, Faktenwissen auswendig zu lernen. In unserer Gesellschaft gilt zwar das Abspulen möglichst vieler Fakten noch immer als Beleg für einen gelungenen Bildungsprozess. In Zeiten eines nahezu unbegrenzten digitalen Zugangs zu den Fakten dieser Welt greift dieses Bildungsverständnis jedoch zu kurz. Lernen ist ein multidimensionaler Vorgang. Um das besser nachvollziehbar zu machen, stellen

Wir lernen, auch wenn wir nicht lernen.

Wissen ist keine Kompetenz.

wir dem Prozess des bewussten, des aktiven Lernens das unbewusste passive Lernen zur Seite. Wobei wir das passive Lernen als den ständigen Begleiter des aktiven Lernens begreifen. Aktives Lernen meint das bewusst motivierte Lernen, bei dem möglichst viel Aufmerksamkeit auf den Lerngegenstand gerichtet ist. In idealisierter Form dargestellt, ist diese Art des Lernens durchdrungen vom Wissen-Wollen, von der Neugier, vom brennenden Interesse an der Antwort auf eine bestimmte Frage und von gespannter Erwartung.

Beim passiven Lernen, als dem Bewusstsein nicht zugänglichen Lernen, interessiert uns das ständig ablaufende Bewerten von allem, was an »Input« aus unserer Umwelt auf uns einprasselt. Vor allem der Effekt, dass der Lernende alle das aktive Lernen begleitende Umstände unbewusst mitbewertet, verdient besondere Aufmerksamkeit. Denn es bedeutet nicht weniger, als dass während des bewussten Lernens unbewusst alle Begleitumstände in das »emotionale Gedächtnis« übertragen werden. Etwa die Atmosphäre, in der gelernt wird, das Verhalten von Mitlernenden, die Art und Weise der Ansprache durch den Trainer und vieles mehr. Alles wird einer ständigen, den Teilnehmenden nicht bewussten Bewertung unterzogen, aus der sie wiederum unbewusst Erwartungen generieren. Und weil Teilnehmende nicht erst, wenn sie zu uns kommen, mit dem Lernen beginnen, bringen sie ihre bewussten wie unbewussten Erwartungen mit ins Seminar. Sie alle haben bereits eine mehr oder weniger lange Bildungs- und Lernbiografie. Es sind vor allem die unbewussten Anteile der Lernenden, die wohl den wichtigsten Aspekt von Heterogenität einer Lerngruppe ausmachen. Aus ihm erwächst die größte Herausforderung der Erwachsenenbildung, der wir mit dem Stationenlernen begegnen.

2.3.1.2 Lernen neurobiologisch betrachtet

Lernen im neurobiologischen Sinne bedeutet, dass feine elektrochemische Impulse durch unseren Körper jagen, die im jeweiligen Hirnareal ihre Entsprechung haben. Beispielsweise wird eine Berührung der Fingerspitze im Bruchteil einer Sekunde als Impuls über Nervenbahnen durch Hand und Arm ins Gehirn geleitet. Dieser Impuls erreicht dann über eine mit ihm in Verbindung stehende Synapse eine ganz bestimmte Nervenzelle (Neuron), und zwar genau diejenige, die im Gehirn die betreffende Fingerspitze repräsentiert. Zu Beginn der körperlichen Entwicklung reisen diese Impulse zunächst wie auf schmalen Trampelpfaden zum aufnehmenden Neuron. Umso öfter dort aber Impulse auf Reisen gehen, desto durchlässiger werden die Nervenbahnen. Aus dem Trampelpfad wird ein Fußweg, daraus eine kleine Straße, aus der schließlich eine mehrspurige Autobahn werden kann. Die Häufigkeit der Impulse bestimmt schließlich die Übertragungsstärke der Synapsen. Unsere Fingerspitzen sind durch ständiges Berühren und Abtasten unterschiedlichster Materialien und Texturen zu so feinen Sensoren geworden, dass wir mit der Spitze unseres Zeigefingers ein noch so kleines Sandkorn ertasten können. Im Gehirn zeigt sich das daran, dass der die Fingerspitzen repräsentierende Bereich viel mehr Platz einnimmt als etwa der für den Rücken. Wollte man mit dem Rücken ein Sandkorn ertasten, müsste es mindestens die Größe eines kleinen Kieselsteins haben. Denn die Impulse, die vom Rücken ausgehen, wandern über Trampelpfade, die der Fingerspitze nehmen die Autobahn.

Glück und Frieden

Wir werden noch zu der Beschreibung kommen, warum es hilfreich ist, mit allen Sinnen zu lernen, aber hier schon mal eine praktische Gelegenheit, die soeben gelesenen Zeilen tiefer im Gehirn zu verankern: Schließen Sie mehrmals kurz hintereinander die rechte oder linke Hand zur Faust, den Daumen mal innen oder außen. Sie werden feststellen, dass dies eine komplexe Bewegung ist, die Sie ohne Mühe und ohne sich darauf konzentrieren zu müssen jederzeit und viele Male hintereinander vollführen können. Obwohl bei diesem Bewegungsablauf fünf einzelne Gliedmaßen koordiniert werden, mussten Sie diese Handlung nicht einmal planen, denn dieses Bewegungsmuster haben Sie noch vor Ihrer Geburt zu üben begonnen, es ist also deutlich im Gehirn repräsentiert. Als nächstes nehmen Sie jetzt die linke oder rechte Hand und vollführen damit den vulkanischen Gruß »Glück und Frieden«, indem Sie die Hand wie zum Schwur nach oben nehmen, alle fünf Finger aneinander legen und jetzt den Ringfinger und Mittelfinger weit auseinanderspreizen, sodass ein V entsteht. Alle Nicht-Vulkanier werden sofort bemerkt haben, dass diese weniger komplexe Handbewegung kaum in nur einem flüssigen Bewegungsablauf zu bewerkstelligen ist. In der Regel sind es zwei Bewegungen: die Hand mit allen aneinander liegenden, gerade nach oben zeigenden Fingern heben und dann die besagten zwei Finger auseinanderspreizen. Zudem mussten sich die meisten wahrscheinlich kurz die einzelnen zu vollziehenden Bewegungen bewusst machen, weil dieser Bewegungsablauf höchstens auf einer gut ausgebauten Landstraße unterwegs ist. Immerhin nicht auf Trampelpfaden, denn unsere Hände sind ständig in Gebrauch. In seinem Buch »Medizin für die Bildung« beschreibt der Hirnforscher Manfred Spitzer Lernen als die Veränderung der Übertragungsstärke zwischen Nervenzellen (Spitzer 2012, S. 51).

Jenseits der Körperbeherrschung lernt das Gehirn sehr rationell, sozusagen antiredundant archivierend. Hat es einmal gelernt, wie eine Apfelsine aussieht, riecht und schmeckt, erregen ab sofort weder der Anblick noch der Geschmack oder der Duft einer Apfelsine besondere Aufmerksamkeit. Wann immer sich dem Sehnerv wieder eine Apfelsine darbietet, greift das Gehirn auf das abgelegte Bild und die damit vernetzten Informationen zurück. Unvorstellbar, es müsste sich jede jemals gesehene Apfelsine einzeln merken. Selbst im Schlafzustand sind die Sinne des Menschen lediglich auf eine »Notbesetzung« runtergefahren. Augen, Ohren, Nase und Tastsinn sind selbst dann noch in der Lage, Gefahren wahrzunehmen und gegebenenfalls Impulse an das Gehirn weiterzuleiten. Das Gehirn selbst ruht nie. Obwohl es in der Nacht damit beschäftigt ist, die Eindrücke und Erlebnisse des vergangenen Tages zu verarbeiten und in die entsprechenden Netzwerke zu integrieren, bleibt es im »Standby-Modus«, um Schlimmes zu verhindern.

In seinem Buch »Bildung braucht Persönlichkeit« beschreibt der Bremer Hirnforscher Gerhard Roth zwei fundamentale Grundprinzipien des Lernens. Er unterscheidet zwischen assoziativem und nicht-assoziativem Lernen. Zu letzterem zählt Roth Habituation (Gewöhnung) und Sensitivierung (Vermeidung). Im Fall des habituierenden Lernens gleicht das Gehirn die aufgrund von Erfahrungen generierten Erwartungen mit neuen, unbekannten oder ungewöhnlichen Geschehnissen ab. Fliegt etwa bei einem Seminar ein Düsenjet mit ohrenbetäubendem Lärm über das Seminarhaus, dürften sich alle, die in diesem Moment nicht damit gerechnet haben, heftig erschrecken. Nach einem Moment wird deutlich, dass keine Gefahr besteht, und schon beim nächsten Überflug wird die Reaktion darauf abgeschwächter ausfallen. Gefahr erkannt, Gefahr gebannt, könnte das Motto dieses Prinzips lauten. Dieses Lernprinzip des Gehirns sorgt einerseits dafür, dass der Organismus nicht 24 Stunden unter Hochspannung steht. Andererseits besteht aber die Gefahr, dass eine fortwährende Lärmbelästigung während des Lernens zu negativen Assoziationen führt. Dann könnte das Seminar später schlechter bewertet werden. Denn negative Faktoren rund um das Lernen werden unbewusst und von entsprechend negativen Emotionen begleitet abgespeichert. Nach diesem Prinzip legt das Gehirn individuelle Bewertungsroutinen fest, deren Wirkung sich dem Bewusstsein größtenteils entzieht (Roth 2011, S. 92 f.).

Um die nachhaltige Wirkung intensiver Emotionen auf das Lernen zu verdeutlichen, erzählen wir eine kurze Episode aus unserer Praxis:

In einem unserer Seminare berichtete ein Seminarteilnehmer von einem Erlebnis aus seiner Schulzeit. Das Schuljahr hatte soeben begonnen, und der neue Lateinlehrer stellte sich der Klasse vor. Er stand von der Klasse aus gesehen hinter seinem Pult, grüßte mit einem freundlichen »Salve« und schrieb seinen Namen an die Tafel. Dann, als die Klasse soeben begann, etwas unruhig zu werden, vollführte der Lehrer eine kunstvolle Rolle vorwärts über das Pult und rief aus: »Das bedeutet *praecipitare* – kopfüber hinabstürzen … und ich versichere euch, diese Vokabel werdet ihr nie wieder vergessen!« Er sollte recht behalten. Aber nicht nur der Teilnehmer hat die Vokabel nie wieder vergessen – wir haben es ebenso wenig. Diese eben beschriebene, komplexe Form des Lernens ist menschheitsgeschichtlich uralt und entzieht sich in aller Regel dem Bewusstsein. Es spricht einiges dafür, dass Überraschung ein didaktisches Hilfsmittel sein kann, mit dem sich die Aufmerksamkeit der Teilnehmenden auf einen ganz bestimmten Sachverhalt lenken lässt. Dazu braucht es erst mal nicht viel mehr als eine lebendige Fantasie, von welchen Effekten sich der durchschnittliche heutige Teilnehmer wohl überraschen lässt.

Folgen eines Purzelbaums

In welcher Situation sich der Mensch im Wachzustand auch immer befindet, fortwährend drängen Informationen (hauptsächlich audiovisuelle Reize) auf ihn ein, die das Gehirn weiterverarbeitet. Bekäme nun jeder eingehende Reiz eine Nummer-Eins-Priorität, würde das System sofort überhitzen und wahrscheinlich abschalten. Auch wenn sich aus diesem Lerneffekt kaum eine Pädagogik der ständigen Überraschung ableiten lässt, zeigt das Beispiel recht eindrücklich, welch großen Aufmerksamkeit erzeugenden Nutzen der Überraschungseffekt für das Lernen haben kann; und auch, dass er punktuell im Seminar eingesetzt werden kann. Sobald klar geworden ist, dass eine überraschende Situation keine Gefahr im Sinne des Gewöhnungslernens bedeutet, fährt die Aufmerksamkeit wieder auf das normale, der jeweiligen Situation angemessene Level herunter.

Bei der Sensitivierung verhält es sich genau entgegengesetzt. Dabei handelt es sich um ein Vermeidungslernen, das ursprünglich ausschließlich der Lebenserhaltung diente. Hier bildet das Gehirn Reiz-Reaktionsmuster aus, die den Menschen ermöglichen, in Gefahrsituationen blitzschnell das Notwendige zu tun. Wer lange überlegt, was er tun soll, wenn er einem aggressiven wilden Tier in freier Wildbahn begegnet, wird möglicherweise das letzte Mal einem konkreten Gedanken nachgegangen sein (Roth 2011, S. 93 f.).

Für eine deutlichere Vorstellung, was das menschliche Lernen bestimmt, wollen wir noch einige wichtige (Lern-)Prinzipien des Gehirns vorstellen.

Das Gehirn extrahiert Regeln

Den sehr frühen, aber nie endenden und eher unbewussten Vorgang, wie das Gehirn »seinen Körper kennenlernt«, haben wir eben beschrieben. Einer der nächsten bedeutsamen Entwicklungsschritte vollzieht sich in der Regel über die direkte Interaktion und wechselseitige Kommunikation zwischen einem Kind und den es umgebenden und umsorgenden Eltern und Geschwistern. Wissenschaftler haben herausgefunden, dass Menschen den genetisch bedingten Reflex haben, in der Kommunikation mit Kleinkindern besonders akzentuiert, gesten- und mimikreich zu agieren. So wird sichergestellt, dass die Aufmerksamkeit des Kindes auf den Erwachsenen gelenkt wird, damit das Kind quasi abgucken kann und lernt, dass unterschiedliche Gesichtsausdrücke auch unterschiedliche Bedeutungen haben. Binnen kurzer Zeit lernen Kinder die Gesichtsausdrücke ihres Gegenübers einzuschätzen und nachzuahmen. Das Kind ist dann nicht nur in der Lage, Gesichtsausdrücke zu erkennen, sondern diese auch mit Emotionen zu assoziieren. In solchen Situationen sozialer Interaktion haben wir alle ganz nebenbei die Grammatik unserer Sprache erlernt.

In einem Vortrag gab Manfred Spitzer hierfür ein beeindruckendes Beispiel. Alle Muttersprachler kennen die folgende Regel: Verben, die auf »ieren« enden, bilden ihr Partizip Perfekt ohne »ge«. Wer nun meint, diese Regel nicht zu kennen, möge nach dem folgenden Beispiel akzeptieren, dass sie zwar nicht bewusst, aber dennoch im Gehirn abgelegt ist, worüber später noch zu reden sein wird. Das Beispiel lautet: Ich esse. Ich habe gegessen. Aber: Ich blamiere mich. Ich habe mich blamiert (nicht »geblamiert«). Nun wollten die Forscherinnen und Forscher herausfinden, ab welchem Alter Kinder diese Regel bereits beherrschen, und gleichzeitig wollten sie nachweisen, dass es nichts mit Auswendiglernen zu tun hat, wenn Kinder das können. Zu diesem Zweck ließ man die Kinder Fantasieverben beugen. Da gab es »patierende« und »quangende« Zwerge. Als die Kinder nun wiedergeben sollten, was in der Szene geschehen ist, erzählten sie schließlich, dass dort manche Zwerge »patierten« und andere »gequangt« haben. Ab etwa dem sechsten Lebensjahr haben Kinder schon eine solch komplexe Grammatikregel gelernt und wissen, wie sie angewendet wird (Spitzer 2006).

Was haben Zwerge mit Grammatik zu tun?

Hat das Gehirn erst einmal angefangen zu lernen, hört es damit bis zum Lebensende nicht mehr auf. Im ersten Lebensjahr, dem insgesamt prägendsten Zeitraum eines Menschenlebens, etablieren sich neuronale Verschaltungsmuster, die eine Art Grundlage für das gesamte weitere Leben bilden. Das allgemeine Sozialverhalten oder die Sprachkompetenz, aber auch die Fähigkeit, problematische Lebenssituationen zu bewältigen, nehmen hier ihren Anfang. Aus der Summe aller jemals gemachten Erfahrungen setzt sich so ein großer Teil der Persönlichkeit eines Menschen zusammen. Seine Abneigungen, seine Vorlieben, seine Stärken und Schwächen, besondere Fähigkeiten und Fertigkeiten sind aus Erfahrungen und Handlungen entstanden, die das Gehirn emotional bewertet hat. So entwickelt der Mensch zum Ende seiner Pubertät hin Haltungen, gegenüber dem Leben im Allgemeinen oder dem Lernen im Besonderen, die zu verändern ausgesprochen schwerfällt. Nur wirklich einschneidende emotionale Erlebnisse oder erfolgreiche Therapien können noch grundsätzliche Veränderungen bei den Haltungen herbeiführen. Demgegenüber kann neues aber vor allem erweitertes Wissen bis ins hohe Alter erworben werden. In diesen Bereichen bleibt das Gehirn neuroplastisch.

Wir können also festhalten, dass das Gehirn ständig nach »Regeln suchend« lernt und solche einmal gelernten Regelhaftigkeiten, vom Menschen meist unbemerkt, Wirkung entfalten. Dieses Lernprinzip wirkt in jedem Menschen, dessen Hirn »normal« funktioniert, und verdient deshalb auch Berücksichtigung bei der Konzeptionierung und Organisation von Bildungsveranstaltungen.

Die Kraft der Erwartungen

Kein erwachsener Mensch geht ohne ganz persönliche Erwartung in eine gänzlich neue oder bereits bekannte Situation. Das menschliche Gehirn verfügt gewissermaßen über eine Auswahlinstanz, die entscheidet, was, ob und wo etwas in welcher Qualität in welchem Hirnareal abgelegt wird. Alle Sinneseindrücke und Erfahrungen werden emotional bewertet, bevor der Grenzposten, der Hippocampus, sie durchlässt. Wenn auch noch niemand sicher sagen kann, wie genau dieser Vorgang im Gehirn vonstatten geht, so ist dennoch klar, dass das Gehirn Bewertungsalgorithmen generiert, um im Bruchteil einer Sekunde entscheiden zu können, ob etwa Gefahr droht. Kein neurologisch betrachtet gesunder Mensch ist frei von solchen Bewertungsroutinen, weshalb auch kein Teilnehmender frei von Erwartungen zu einem Seminar kommt. Denn ein Resultat des ständigen unterbewussten Bewertens von allem und jedem sind die daraus erwachsenen Erwartungen. Diese sind zu komplex, als dass man sie mit positiv und negativ hinreichend beschreiben könnte. Vielmehr haben wir es mit einem Erwartungscocktail zu tun, dessen Mischung eben wieder einzigartig sein dürfte. Während sich die eine Teilnehmerin auf das Thema des Wochenendseminars freut, erwartet sie angesichts der bevorstehenden Übernachtung, in dem fremden Bett nicht gut schlafen zu können, weshalb sie befürchtet, dass das Lernen anstrengend wird. Ein anderer Teilnehmer kennt den Referenten und erwartet, dass es wieder viel zu lachen gibt, wenn nur nicht all die fremden Leute wären. Eine dritte Teilnehmerin würde am liebsten gar nicht hingehen, weil sie Angst hat, vor der Gruppe nicht einen vernünftigen Satz zustande zu bringen. Sie hat die Erwartung, sich lächerlich zu machen, nicht ernst genommen zu werden.

Um zu verdeutlichen, wie stark der von Wissenschaftlern »Noceboeffekt« getaufte Mechanismus des Gehirns sein kann, geben wir hier zwei eindrückliche Beispiele wieder (Quarks & Co vom 3. Juli 2012).

Das erste Beispiel handelt von dem depressiven US-Amerikaner Derek Adams, der als Proband an einer Medikamentenstudie teilgenommen hat. Den Probanden wurde erklärt, dass zu testende Antidepressivum könne zu diversen, teils ausgesprochen schweren Nebenwirkungen wie Herzrasen, Schwindel oder stark abfallendem Blutdruck führen. Im Verlauf der Studie hat Adams Liebeskummer und beschließt, sich das Leben zu nehmen. Dazu schluckt er 29 Tabletten des vermeintlich starken Psychopharmakons. In der Folge wird er mit den oben beschriebenen Nebenwirkungen in die Notaufnahme eines Krankenhauses eingeliefert. Dort erfährt der junge Mann, dass er zur Kontrollgruppe der Studie gehört, also ein Placebo eingenommen hat. Nur 15 Minuten später waren alle Symptome wieder verschwunden.

Einen weiteren beeindruckenden Nachweis für die enorme Wirkung von Erwartungen liefert eine Studie der Uniklinik Hamburg. Hier wurden Probanden einem Schmerzreiz ausgesetzt. Bei der ersten Versuchsanordnung mussten die Probanden aufgrund der im Vorgespräch erhaltenen Information, sie bekämen ein schmerzstillendes Mittel, die subjektive Intensität des Schmerzreizes bewerten. Mit dem Wissen, dass sie ein schmerzstillendes Mittel eingenommen hatten, bewerteten sie den Schmerzreiz auf einer Skala als kaum wahrnehmbar. Im zweiten Durchgang glaubten die Probanden aufgrund der Vorinformation, dass nun ein Placebo getestet würde. In Wirklichkeit aber wurde dasselbe Schmerzmittel wie im ersten Durchgang verabreicht, und ebenso war die Intensität des Schmerzreizes exakt dieselbe wie zuvor. Dennoch empfanden die Probanden den Schmerz erheblich intensiver als in der ersten Versuchsanordnung. Nun folgte eine dritte Anordnung. Die Probanden sollten glauben, dass der Schmerzreiz nun erhöht werde, um zu sehen, ob das Placebo nun wirke. Wie erwartet stieg die wahrgenommene Intensität des Schmerzes noch einmal an. Dieselben Versuche wurden daraufhin noch einmal durchgeführt, diesmal im Computertomographen. Die Bilder von den Gehirnen der Probanden zeigten in den für Schmerz zuständigen Arealen die zu erwartende Aktivität. Im Fall der Erwartung des Schmerzes, als dem Probanden vorher gesagt worden war, dass er ein Placebo verabreicht bekommen habe, zeigten die Schmerzareale nahezu dieselbe Aktivität wie bei dem Versuch, als nur der Schmerzreiz ohne Schmerzmittel verabreicht wurde. Dies gilt als unumstößlicher Nachweis dafür, dass die Wirkung von Placebos nicht nur auf Einbildung der Patienten zurückzuführen ist, sondern dass sie eine reale neurologische Wirkung entfalten.

Von wesentlicher Bedeutung ist, dass Teilnehmende nicht bar jeder Erwartung zu unseren Seminaren kommen, sondern das Gegenteil der Fall ist. Aufgrund der Beispiele haben wir eine Idee davon, was das Gehirn alles zu bewerkstelligen imstande ist, damit Erwartungen auch erfüllt werden. Die Teilnehmenden kommen zu uns mit teils bewussten, teils unbewussten Erwartungen, die weit über jene hinausreichen, die sich auf das Lernen richten, mit einer mehr oder weniger bewussten Haltung die eigene Lernfähigkeit betreffend und mit einem nahezu unveränderlichen Wertesystem. Auch diese prägnanten Nachweise für die Individualität des Lernens spielen eine bedeutende Rolle beim Stationenlernen in der Erwachsenenbildung.

Die Rolle des Belohnungssystems

Vom Subjekt her betrachtet, ist das Lernen Erwachsener der emotions- und interessengeleitete, konstruktiv-kreative Prozess zwischen einer mehr oder weniger komplexen Frage (Problem) und deren Beantwortung (Lösung). Das Ergebnis solcher Prozesse beeinflusst die Konstruktion des eigenen Weltbildes. Lernen als Zugewinn an Handlungskompetenz, wie auch als Einordnung neuen Wissens in bereits vorhandenes, vollzieht sich stets im Individuum selbst. Im Verlauf eines solchen Lernprozesses werden neue mit früheren Erfahrungen verknüpft, wodurch sich bereits vorhandene Denk- und Handlungsmuster verändern können. Dieses aktive Lernen gelingt umso besser, je mehr es den Lernenden gelingt, sich mit möglichst ungeteilter Aufmerksamkeit dem Lerngegenstand zuzuwenden. Befördert wird das durch Neugierde, das Wissen-Wollen, eine gewisse Offenheit und vor allem durch Spaß und Freude. In dem Maße, wie die Aufmerksamkeit steigt, steigt auch der subjektive Nutzen. Die eigene Bewertung, wie groß die zu bewältigende Herausforderung ist, entscheidet über die mit ihr verbundene Belohnung.

Hier soll keinesfalls der Eindruck entstehen, wir propagierten eine Didaktik des »Ohne Fleiß kein Preis«. Welche Rolle Spaß und Humor im Bildungsprozess spielen, werden wir an anderer Stelle noch besprechen. Aber mit jeder bewältigten Herausforderung belohnt sich der Organismus mit endogenen Opiaten (körpereigene »Drogen«). Das dient einerseits der Neuroplastizität, der immerwährenden Möglichkeit des Gehirns, mithilfe solcher neuroplastischer Botenstoffe neue Verknüpfungen anzulegen oder bestehende zu verändern. Auf der anderen Seite steuert das sogenannte Belohnungssystem die Intensität des Glücksgefühls und motiviert den Menschen, nach einer bestandenen Herausforderung auch der nächsten mit Freuden entgegenzugehen. Die unbewusste Erwartung der nächsten Belohnung ist somit ein weiterer entscheidender und unbedingt zu berücksichtigender Aspekt beim Lernen. Dabei ist nicht so wichtig, ob der Lernende sich die Aufgabe selbst stellt (intrinsische Motivation) oder ob sie von außen an ihn herangetragen wurde (extrinsische Motivation). Entscheidend ist, das Interesse einer Teilnehmerin zu treffen bzw. auf einen entsprechenden Lerngegenstand zu lenken. Ist sie der Meinung, das Thema oder Problem habe mit ihr und ihrem Dasein nichts zu tun, kann man sich auf den Kopf stellen, aber auch dann wird sie nicht lernen. Mit anderen Worten korreliert die vorhandene Lernmotivation mit der inneren Überzeugung, eine Herausforderung bewältigen zu können, ergo mit der unbewussten Erwartung einer »Dopamindusche«. Werden die Erwartungen nur so eben oder gar nicht erfüllt, hat das eine entsprechende Demotivation zur Folge. Deshalb muss beim Stationenlernen generell auf erreichbare und realistische Lehrziele geachtet werden (Unterkapitel 2.3.8).

2.3.1.3 Sechs Prinzipien zum Lernen an Stationen

Lernen ist ein mehrdimensionaler, hormonell gesteuerter, emotionaler und individueller Vorgang. Je mehr frühe positive Herausforderungen bewältigt wurden, desto größer wird die Freude an neuen Herausforderungen sein. Aus dieser allgemeinen Gesamtbetrachtung zum Lernen ergeben sich aus unserer Sicht sechs Prinzipien, die beim Stationenlernen zu berücksichtigen sind:

Lernen gelingt am besten im Sozialverbund

Nahezu alles, was wir lernen, lernen wir mit und von anderen. Kleinkinder ahmen nach, was ihnen andere vormachen. Dabei ist nicht erforderlich, dass das Vormachen gewissermaßen aktiv lehrend vonstatten geht. Vielmehr nimmt das Kleinkind sehr aufmerksam und neugierig seine Umwelt und noch mehr die in der beobachteten Umwelt agierenden Bezugspersonen wahr. Frühe Lernerfahrungen sind stets unbewusst und finden innerhalb sozialer Beziehungen statt. Wenn diese Kinder eines Tages als Erwachsene zu unseren Seminaren kommen, ist es die Aufgabe der Pädagoginnen herauszufinden, welche Lernstrategien sie mitbringen, ob sie auf positiv lehrreiche Reize reagieren, möglichst viele liebevolle Sozialkontakte gewohnt sind, oder ob sie in einer lieblosen, eher reizarmen Umgebung aufgewachsen sind, oder irgendwo dazwischen.

Das Stationenlernen berücksichtigt weitgehend die Tatsache, dass das Leben-lernen der Teilnehmenden in aller Regel in sozialen Beziehungen stattgefunden hat. Weil diese frühen Erfahrungen jedoch in Form von Erwartungen in einer Bandbreite von total negativ bis total positiv mit zum Seminar getragen werden, stellt das Stationenlernen Aufgaben in allen erdenklichen sozialen Settings zur Wahl. (Zur Freiheit bei der Wahl der Sozialform vgl. 2.4.4)

Freiheit bei der Wahl der Sozialform

Aufmerksamkeit befördert das Lernen

Wie wir gesehen haben, lernen Kleinkinder eher im Vorbeikrabbeln und weil sie qua natura besonders aufmerksam und neugierig sind. Aus der unbefangenen Perspektive eines Kleinkindes betrachtet, ist quasi alles Neue spannend und aufregend. Und das ist ein wichtiger Antrieb für frühes Lernen. Zur Grundausstattung des Menschen gehört seine Neugierde, seine fragende Haltung der Welt gegenüber. Je reizärmer die Umwelt eines Kleinkindes ist, desto weniger Impulse erhält das Gehirn für den Aufbau seiner umfänglichen Netzwerkstruktur.

> In dem oben erwähnten Vortrag von Manfred Spitzer berichtet dieser über ein weiteres spannendes Experiment mit wenigen Monaten alten Babys. Diesen Babys wurden über Lautsprecher bestimmte Silbenformationen vorgespielt. So ertönte etwa aus dem linken Lautsprecher die Abfolge »Ba-Ba-Ba« oder »Ne-Ne-Ne«. Dieses zu hören, war für die Kinder gänzlich neu. Und so richteten sie ihre volle Aufmerksamkeit

auf den linken Lautsprecher, was mit einer die Augen beobachtenden Videokamera festgehalten wurde. Nach einer kurzen Zeit der Darbietung ließ die Aufmerksamkeit der Babys wieder nach und ihre Blicke suchten im Raum nach Interessanterem. Wenn dann aus dem rechten Lautsprecher die Silbenabfolge »Ba-Bi-Ba« oder »Nu-Na-Nu« – ein etwas verändertes Muster also – ertönte, richteten die Babys ihre volle Aufmerksamkeit dorthin, bis für sie auch hier der Reiz des Neuen verflogen war. Das erscheint uns als großartiger Nachweis für den angeborenen Instinkt, auf alles Neue bzw. Unbekannte mit besonderer Aufmerksamkeit zu reagieren. Das Beispiel macht auch noch einmal deutlich, dass das Gehirn Regeln extrahiert (Spitzer 2006).

Für das Lernen lässt das nur einen Schluss zu: Wenn das, was gelernt werden soll, ungeteilte Aufmerksamkeit erfordert, werden Stationen-Aufgaben benötigt, die das Interesse wecken, das Wissen-Wollen, eben die volle Aufmerksamkeit der Lernenden auf sich ziehen. Hier wird bereits ein fundamentaler Vorteil gegenüber konventionellen Seminaren deutlich. Diese setzen eher bei einem gleichförmigen Interesse aller Teilnehmenden an, das es so nicht gibt. Das Stationenlernen versetzt die Trainerin in die Lage, individuelle Aufmerksamkeit entlang individueller Interessen zu erzeugen.

Aufmerksamkeit ist flüchtig.

Menschen lernen, wie sie sind

Wie bin ich?

Eines der Hauptargumente für Stationenlernen findet sich in der Möglichkeit, der Heterogenität von Lerngruppen adäquat begegnen zu können. So homogen eine Gruppe von Teilnehmenden auf den ersten Blick erscheinen mag – stellen wir uns eine Gruppe von Köchinnen und Köchen vor, in der alle motiviert sind, eine neue Art der schonenden Speisenzubereitung zu erlernen –, so heterogen ist sie in Bezug auf alles, was Menschen nun einmal zu Individuen macht. In den vorangegangenen Absätzen haben wir schon viele Aspekte benannt, die zeigen, dass sich Bildung ausschließlich im Individuum vollzieht, und zwar vor dem Hintergrund aller gemachten Erfahrungen – nicht nur Bildungserfahrungen. Hinzu kommt, dass jeder Mensch mit die Charakterbildung beeinflussenden genetischen Vorprägungen auf die Welt kommt. Somit ist der Mensch noch mehr als die Summe seiner Erfahrungen. Wir können also festhalten, dass das lernende Subjekt nur gemäß seiner individuellen Erfahrungen und Vorprägungen lernen kann. Kein gesunder Mensch kann sich von seiner Persönlichkeit oder seinen Emotionen abspalten.

Erwachsenenlernen ist Anschlusslernen

Nicht zuletzt durch die Hirnforschung erhält so manche pädagogische Weisheit, wie etwa »Übung macht den Meister«, eine naturwissenschaftliche Bestätigung. Denn Fertigkeiten erlernt der Mensch vor allem durch stetiges Wiederholen. Denken wir noch einmal an den vulkanischen Gruß. Je häufiger einzelne, auch komplexe Bewegungsabläufe ausgeführt werden, desto routinierter gehen diese später von der Hand. Ebenso weiß man heute, dass es falsch ist, zu behaupten, was Hänschen nicht lerne, lerne Hans nimmermehr. Das menschliche Gehirn ist in der Lage, bis ins hohe Alter zu lernen. Zwar nimmt das Tempo, gänzlich neue Informationen in unser Wissensnetzwerk zu integrieren, mit fortschreitendem Alter ab. Jedoch fällt es umso leichter hinzuzulernen, also schon vorhandenes Wissen zu erweitern. Demnach ist das Lernen Erwachsener insbesondere ein Prozess, in dem an bereits vorhandenes Wissen und Können angeknüpft wird. Dazu ist es aber entscheidend, individuelle Lernwege, Präferenzen, Vorkenntnisse und Erfahrungen zu berücksichtigen.

Stationenlernen ist dazu besonders geeignet. Trainer stehen vor der Herausforderung, die vielen verschiedenen Erfahrungen und Weltsichten antizipieren und methodisch umsetzen zu müssen – praktisch wie theoretisch. Die Lernenden werden von Beginn des Seminars an mit Prinzipien des (Stationen-)Lernens in Berührung gebracht. So werden auch diejenigen, die nicht daran gewöhnt sind, ihr Lernen »von oben« zu betrachten, dabei unterstützt und begleitet, ihr eigenes Lernen beurteilen zu können. Noch in der Einführungsphase der Methode sollte die Trainerin deshalb dieses Prinzip anhand eines griffigen Beispiels vorstellen: Eine Frau hatte sich schon in der Schule sehr für das Thema X interessiert, noch heute liest sie Bücher zum Thema. Gerade letzte Woche hat sie wieder ein Buch mit einem sehr speziellen Aspekt von X beendet. Es ist davon auszugehen, dass sie mittlerweile eine X-Expertin ist. Zu dieser Expertin ist sie sicher nicht geworden, weil sie diese Bücher auswendig gelernt hat. Sie wurde dazu, weil sie ihr Wissen sukzessive potenziert hat, indem sie für sich interessante neue Informationen mit bereits vorhandenem Wissen vernetzen konnte.

Dies auf der Metaebene zu Beginn des Stationenlernens mit den Teilnehmenden zu besprechen, soll bei ihnen dazu führen, in sich hinein zu schauen oder zu lauschen, um das eigene Ich, das eigene Gehirn als den Ort wahrzunehmen, an dem alles zu finden ist, an den lernend angeschlossen werden kann und soll.

Die Erwartungen bestimmen mit

Wie wir oben schon geschrieben haben, sind es die Erwartungen der Teilnehmenden, die darüber entscheiden, ob Lernen gelingt. Der Göttinger Hirnforscher Gerald Hüther sagte in einem Vortrag einmal sinngemäß, man könne die schönsten Seminarhäuser bauen und die spannendsten Themen anbieten. Wer denke, Lernen sei Mist, der werde auch in der schönsten Umgebung nicht erfolgreich lernen. (Hüther 2008). Erwartungen liegen Haltungen zugrunde, und Haltungen sind nur schwer modifizierbar. Mit gutem Zureden ist dem nicht beizukommen. Und so werden sich auch die Haltungen unserer Teilnehmenden nicht mal eben so ändern lassen. Es kann aber gelingen, dem Lernen abträgliche Erwartungen der Teilnehmenden zu zerstreuen. Dann sind die Aussichten gut, dass sich bei Einzelnen zum Ende des Seminars eine eher kritische Haltung zum Lernen ein wenig zum Positiven verändert hat.

Wir haben einige Erfolge dabei erzielt, Erwartungen zu zerstreuen, indem wir unsere Seminare möglichst unkonventionell beginnen. Das gelingt beispielsweise, wenn der Seminarraum nicht mehr wie ein Seminarraum aussieht und die Teilnehmenden gebeten werden, den Raum erst einmal aktiv mitzugestalten. Gerne überraschen wir unsere Teilnehmenden mit einem chaotischen Stühleturm, den sie als Gruppe, sich gegenseitig unterstützend, erst einmal dekonstruieren sollen, um dann den Raum gemeinsam so zu gestalten, wie es ihnen gefällt. Wir vertreten den Standpunkt, dass den Teilnehmenden früh bewusst werden sollte, dass sie es sind, nach denen wir uns richten, und dass sie ihr Seminar mitbestimmen können. Das erwarten in diesem Umfang die wenigsten von ihnen.

Lernen ist ein emotionaler Prozess

Lernen vollzieht sich unweigerlich im Dreiklang von Denken, Fühlen und Handeln. Es gibt kein Lernen ohne Beteiligung von Emotionen. Besonders beachtenswert ist, dass in jeder Situation, in der Menschen eine neue Erfahrung gemacht haben, immer auch die in diesem Moment vorherrschenden Gefühle mitgelernt wurden und werden. Im Umkehrschluss sollte das die Organisierenden und Begleitenden von Seminaren dazu ermuntern, den Teilnehmenden Lernen mit Freude zu ermöglichen. Befragt man Teilnehmende zu Beginn eines Seminars, welche Assoziationen sie mit der eigenen Schulzeit verbinden, so erstreckt sich das Spektrum der Aussagen von »ganz toll« bis »ganz mies«. Das allein lässt schon vermuten, wie groß die

Denken, Fühlen, Handeln

Herausforderung ist, einen Lernprozess für Erwachsene so zu organisieren und durchzuführen, dass alle Teilnehmenden gleichermaßen die Möglichkeit erhalten, ihre Handlungskompetenz zu erweitern.

In unser Bewusstsein dringen nur jene herausragenden Ereignisse (positiv wie negativ), die uns in besonderer Weise emotional berühren. Als eindrückliches Beispiel sei der 11. September 2001 genannt, der Tag, an dem zwei Flugzeuge ins New Yorker World Trade Center gelenkt wurden und dann explodierten. Solche Bilder treten so sehr aus dem täglich auf uns einströmenden Allerlei hervor, weil unser Gehirn dafür bisher (zum Glück) keinerlei Verarbeitungs- und Bewertungsroutinen herausbilden konnte. Unsere Aufmerksamkeit wendet sich also den besonderen, den überraschenden, den spannenden und eben auch den schrecklichen Begebenheiten um uns herum zu. Befragt man heute Zeitzeugen dieses Ereignisses, womit sie in dem Moment, als sie von den Anschlägen erfuhren, beschäftigt waren, so erhält man in der Regel recht ausführliche Beschreibungen dieses Tages. Fragt man hingegen nach dem 11. September ein Jahr zuvor oder ein Jahr später, so sind die allerwenigsten Befragten in der Lage, sich auch nur ansatzweise daran zu erinnern, was sie an diesem Tag gemacht haben.

Je weniger sich eine Lernsituation mit den alltäglichen Denk- und Bewertungsroutinen des Lernenden erfassen lässt – je ungewöhnlicher sie ist –, desto mehr Aufmerksamkeit erfährt sie. Je aufmerksamer, interessierter, neugieriger sich der lernende Mensch einer Fragestellung oder Herausforderung stellt, desto einfacher lassen sich neue Erfahrungen in bereits vorhandene Denk-, Handlungs- und Bewertungsmuster integrieren.

> Was haben Sie am 11. September 2011 gemacht?

Gespräch zur Langeweile durch zu viel Theorie im Buch

Jetzt auch noch Konstruktivismus! Ich will das nicht alles lesen müssen, bevor ich erfahre, was ich zu tun und zu lassen habe beim Stationenlernen.
Das muss aber sein. Ohne ein Verständnis dieser Grundannahmen wird Stationenlernen nur als Methode genutzt. Es ist aber zugleich eine Haltung gegenüber dem Lernen und den Lernenden.

Was kommt denn noch?
Subjektorientierung.

Nicht im Ernst!? Wenn jetzt noch zwei Seiten Theorie kommen und ich nicht schnell etwas für mein Belohnungssystem lese, lege ich das Buch aus der Hand.

> Wie lange dauert's noch?

Erwachsenenbildung gründet nicht auf Intuition. Erwachsenenbildner brauchen eine begründete Haltung. Die wird hier dargestellt.

Ja, aber mir reicht es jetzt. Ich lese jetzt ab Kapitel 5. Das interessiert mich. Hier das ist mir zu anstrengend. Das lese ich, wenn ich Lust darauf habe.
Gut, dass du das mal sagst! Ich mache das immer ganz unhinterfragt, wie ich das in der Schule gelernt habe ..., von vorne nach hinten Lesen.

Wenn ich es richtig sehe, musst man das eh nicht alles lesen. Wenn du später einzelne Abschnitte zum didaktischen Fundament des Stationenlernens liest, wird das Dein Gehirn schon richtig vernetzen.
Und doch fühlt es sich richtiger an, wenn ich bei den Vorgaben der Autorin und des Autors bleibe. Die werden sich schon was dabei gedacht haben.

Ob die das wirklich alles vorgeben wollten? Das wäre doch sehr gegen ihre eigenen Ansichten über das Lernen. Ich lasse mir jedenfalls von einem Buch nichts vorschreiben!

2.3.2 Konstruktivismus

Gemäß der radikal-konstruktivistischen Theorie erschafft sich jeder Mensch seine eigene Realität selbst. Laut den Konstruktivisten ist Realität das, was ein Betrachter seinen körperlichen und geistigen Bedingungen gemäß wahrnehmen und interpretieren kann. Die Welt entsteht und existiert gewissermaßen im Kopf. Das hat weitreichende Folgen für das Lernen Erwachsener. Denn wenn es keine universellen, sondern nur individuelle Realitäten gibt, wie können Menschen dann ein- und dasselbe lernen? Dieses Problem muss didaktisch gelöst werden. Konstruktivistisch-didaktischen Überlegungen liegt zunächst einmal die Überzeugung zugrunde, dass Lernen und Lehren (im Sinne des Griechischen *didaskein* = Lehre) nicht linear aufeinander reagieren, das Lernen also keine Reaktion auf das Lehren ist (Siebert 2000, S. 1 ff.). Daraus folgt die Frage, mit welcher pädagogischen Herangehensweise das Lernen – auch das Lernen in Gruppen – gelingen kann, wenn Menschen selbstgesteuert lernen, also nur dann lernen, wenn es für sie relevant und interessant ist. Relevanz und Interesse sind gleichsam Ergebnisse biografischer Prozesse. Ob und wie Erwachsene lernen, hängt also von gemachten Erfahrungen gekoppelt an die jeweiligen Bewertungen ab.

»Ich mach mir die Welt, wie sie mir gefällt.«

So wird deutlich, dass Bildungsarbeit mit Erwachsenen nicht Wissensvermittlung sein kann. Kein mündiger Erwachsener, dem die Umwelt egal ist, lässt sich mal eben davon überzeugen, dass es aus Umweltschutzgründen an der Zeit ist, den Porsche gegen ein Drei-Liter-Auto einzutauschen. Der Weg zu solch einer – aus Sicht der meisten Porschefahrer vermutlich – radikalen Entscheidung bedarf einer Erkenntnis, der vom Betreffenden große Bedeutung beigemessen wird, wodurch wiederum die notwendige Handlungsmotivation entstehen kann. Wissensvermittlung oder gar Anleitung braucht dazu niemand. Die am Seminar Beteiligten, Teilnehmende wie Durchführende, können sich gegenseitig zeigen, wo die Früchte hängen. Entscheiden, ob sie lecker schmecken, muss jede und jeder selbst.

Nein, wir versuchen keinesfalls, den Leserinnen und Lesern unsere Weltsicht aufzudrängen. Da wir uns aber auf den Konstruktivismus beziehen, wollen wir hier dafür sensibilisieren, dass Menschen vor dem Hintergrund ihrer persönlichen Erfahrungen in die Welt blicken. Auch bei Menschen ohne konstruktivistisches Weltbild hoffen wir auf Verständnis für unsere Forderung, dass sie Bilder oder Beispiele so allgemein wählen, dass möglichst viel Interpretationsspielraum für die Teilnehmenden bleibt. Es dürfte einleuchten, dass zu eng gefasste, zu konkret formulierte Beispiele, die der individuellen Wirklichkeit und den Erfahrungen des Trainers, nicht aber denen der Teilnehmenden entsprechen, diesen die Möglichkeit nehmen, sie adäquat in ihre Realität zu integrieren.

Diese Sicht auf Lernprozesse kann auch ohne eigene konstruktivistische Didaktik hilfreich sein, wenn es um einen entsprechend sensiblen und wertfreien Umgang mit Sprache im Seminar geht. Wir werden dies weiter unten noch einmal aufgreifen, wenn es um die Rolle der Trainerin geht.

Exkurs innere Bilder

Jeder erwachsene Mensch hat seine individuelle Repräsentanz der Welt im Kopf. Diese inneren Bilder sind aus allen gemachten und dabei unweigerlich emotional bewerteten Erfahrungen entstanden. Jede neue Erfahrung modifiziert unser Bild von der Welt. Wenn aber Menschen ihre Bilder der Welt in den Köpfen haben, müsste es doch möglich sein, Teilnehmenden zu neuen, noch wenig bekannten oder gänzlich unbekannten Sachverhalten Bilder anbieten zu können, die sie individuell, den eigenen Prämissen entsprechend, weiter bearbeiten und anpassen können. Diese Vorgehensweise hat unter anderem den Vorteil, dass eine Gruppe auch zu komplexen Themen ein ge-

Ich sehe was, was du nicht siehst!

meinsames Verständnis herstellen kann, ohne dass das Individuum eigene Bilder gänzlich dem kollektiven Bild opfern müsste. Denn es bleibt ausreichend Raum, das vermittelte Bild in eigenen Farben auszumalen. Seine konkrete Form und Ausgestaltung liegt weiterhin im Ermessen des Einzelnen. Der Umgang mit Bildern im Seminar ermöglicht es auch, die »Weltbilder« der Teilnehmenden sichtbar zu machen und zu verstehen.

Wir tendieren zum Beispiel zu visuellen Vorstellungsrunden, bei denen sich die Teilnehmenden über Bilder oder Grafiken bekannt machen. So nennen wir Oberbegriffe und bitten die Teilnehmenden, dazu Bilder zu malen (keine Kunstwerke!), die wir im Anschluss gemeinsam betrachten und besprechen können. Auf den ersten Blick erfährt man so etwas über das Vorstellungsvermögen der Teilnehmenden, ihre Offenheit, ihre Kreativität, die Sprachkompetenz und einiges mehr. Solange die Bilder mit Namen versehen im Seminarraum aufgehängt bleiben, kann immer mal wieder einen Blick darauf geworfen werden, falls das notwendig erscheint. Das Kommunizieren in Bildern hat den großen Vorteil, dass an ihnen individuell weitergearbeitet werden kann.

Deshalb wollen wir ein Bild für das Stationenlernen anbieten, an dem individuell weitergearbeitet werden kann – auf dass jede Leserin und jeder Leser es für sich allein weiterentwickeln, konkretisieren und jederzeit wieder umgestalten möge. Unser Bild zeigt in seinem Zentrum ein großes neoklassizistisches Gebäude. Es ist umgeben von einem großen Grundstück, das von allen Seiten her zugänglich im hellen Licht einer milden Sommersonne liegt. Vereinzelte weiße Wolkenberge säumen den ansonsten stahlblauen Himmel über der Szenerie. Ein kleiner Wald grenzt an eine große saftig grüne Wiese, die nach beiden Seiten bis zum Horizont zu reichen scheint und die zur Mitte hin auf einen kleinen Hügel zuläuft. Dem Wald gegenüberliegend stößt die Wiese auf den Vorplatz des Gebäudes. Große Fenster künden von lichtdurchfluteten Räumen im Innern. Ein Blick durch den Türspalt offenbart eine großzügige Wendeltreppe, die von einer hohen Empfangshalle ausgehend nach oben in den ersten Stock führt. Angenehm kühle und frische Luft weht durch den Türspalt nach draußen …

Grundstück und Gebäude repräsentieren das Stationenlernen als den methodischen Rahmen – mit viel Raum für die Teilnehmenden, sich frei und kreativ zu bewegen. Das Gebäudefundament steht für die pädagogische Kompetenz der Verantwortlichen, bestehend aus einem möglichst umfangreichen methodischen Portfolio, großer Offenheit und einer Überzeugung für individuelles Lernen im Sinne einer Orientierung am lernenden Subjekt. Die verschiedenen Räume stehen für die Lernstationen. Die Einrichtung der Räume ist stellvertretend für unterschiedlichste Methoden sowie deren Varianten. Die Lernräume repräsentieren ebenso die Einzigartigkeit jedes Teilnehmenden. Sie sollen jeder und jedem interessierten Lernenden jederzeit offenstehen, sollen sie einladen, sich darin umzuschauen, sie neugierig machen und ermutigen, die Einrichtungsgegenstände in ihrer unterschiedlichen Verwendungslogik auszuprobieren und zu benutzen.

Diese Methodenbeschreibung mit dem Bild eines Gebäudes zu verknüpfen, sollte ermöglichen, aus dem Stand ein inneres, den eigenen Vorstellungen entsprechendes Bild zu erzeugen.

Wer befand sich nicht schon einmal in der Situation, die leeren Räume der neuen Wohnung vor dem geistigen Auge einrichten zu wollen, spätestens kurz vor dem Unterschreiben des Miet- oder Kaufvertrages? Ohne großen Aufwand kann sich eine Gruppe Erwachsener darüber verständigen, dass ein Gebäude Wände hat, Fenster und Türen, ein Dach, und dass es von einem Grundstück umgeben ist. So bausatzartig solche Bilder zunächst erscheinen mögen, so sicher werden sie kein zweites Mal zu finden sein – jedes einzelne ist ein aus individuellen Erfahrungen und Bewertungen zusammengesetztes Unikat. Ist das Dach flach oder spitz? Welche Farbe hat das Gebäude? Sind die Fenster einfach oder doppelt verglast? Liegt es an einer Straße oder mitten im Grünen? In den Details verbirgt sich das Individuelle, die vielen interessanten Informationen, die auf die Persönlichkeit schließen lassen. Unseren Blicken entzogen wissen wir dennoch, dass sie da sind. Weil wir sie nicht erkennen, versehen wir sie unweigerlich mit Platzhaltern – unseren persönlichen Eindrücken. Und so wird das Gebäude unter den Blicken eines jeden Betrachters zum Objekt dessen subjektiver Realität.

Wir Menschen sind angefüllt mit inneren Bildern, die uns ausmachen, die unser Verhalten beeinflussen, unsere Erwartungen bestimmen. Der Mensch, der uns gegenübersteht, ist ein subjektives Abbild, zusammengesetzt aus unseren persönlichen Eindrücken und Zuschreibungen. Unser Gegenüber im Seminar ist das Objekt unserer subjektiven Realität, wie auch wir zum Objekt dessen subjektiver Realität werden. Dies findet seine pädagogische Entsprechung im Stationenlernen. Durch den subjektiven Zugang (für die Teilnehmenden) zum vermeintlich Objektiven (dem Lerngegenstand) entsteht ein größtmöglicher Zugewinn an individueller Handlungskompetenz. Deshalb sollen Teilnehmende sich mit einem entsprechenden Lerngegenstand so individuell und passgenau wie möglich beschäftigen können.

2.3.3 Subjektorientierung

In der Schule sind die Schülerinnen und Schüler die Objekte, die zu lernen haben, was die staatliche Autorität festgelegt hat. Die Lehrerinnen und Lehrer als die Vertretung der staatlichen Autorität entscheiden, mit welcher Methodik gelernt wird. In der Ausbildung ist es ähnlich, das Objekt der Ausbildungsaktivitäten ist die Auszubildende. Dass eine solche Lehrerzentrierung »Muster zur Anerkennung von Autoritäten« bahnt, muss hier nicht noch einmal besprochen werden. Doch sollten wir uns unbedingt klar machen, dass sie einen beträchtlichen Anteil daran haben dürften, dass erwachsene Menschen nahezu widerstandslos akzeptieren, dass vorne die allwissende Autorität steht, um ihnen zu erzählen, was die Welt im Innersten zusammenhält. Viele werden schon beobachtet haben, dass Einzelne nur dann dagegen aufbegehren, wenn Aussagen von Referenten an ihren Grundfesten rütteln. Das nämlich erzeugt, sagen wir mal, negative Begeisterung. Ohne die individuellen Erfahrungen und Prämissen der Lernenden zu berücksichtigen, dominieren die gewiss stets wohlmeinenden methodisch-didaktischen Entscheidungen des Trainers den Bildungsprozess weitgehend. So werden manche in den vorgegebenen Lernprozess gedrängt und andere keineswegs zum aktiven Lernen ermuntert.

vgl. dazu Meueler 1998

Mithilfe der Subjektorientierung versteht und behandelt der Trainer die Teilnehmenden nicht mehr als (Ziel-)Objekt seiner lehrenden Bemühungen. Vielmehr wird nun aus jedem und jeder Lernenden das gestaltende Subjekt des eigenen Lernprozesses. Wer ein Seminar subjektorientiert vorbereitet, wird versuchen müssen, möglichst viel über seine Teilnehmenden zu antizipieren. Bei der Durchführung eines subjektorientierten Seminars vertrauen die Seminarverantwortlichen darauf, dass die Teilnehmenden in der Lage sind, ihr Lernen mit und selbst zu bestimmen. Weil bei vielen Teilnehmenden die Kompetenz, beim Lernen über sich selbst zu bestimmen, lange brachlag, bietet das Stationenlernen, vor allem die begleitende Trainerin, die notwendige Unterstützung und Beratung an, damit die Teilnehmenden diese Kompetenz neu entdecken können.

Fragen und Antworten zur Subjektorientierung

Wenn davon auszugehen ist, dass die Teilnehmenden sich gut und sicher fühlen, wenn im Seminar jemand sagt, wo es lang geht, warum sollte ein Seminar dann nicht auch entsprechend konzipiert sein?
Zunächst einmal, weil wiederum andere Teilnehmende nicht mit diesem wohlig warmen trainerzentrierten Bedürfnis zum Seminar kommen.

Dann opfere ich die guten Gefühle der einen den schlechten Gefühlen der anderen?
Das würde ja nur bedeuten, den Spieß einfach umzudrehen. Aber so einfach machen wir es uns ja nicht. Legen wir uns nicht auf eine bestimmte methodische Form für ein Seminar fest, öffnen wir damit allen möglichen Seminarmethoden Tür und Tor.

Um im Bild zu bleiben: Zieht es dann nicht gehörig, und alles fliegt durcheinander? Verunsichert diese Form die Teilnehmenden nicht über Gebühr?
Tja, das Bild einer Gruppe folgsamer Erwachsener, die diszipliniert um ein »U« herumsitzt, bekommt man dann eher selten zu sehen. Und ja, insgesamt löst sich eine für viele Praktikerinnen und Praktiker der Erwachsenenbildung gewohnt übersichtliche Seminarstruktur auf. Aber das Loslassen des Gewohnten belohnt uns mit einer Lernlandschaft, der erfahrungsgemäß alle etwas abgewinnen können.

Aber bedeutet jedem gerecht werden zu wollen letztlich nicht, dass alle auch Ungerechtigkeit hinnehmen müssen?
Nein, im Fall eines solchen Seminars sicher nicht! Denn hier geht es nicht um moralische Kategorien wie Recht und Unrecht. Es geht nur darum, den Teilnehmenden zu ermöglichen, auf ihre persönlich erfolgversprechendste Art und Weise lernen zu dürfen. Indem sich Trainer auf bestimmte Methoden festlegen, verbauen sie den Teilnehmenden ihren individuellen Weg. Stationenlernen bedeutet, im Lernprozess einem Minimum an Fremdbestimmung ein Maximum an Selbstbestimmung gegenüberzustellen. Bildung könnte kaum demokratischer organisiert sein.

2.3.4 Individuelles Begleiten versus Verallgemeinerung

Wie bereits im Abschnitt zum Konstruktivismus formuliert, konstruieren Menschen ihre individuelle Realität selbst. Weil das so ist, repräsentieren die Teilnehmenden eines Seminars unterschiedlichste Wirklichkeiten. Auch der Trainer und die Trainerin bringen eigene Realitäten mit. Nun geht es im Seminar zwar selten um die Auslegung der Welt als solcher, umso mehr aber geht es um Bewertungen von etwas. Werte und Normen sind für den Menschen in einem umfassenden Sinne handlungsleitend. Das gilt übrigens auch für Menschen, die Seminare konzipieren und durchführen. Sie treffen vor dem Hintergrund ihrer Werte und Normen alle Entscheidungen darüber, was am Thema wichtig ist und welche Aspekte nicht behandelt werden müssen. Zu Beginn des Seminars wird das Thema zwar noch gemeinsam mit den Teilnehmenden eingegrenzt, sodass es dann über mehr oder weniger abwechslungsreiche und ansprechende Methoden gelernt werden kann. Zu guter Letzt überprüft die Seminarleitung noch, ob auch alle alles richtig verstanden haben. Doch solche Verallgemeinerungspädagogik widerspricht unserer Haltung ebenso wie der Funktionsweise des menschlichen Gehirns. Menschen sind deshalb Individuen, weil sie einzigartige biografische Erfahrungen gemacht haben und kein Mensch exakt denkt, fühlt und handelt wie irgendein anderer auf der Welt. So erschaffen sie ihre Wirklichkeit selbst. Mithilfe von Kommunikation machen sie ihre Welt zwar für andere sichtbar, aber erfahrbar im emotionalen Sinn wird sie für andere nicht. Denn jenseits des Sprachlichen lassen sich Sinn, Bedeutung und Einsicht einem Erwachsenen nicht vermitteln.

Das Verstehen an sich bleibt immer an das Subjekt gebunden. Berücksichtigt man also, dass die Teilnehmenden einen sehr individuellen Weg mit entsprechend individuellen Erfahrungen und Bewertungen zurückgelegt haben, lässt sich recht einfach herleiten, dass es nicht die eine Lernsituation geben kann, innerhalb derer alle, die nur ausreichend motiviert sind, ein und dasselbe lernen könnten. Das Stationenlernen berücksichtigt diesen Sachverhalt, indem es jeder Teilnehmerin und jedem Teilnehmer einen individuellen Zugang zum Lerngegenstand anbietet. Ein wichtiges Instrument zur Umsetzung dieses Bestrebens ist die individuelle Begleitung im Lernprozess. Das geschieht über das von uns sogenannte »Andocken« an die Teilnehmenden. Nachfragend unterstützt der Trainer eine Teilnehmerin dabei, ihren passenden Lernmodus zu finden. Das kann so weit gehen, dass spontan eine Station entwickelt wird, die einen Bezug zur Lebenswelt der entsprechenden Teilnehmerin herstellt.

2.3.5 Andocken an den Teilnehmenden

Die Bindung an andere ist eine der frühesten Erfahrungen des Menschen. Stammesgeschichtlich waren Sozialverbünde lebensnotwendig, und das Bedürfnis nach Zugehörigkeit ist bis heute ungebrochen. So sehr der postmoderne Mensch bemüht ist, individuell zu erscheinen, aus der Masse hervorzutreten, um sich Geltung zu verschaffen, so sehr verdeutlicht er in diesem Bestreben seine Abhängigkeit von anderen. Schließlich können nur sie seine Individualität bestätigen.

> Aus eigener Erfahrung wissen die meisten Trainerinnen und Trainer, wie selbstverständlich manche Teilnehmenden ihren Platz im Seminar einnehmen. Da wäre der berühmte »Co-Trainer«, der nicht selten alles noch ein klein wenig besser weiß als die Dozentin. Der Co-Trainer kennt seinen Platz schon, bevor er im Seminar angekommen ist. Er braucht die Gruppe, um sich über die Zurschaustellung seiner vermeintlich gut ausgebildeten Kompetenzen, seiner eigenen Selbstwirksamkeit zu vergewissern. Und wer von uns hatte nicht auch schon Teilnehmende mit dem Talent, unsichtbar zu sein, sich wortkarg innerhalb der Gruppe zu verstecken? Zum Ende des Seminars tauchen sie dann wieder auf und bestätigen uns, wie gut wir das Seminar gestaltet haben, was sie so alles gelernt und wie wohl sie sich in dieser netten Gruppe gefühlt haben. Es gibt auch extreme Fälle vermeintlicher Abhängigkeiten. Wir hatten schon Teilnehmende, deren Licht so sehr unterm Scheffel gestanden hat, dass sie davon überzeugt waren, überhaupt nicht alleine lernen zu können. Sie lehnen sich nicht selten an den Co-Trainer an. Das gibt ihnen Halt und Sicherheit, weil ein Co-Trainer natürlich ganz genau weiß, was zu tun ist.

So verschieden die Menschen auch vor dem Hintergrund ihrer Erfahrungen erscheinen, die menschliche Sensorik ist bei allen gleichermaßen nahezu immer aktiv. In einem Moment registriert und bewertet das menschliche Gehirn unbewusst ein Vielfaches dessen, was es im selben Moment bewusst wahrzunehmen in der Lage ist. Dieses Phänomen muss didaktisch berücksichtigt werden. Zum einen hilft es dem Trainer, darauf zu achten, dass ein lernfreundliches Klima herrscht. Zum anderen sensibilisiert es für gangbare Wege, zur Lernpersönlichkeit jedes einzelnen Teilnehmenden durchzudringen, also anzudocken.

Stellen wir uns eine Teilnehmerin vor, die schon ein gewisses Maß an Seminarerfahrung mitbringt. Da Seminar nicht gleich Seminar ist, würden wir zunächst erwarten, dass auch diese Teilnehmerin unterschiedliche

Variationen von Seminaren kennengelernt hat. Während wir nun unseren Vortrag zur Einführung in die Methodik des Stationenlernens halten, beobachten wir, dass besagte Teilnehmerin missmutig dreinblickt, mal nahezu teilnahmslos dasitzt, mal unruhig auf ihrem Stuhl hin und her rutscht. Uns beschleicht die Sorge, dass diese Teilnehmerin bisher viele Seminare erlebt hat, deren Methodik sie in die ungeliebte Passivität gezwungen haben. Und so sprechen wir sie bei nächster Gelegenheit an und erfahren, dass sie Frontalseminare, bei denen sie selbst nicht aktiv gefordert war, viele Male erlebt und hassen gelernt hat. Die Zeit vergehe kaum, ständig höre sie die eine alles beherrschende Stimme der Referentin oder des Referenten, immerzu müsse sie in einem stickigen Seminarraum auf einem unbequemen Stuhl ausharren. Der einzig glückliche Moment in einer solchen Situation sei dann jener, wenn die Seminarleitung die nächste Pause in Aussicht stellt. Alles zusammen genommen versetze sie das emotional zurück in ihre Schulzeit, bei der sich alles darum drehte, wann das nächste Pausenklingeln ertönt oder endlich wieder Ferien sind.

Von solch negativen Seminarerlebnissen, gekoppelt an Erinnerungen an die eigene Schulzeit, berichten Teilnehmende immer wieder. Nicht alle Teilnehmenden sind so geprägt. Aber alle haben die Erfahrung des Über-Unterordnungsverhältnisses zwischen Lehrerin und Schüler gemacht, des Nichtwertschätzens auch der Arbeitsergebnisse, für die die Schüler sich angestrengt haben. In diesem Beispiel wird die denkbar schlechteste Konstellation für eine Seminar-Auftaktsituation beschrieben: Der Einstieg in das Seminar erfüllt auf den Punkt die negative Erwartung mindestens einer, vielleicht aber noch weiterer Teilnehmender. Tatsächlich findet man in vielen Seminaren noch die klassische U-Form, mit dem einen, am offenen Ende des »U« stehenden »Lehrerpult«.

»Hefte raus, Klassenarbeit«

Wir haben bereits auf die Wirkung der inneren Bilder hingewiesen. Das soeben konstruierte Bild eines typischen Klassenzimmers ist dazu geeignet, negative Assoziationen mit ebensolchen negativen Emotionen wachzurufen. Weil wir aber irgendwann auch den obligatorischen Stuhlkreis nicht einfach über die Köpfe unserer Teilnehmenden hinweg vorgeben wollten, sind wir dazu übergegangen, ihnen die Entscheidung über die individuelle Sitzordnung selbst zu überlassen. Wobei es sich um ein spannendes Experiment handelt. Es ist sehr aufschlussreich, Teilnehmende dabei zu beobachten, wie sie der Bitte nachkommen, sich ihren Platz im Plenum so einzurichten, dass es für sie individuell am besten ist. Danach sieht kaum ein Seminarraum mehr so aus wie vorher, und vor allem erhält man viele interessante Informationen über so manches Persönlichkeitsmerkmal der Teilnehmenden. Wenn dann jede und jeder endlich so sitzt, steht oder liegt wie gewünscht und von den anderen akzeptiert, dann ist es zum ersten Mal gelungen, an den Teilnehmenden anzudocken.

Beim Stationenlernen wird die Rolle der Trainerin und des Trainers vom Begleiten und Beraten der Lernenden bestimmt. Damit ändert sich zwangsläufig die Qualität der Arbeitsbeziehung zwischen beiden. Von daher lohnt sich ein Blick auf die wichtigsten Faktoren dieses Beziehungsgefüges. Wenn aus allgemeinem Lernen ein Miteinander-Lernen werden soll, bei dem immer das lernende Subjekt der Mittelpunkt des eigenen Lernprozesses bleibt, hängt die Qualität des Lernprozesses sehr von der Intensität der Beziehung zwischen Trainer und Teilnehmerin ab. Nun wissen wir alle, dass Menschen sich – im übertragenen Sinne – mal mehr, mal weniger gut riechen können. Wir wissen aber auch, dass aus der Arbeitsbeziehung zwischen Trainerin und Teilnehmenden keine Liebesbeziehung werden muss. Es sind also nur bestimmte zwischenmenschliche Faktoren von Belang. Und von den meisten erwachsenen Menschen, seien sie Trainer oder Teilnehmende, darf erwartet werden, dass sie willens und in der Lage sind, sich auch auf Menschen einzulassen, die ihnen auf den ersten Blick nicht besonders sympathisch erscheinen.

Das Stationenlernen erfordert ein besonders vertrauensvolles Verhältnis, weil hier mehr als bei anderen Seminarformen sehr persönliche Einzelgespräche geführt werden. In aller Regel werden diese aber immer nur am Rande stattfinden können, weil es diese Gespräche im Verlauf der Lernphase wiederholt mit nahezu allen Teilnehmenden geben dürfte. Dass solche Gespräche Auswirkungen auf das Zeitmanagement haben, sei nebenbei auch erwähnt. Die besondere Herausforderung besteht also in der Kunst, sich die wenig vorhandene Zeit zu nehmen, um mit fremden Menschen nebenbei, aber doch intensiv ein oder mehrere vertrauliche Gespräche zu führen. Dass die Teilnehmenden sich freiwillig anmelden, sollten wir dabei als ihren ersten und sehr bedeutenden Vertrauensvorschuss zur Kenntnis nehmen. Müssen wir jetzt noch erwähnen, dass Individualität auch bedeutet, dass es keine universelle Art des Ausdrückens oder Aufbauens von Vertrauen gibt? Das spiegelt sich von Mensch zu Mensch in der individuellen Art zu kommunizieren wider. Mimik, Gestik, Modulation der Stimme, Gesagtes und nicht Gesagtes – kurz: Alle verbalen und nonverbalen Aspekte zwischenmenschlicher Kommunikation treffen Aussagen zur Qualität unserer Arbeitsbeziehung mit den Teilnehmenden und eben auch zum aktuellen Stand des gegenseitigen Vertrauens. Je intensiver die professionelle Beziehung zu einem Teilnehmenden, desto ergiebiger wird sie schließlich für ihn. Diese Intensität wollen wir mit dem Ausdruck »Andocken« verdeutlichen.

Andocken benötigt Vertrauen. Der Aufbau von Vertrauen fordert von den Verantwortlichen, die einzelnen Teilnehmenden intensiv zu beobachten. Hier erinnern wir die Seminarverantwortlichen noch einmal an die

Andockmanöver

Notwendigkeit, sich ihr Bild vom Erwachsenen ebenso zu vergegenwärtigen wie ihre erwachsenen-pädagogische Grundhaltung. Denn das so entstandene Bild, in Verbindung mit dem Selbstverständnis, ermöglichen erst jene differenzierten Urteile, die verhindern, dass wir Menschen als graue Masse wahrnehmen, die sich selbstredend nicht individuell begleiten ließe. Wir aber wissen, dass menschliche Vielfalt kommunikative Vielfalt bedingt, und können dank unserer reflektierenden Haltung und unserer erfahrungsbedingten Beobachtungen Schlüsse ziehen; dass sich etwa ein argwöhnischer oder wankelmütiger Mann eher über Befürchtungen oder Bedenken mitteilt, hingegen eine sehr vertrauensselige Frau nur wenig hinterfragt, was sich negativ auf das Lernen auswirken kann, weil vorschnelles Einverständnis kritische Fragen ausschließt. Das sind nur zwei Beispiele, die verdeutlichen sollen, dass Trainerinnen und Trainer an jeder und jedem Teilnehmenden reflektiert und sensibel andocken müssen, um eine wirklich gute Lernbegleitung anbieten zu können.

Wir sprechen von »andocken«, weil deutlich werden soll, dass es sich dabei – im übertragenen Sinne – um ein gegenseitiges Berühren handelt.

2.3.6 Freiwilligkeit und Wissen-Wollen

In diesen beiden Wörtern verbirgt sich eine wichtige Quelle jeder Lernmotivation. Wenn wir selbst entschieden haben, dass wir etwas wissen wollen, uns sprichwörtlich die Neugier gepackt hat, fällt es uns leichter, mit dem Lernen anzufangen. Im Modus von »trial and error« haben wir alle die Welt entdeckt. Je positiver eine Lernerfahrung bewertet wird, desto größer ist die Motivation, sich neuen Herausforderungen zu stellen. Über die bereits erwähnten Ausschüttungen körpereigener Opiate bilden sich jene Aktivitätsmuster heraus, die unsere Neugier befördern. Wenn also Erwachsene aus sich selbst heraus etwas wissen wollen und sich selbst gut motivieren können, bringen sie die wohl wichtigsten Voraussetzungen dafür mit, dass eine Bildungsveranstaltung für sie zum gewünschten Erfolg führt.

Oft wird diese intrinsische Motivation allerdings allzu selbstverständlich vorausgesetzt. Mitunter stellt sich heraus, dass die Teilnehmenden gar nicht freiwillig an einer Veranstaltung teilnehmen, sondern nur, weil der Arbeitgeber oder die Vorgesetzte es verlangen. Wenn das der Fall ist, wird es eini-

Die Urangst des Trainers: Die Teilnehmenden wollen nicht lernen.

ger Unterstützung bedürfen, bis auch solche Teilnehmende wissen wollen. Lernen gegen innere Widerstände ist anstrengend und führt dazu, dass sich eben diese Widerstände verfestigen und Lernen als unattraktiv empfunden wird. Das »Wissen-Wollen« ist der Teil, den die Teilnehmenden beisteuern müssen, alles andere liegt weitgehend in der Verantwortung der Menschen, die das Seminar vorbereiten und begleiten.

2.3.7 Verbunden sein mit der Lerngruppe

Neben dem Blick auf das lernende Subjekt fehlt noch der Blick auf die Sozialform »Gruppe«, in welcher wohl die meisten Lernveranstaltungen für Erwachsene organisiert werden. In Kapitel 5 werden wir uns noch mit den Besonderheiten der Gruppendynamik beim Stationenlernen befassen.

Eines der ältesten Hirnmuster des Menschen ist jenes, das entlang der Verbindung mit der Mutter – quasi über die Nabelschnur – entstanden ist (Unterkapitel 2.3.1). Dieses sehr ausgeprägte Bindungsmuster ist mit Wärme, Nähe und Geborgenheit assoziiert und lässt uns nach ebensolchen Beziehungen streben. Eine andere Kraft, die uns zu sozialen Kontakten drängt, ist die Tatsache, dass sich seiner eigenen Existenz eigentlich nur der versichern kann, dem sie ein Gegenüber bestätigt. Schon immer haben sich Menschen in Gruppen zusammengeschlossen, auch um dadurch ihr Lebensrisiko zu minimieren. Wir heutigen Menschen stammen nicht von urzeitlichen Einzelgängern ab. Die Verbundenheit des Einzelnen mit seiner Lerngruppe ist also in gewisser Weise ein stammesgeschichtliches Bedürfnis.

Dieses Bedürfnis wird beim Stationenlernen insofern berücksichtigt, als individuelles Lernen ermöglicht wird, nicht aber ohne das gute Gefühl, Teil einer Gemeinschaft zu sein. Wir haben bereits darauf hingewiesen, dass ein wichtiger Aspekt in der Möglichkeit liegt, die Sozialform frei zu wählen. Dennoch, weil wir bisher nahezu ausschließlich vom individuellen Lernprozess gesprochen haben, soll an dieser Stelle deutlich werden, dass auch das Stationenlernen ein Gruppenprozess ist. Auch hier gibt es ein Plenum. Nur dienen die Plenumssequenzen nicht dazu, einzelne aufbereitete Inhalte zu vermitteln oder den Stand der Dinge zu überprüfen. Vielmehr erhält das Plenum, wie wir noch sehen werden, neue Funktionen. Es ist ein Forum für Austausch, Informationsquelle und Zentrum für Verabredungen.

2.3.8 Lehrziele

… nicht Lernziele! Zu planen, was andere zu lernen haben, liegt jenseits unserer pädagogischen Weltanschauung. Der Versuch, verlässliche Lernziele festzulegen, widerspräche den meisten der bisher getroffenen Aussagen zur Individualität von Lernprozessen. Kolloquien sind Bestandteil von Schulpädagogik, in der Erwachsenenbildung sind sie fehl am Platz.

Es scheint so, als geriete das pädagogische Arbeiten mit Zielen langsam aus der Mode. Nicht so beim Stationenlernen. Hier ist das Arbeiten mit Lehrzielen eine Konvention. Gerade zur inhaltlichen Vorbereitung einer Lernveranstaltung für Erwachsene sind Lehrziele wichtige Leitplanken bei der Vorbereitung und Durchführung.

Allen Trainerinnen und Trainern dürfte bewusst sein, dass Menschen sehr unterschiedliche Zugänge zum und Erfahrungen mit dem Lernen haben. In der Regel drückt sich das als Neigung aus, etwa Mathematik nicht zu mögen, besonders gerne zu lesen oder sich die Welt am liebsten praktisch, also handelnd zu erschließen. In der einschlägigen Literatur finden sich immer wieder Versuche, Lernende zu typisieren. Da ist etwa von visuellen, auditiven oder haptischen Lerntypen die Rede, vom naturwissenschaftlich ambitionierten oder vom sprachlich orientierten Lerntyp. Ebenso lesen wir von bevorzugten »Lerneingangskanälen« und dergleichen mehr. Solche Typisierungen können hilfreich sein, wenn es darum geht, sich bewusst zu machen, an was alles zu denken ist bei der Konzipierung eines Seminars. Sie dürfen aber nicht zu Aufgaben und Konzepten führen, die auf bestimmte Lerntypen eingeschränkt sind. Von sehr seltenen Ausnahmen abgesehen, ist nicht davon auszugehen, dass uns in Seminaren Menschen begegnen, die eindeutig diesem oder jenem Typus entsprächen. Deshalb müssen Aufgaben so formuliert und verfügbar gemacht werden, dass Erwachsene auf ihre je individuelle Weise entscheiden können, ob es sich bei der gewählten um die richtige, eine zu bewältigende Herausforderung handelt.

Um das jeder und jedem Teilnehmenden gewährleisten zu können, bedarf es großer Offenheit, Flexibilität und Kreativität, die Aufgaben so differenziert vorzubereiten, dass sowohl Teilnehmende mit Vorkenntnissen und viel Lernerfahrung etwas hinzulernen können als auch jene, die kein Vorwissen haben und eher ungern lernen. Das ist der Kern des Stationenlernens: die Möglichkeit, auf unterschiedliche Lernende und deren Lernstrategien eingehen zu können. Vom jeweiligen Lehrziel aus betrachtet, lassen sich am

Für einen schnellen Überblick über die Lehrziel-Theorien vgl. Stangl 2014, http://arbeitsblaetter.stangl-taller.at/LERNZIELE/

besten die ausdifferenzierten Wege hin zu diesem Ziel beschreiben. Lehrziele dienen also nicht der Überprüfbarkeit des Lernerfolges, sondern der Orientierung der Trainerin und der Vorbereitung auf die Veranstaltung selbst.

Bei der Formulierung der Lehrziele achten wir darauf, möglichst nicht nur die kognitive Seite der Teilnehmenden, sondern auch ihre psychomotorischen und affektiven Anteile anzusprechen. Wir vermeiden Lehrziele, in denen es nur um Wissen und Verstehen geht, weil diese Lehrziele nicht der Transferorientierung unserer Seminare entsprechen.

Lehrzieltaxomie im kognitiven Bereich   Abb. 3: Lehrziele

Beurteilen

Das Zusammengefügte beobachten und selbstständig überprüfen

Zusammenfügen zu Neuem

Vorhandenes mit dem Gelernten verbinden

Analysieren

Das Ergebnis der Übertragung auf den echten Fall einschätzen können

Anwenden

Verstandenes Wissen auf echte Fälle übertragen können

Verstehen

Wissen, was man weiß, Logik erkennen

Wissen

... und wiedergeben

Lehrzieltaxomie im affektiven Bereich

Wertesystem entwickeln

Wertesystem organisieren

Werten

Reagieren

Wahrnehmen

Lehrzieltaxomie im psychomotorischen Bereich

Bewegung automatisieren

Arbeit gliedern/koordinieren

Genau arbeiten

Handhaben

Nachahmen

P. S.: Es ist umstritten, ob Lernprozesse mit Lehrzielen geplant werden können und wie sinnvoll das ist (siehe z. B. Jank/Meyer 2000, S. 308). Wir meinen, dass es sinnvoll ist, zu wissen, was man mit der Vorbereitung erreichen will. Ob das dem Ziel der Teilnehmenden entspricht, muss im Seminar mit ihnen geklärt werden. Was meinen Sie?

Diese und weitere Grundannahmen bilden das Fundament unserer pädagogischen Arbeit. Wir vertreten den Standpunkt, dass Trainerinnen und Trainer, die das Stationenlernen als Methode in ihren Seminaren einsetzen möchten, sich mit Blick auf diese Grundannahmen ihre pädagogische Haltung bewusst machen müssen – alle anderen sollten das natürlich auch. Sie sollten sich ihr Menschenbild vergegenwärtigen und darüber nachdenken, wie und mit welcher Motivation Erwachsene ihrer Ansicht nach lernen. Sie sollten vertreten können, warum sie eine bestimmte Methodik wählen, und eine Antwort auf die Frage geben können, was Wissen ist und wie es entsteht. Verstehen sie sich als Vermittler von Wissen, als Bereitsteller weiterzuverarbeitender Informationen oder als kundiger Begleiter durch einen Dschungel unbeantworteter Fragen? Stationenlernen fordert von Trainerinnen und Trainern ein pädagogisches Bewusstsein. Ohne eine konkrete Haltung zum Lernen Erwachsener und ohne reflektierte Kenntnisse über das eigene Lernverhalten halten wir es nicht für möglich, ein Seminar im Modus des Stationenlernens durchführen, geschweige denn vorbereiten zu können.

2.4 Warum wir die Methode so sehr schätzen

Von einigen Ausnahmen abgesehen, etwa dem Studium an einer Fernuniversität, ist institutionelles Lernen Erwachsener regelmäßig als ein zeitlich begrenzter Gruppenprozess organisiert. Es bildet sich gewissermaßen eine Lern-Zwangsgemeinschaft auf Zeit, deren zu erwartende heterogene Zusammensetzung wir bereits angesprochen haben. Die pädagogisch Verantwortlichen stehen immer wieder vor derselben großen Herausforderung, ein Seminar so zu organisieren, dass die Teilnehmenden sich für die Dauer der Veranstaltung auf das gemeinsame Lernen mit mehr oder weniger fremden Menschen einlassen, um jeder und jedem im Seminar gleichermaßen erfolgreiches Lernen zu ermöglichen (zum Prozess der Gruppenbildung vgl. Unterkapitel 6.3.1).

Die bisweilen recht subtil ablaufenden Aushandlungsprozesse verraten den Trainerinnen und Trainern schon in der frühen Phase einer Veranstaltung, wie weit die einzelnen Teilnehmenden willens und in der Lage sind, sich auf die Menschen und die neue Situation einzulassen. Und wenn wir das genau so formulieren, dann vor dem Hintergrund unserer sicheren Erwartung, dass sich einzelne Teilnehmende nicht einfügen werden, sich zurückzuziehen versuchen, untertauchen in der Lerngruppe aus Gründen, die vielfältiger nicht sein könnten: weil sie lieber alleine lernen; weil sie meinen, eigentlich gar nicht lernen zu wollen; weil sie nur lesend sich die Welt erschließen oder aber nur handelnd. Dieser Grundproblematik einer jeden Bildungsveranstaltung für Erwachsene setzen wir das Stationenlernen entgegen. Uns ist derzeit kein besserer Weg bekannt, erfolgreiches individuelles Lernen im Rahmen einer Gruppenveranstaltung zu ermöglichen. Womit schon der grundlegendste und wichtigste Aspekt genannt ist, warum wir das Stationenlernen so sehr schätzen.

Wir haben erste Reaktionen von Teilnehmenden beobachtet, wenn wir ihnen das Stationenlernen vorstellten. Dass es eine Methode ist, sich mit – zumindest theoretisch – unbegrenzten Möglichkeiten einem Lerngegenstand zu nähern, vollziehen die meisten noch nach. Spannend wird es dann,

Prozess der Gruppenbildung

wenn sie erfahren, dass sie selbst diejenigen sein sollen, die die Entscheidung darüber zu treffen haben, was, wann, wo und mit wem, im günstigsten Fall sogar wie, gelernt werden soll. Fast immer folgt ungläubigen Blicken die argwöhnische Frage: »Ich soll selbst entscheiden, was ich lernen will?« Viele Erwachsene sind darauf nicht vorbereitet. Sie haben Schule, Ausbildung und – spätestens seit der Umstellung auf Bachelor- und Masterstudiengänge – leider auch das Studium als eher fremdbestimmt und geschlossen erlebt. Die meisten haben also wenig bis keine Erfahrung damit, ihren Lernprozess eigenverantwortlich zu organisieren. Und so sind wir mittlerweile nicht mehr konsterniert, wenn, nach der Einführung in die Methode als dem Startpunkt zum selbstgesteuerten Lernen, nicht selten die erste Entscheidung der Teilnehmenden die ist, erst einmal einen Kaffee trinken zu gehen.

2.4.1 Zeitsouveränität

Mitten im Seminar einfach mal eine Kaffeepause machen zu können, ohne derweil etwas Wichtiges zu verpassen, setzt ein besonderes Zeitmanagement voraus. Beim Stationenlernen verzichten wir so weit es eben geht auf zeitliche Vorgaben. Gemäß der Maxime der Subjektorientierung, die Lernenden seien nicht länger Objekt, sondern gestaltendes Subjekt ihres eigenen Lernprozesses, soll es lediglich minimale Einschränkungen der ansonsten einzuhaltenden Zeitsouveränität der Teilnehmenden geben. Die sich ergebenden Einschränkungen dieses Prinzips erläutern wir etwas weiter unten. Die Teilnehmenden entscheiden selbst, wann sie welche Station bearbeiten. So verschieden die Menschen grundsätzlich sind, so verschieden sind sie auch in Bezug auf ihren Alltag. Sie sind sehr unterschiedlichen Zeitregimen unterworfen. Sie stehen unterschiedlich früh oder spät auf, haben verschieden lange Wege in unterschiedlichen Transportmitteln zurückzulegen, verrichten mitunter sehr unterschiedliche Tätigkeiten über den Tag verteilt. Heterogenität bestimmt sich eben nicht nur nach Persönlichkeitsmerkmalen, sondern auch danach, wie der jeweilige Alltag strukturiert ist. Das Lernen an Stationen berücksichtigt weitgehend den individuellen Lebensrhythmus der Teilnehmenden, indem ihnen die Möglichkeit gegeben wird, ihren individuellen Rhythmus zu finden, den Takt nach dem sie lernen wollen.

2.4.2 Reihenfolge der Stationen

Bei konventionellen Seminaren ist es gang und gäbe, einen chronologischen Ablaufplan zu erstellen, der auch vorgibt, wie viel Zeit den einzelnen Themen gewidmet werden soll. Meist liegen solchen Vorgaben Erfahrungswerte und sonstige Annahmen zugrunde, die der Logik und Wahrnehmung der Trainerin entsprechen. Wer etwa das Brotbacken erlernen möchte, muss natürlich erst einmal wissen, welche Zutaten benötigt werden. Dann kann er die Zutaten zusammenstellen, sie zusammenrühren und backen, abkühlen lassen und schließlich essen – logisch: Niemand wird ein Brot essen können, bevor es gebacken wurde. Verfängt diese Logik aber auch bei den Fragen, wo oder wann das Brotbacken erfunden wurde, wer es erfunden hat oder welche chemischen und physikalischen Vorgänge während des Backvorgangs im Teig ablaufen? Seminarverantwortliche treffen eine Vielzahl von Festlegungen, die ausschließlich ihren Vorstellungen entsprechen: das Gesamtseminarkonzept, die Bearbeitungsreihenfolge der Themen und die Lehrziele. Letzteres wirft im Zusammenhang mit einer zeitlich festgelegten Abfolge noch die Frage auf, wie es zu bewerkstelligen sein soll, dass alle Lernenden zur selben Zeit das (Lern)Ziel erreichen. Wenn alle Teilnehmenden mit individuellen Interessen, Vorlieben und Vorkenntnissen starten und auch in unterschiedlichem Tempo lernen, dann lässt diese konzeptionell bedingte Gleichzeitigkeit nur den Schluss zu, dass alle den Weg des Trainers in seinem Tempo gehen müssen.

So wenig es zeitliche Einschränkungen beim Stationenlernen geben soll, so wenig soll eine Reihenfolge vorgegeben werden, in der die Stationen zu durchlaufen sind. Keine Reihenfolge vorzugeben ist besser als eine subjektiv festgelegte Reihenfolge von einer Person, die wahrscheinlich mehr über das Gesamtthema weiß als alle anderen zusammen. Um diese subjektiven Einflussfaktoren auf den Lernprozess der Teilnehmenden zu verhindern, müssen sie ihre Tour durch den »Parcours« selbst gehen. Damit ist nicht gemeint, dass zu Beginn der Lernphase alle ihre individuelle Reihenfolge festlegen müssen. Zunächst geht es lediglich um die spannende Frage, mit welcher Aufgabe sie sich auf den Weg machen wollen. Um beim Stationenlernen aber einen eigenen Weg gehen zu können, lautet der Grundsatz, so wenige Einschränkungen wie möglich zuzulassen. Innerhalb der ersten zwei Stunden nach Beginn der Lernphase steigt sukzessive die Dynamik bei der Wahl der nächsten Aufgaben. Die Teilnehmenden nutzen immer ungehemmter ihre

Fundament

Teil 02

Freiheit bei der Suche und Entscheidung, mit wem und wie vielen anderen sie was als nächstes lernen wollen.

Die Trainerin kann zu Beginn, etwa bei der Vorstellung der Methode mit anschließendem Rundgang durch den »Parcours«, Empfehlungen zur Startstation geben. So bekommen die Teilnehmenden zumindest strukturelle Entscheidungshilfen, um sich klar zu machen, ob sie mit A oder B beginnen sollen. Dabei sollte der Trainer stets erläutern, warum das Seminar nicht von vornherein mit fester Reihenfolge angelegt wurde. Erstens ist Lernen keine Zauberei, die nicht funktioniert, wenn der Trick schon vorher verraten wurde. Zweitens mindert diese pädagogische Transparenz das Risiko, dass die Herangehensweise der Trainerin als willkürlich oder beliebig empfunden wird. Das Vertrauen in die pädagogische Befähigung ist ein wichtiger Baustein in der Beziehung zwischen Trainer und Teilnehmendem. Wir selbst halten uns mit Empfehlungen zur Reihenfolge sehr zurück und haben mittlerweile die Sicherheit, dass die Teilnehmenden ihren eigenen Weg finden. Besonders wertvoll daran ist, dass sie durch ihre bewusste Entscheidung, so oder so vorzugehen, das Lernen mehr als *ihr* Lernen empfinden, dementsprechend wird ein Lernerfolg zu *ihrem* Lernerfolg. Führen wir uns noch einmal das Belohnungssystem im Gehirn vor Augen: Selbst organisierte und bestandene Herausforderungen sind ausgesprochen wirksame Verstärker für die Lernmotivation. Erfolgserleben verstärkt die Lust am Lernen.

2.4.3 Herausfordernde Methodenvielfalt

Im Abschnitt zu den Lehrzielen widersprechen wir einer normierenden Typisierung Lernender, weil wir das Lernen Erwachsener so sehr als individuellen Prozess verstehen, dass ein Normierungsversuch so wirkt, als wolle man versuchen, das Subjektive zu objektivieren. Von der praktischen Seite her betrachtet, vereinfachen solche Typisierungen zwar das rationale Vorbereiten und stringente Durchführen von Seminaren. Theoretisch jedoch vergrößert die starre Sortierung von Menschen in vorgegebene Gruppen von Lerntypen das Raster, durch das einzelne Lernende fallen können. Individualisiertes Lernen erfordert eine entsprechend differenzierte, subjektorientierte Methodik bzw. Methodenvielfalt. Die Berücksichtigung der absehbaren Heterogenität einer eingeladenen Lerngruppe fordert neben umfassenden Methodenkenntnissen (bei der Festlegung auf methodische Zugänge

Kenntnisse verschiedener Methoden

zu einem Lerngegenstand) weitgehende Offenheit. Stationenlernen anzubieten erfordert ein gewisses Gespür dafür, zu wem welche Methodik passen könnte. Den Extremfall, dass für ein und denselben Lerngegenstand so viele Methodenvarianten benötigt werden wie es Teilnehmende im Seminar gibt, haben wir nicht ein einziges Mal erlebt. Erfahrungsgemäß ist es eher so, dass die meisten Teilnehmenden mit dem jeweils vorliegenden Stationen- oder Aufgabenangebot gut zurechtkommen. Und doch müssen wir immer wieder zu diesem oder jenem Thema zusätzliche Stationen entwickeln und anbieten. Das aber macht uns nicht zuletzt deshalb Spaß, weil es den betreffenden Teilnehmenden einen Perspektivwechsel erlaubt, nämlich aus der Warte der Trainerin auf das Seminar zu blicken und die Station aktiv mit zu entwickeln. Das sind solche wichtigen Momente beim Stationenlernen, in denen Trainer und Teilnehmende spürbar auf Augenhöhe sind. Es befördert auch den Spaß am eigenen Lernprozess, weil Teilnehmende in solchen Situation ihren eigenen Bildungsprozess, quasi als Laienpädagogen, gemeinsam mit der Trainerin sehr intensiv erleben.

Viele Aufgaben lassen sich ganz gut mit Faktoren wie Bearbeitungsintensität und -tiefe variieren. Mit ihrer Hilfe kann man mit unterschiedlichen Vorkenntnissen jonglieren, ohne dass sofort eine eigene Methode für jeden individuellen Kenntnisstand aus dem Hut gezaubert werden müsste. Erfahrungsgemäß sind Teilnehmende damit zufrieden, wenn sie zwischen einem leichten und einem anspruchsvollen Einstieg in ein Thema oder einem theoretischen und einem praktischen Zugang wählen können. Und dennoch müssen die Begleitenden jederzeit darauf vorbereitet sein, dass eine Teilnehmerin keinen adäquaten Zugang findet. Dann sind die methodische Vielfalt, Offenheit und Kreativität der Trainerin gefragt. Kenntnisse verschiedener Methoden und ihr Empathievermögen unterstützen sie dabei, gemeinsam mit dem Teilnehmenden die passende Aufgabe zu entwickeln. Der kreative Spielraum bei der Modifikation oder Erfindung von Methoden hat unsere Arbeit sowohl vor als auch in den Seminaren stets bereichert.

2.4.4 Wahl der Sozialform

Die Wahl der Sozialform ist ein maßgeblicher Aspekt beim individualisierten Lernen. Es soll Menschen geben, die es für pädagogisch wertvoll halten, wenn Menschen mit anderen Menschen, die ihnen nicht angenehm sind, etwa in Arbeitsgruppen Zeit verbringen müssen. Solcher »Bootcamp-Pädagogik« bietet Stationenlernen keinen Platz. Im Gegenteil ist es für das Lernen ausgesprochen wichtig, nicht gegen innere und äußere Widerstände ankämpfen zu müssen. Und dass gewisse Menschen einem den ganzen Tag versauen können, einfach nur weil sie da sind, klingt zwar hart, kennen wir aber doch alle. Statt also Teilnehmende zu Zwangsgemeinschaften zu verdonnern, stellen wir ihnen lieber frei, selbst zu entscheiden, in welchem sozialen Gefüge sie lernen möchten. Diese Autonomie im Lernprozess erleichtert den Teilnehmenden das Lernen. Indem sie selbst darüber entscheiden, ob sie alleine, zu zweit oder in einer Kleingruppe lernen wollen, erleben sie Wahlfreiheit bei für sie ganz grundlegenden Entscheidungen. Wir beobachten immer wieder, dass viele Teilnehmende sich zu Beginn des selbstgesteuerten Lernens zunächst dazu entschließen, alleine zu lernen. Meist verschaffen sie sich einen Überblick über alle Stationen mit ihren jeweiligen Aufgabenangeboten. Diese meist ein bis zwei Stunden dauernde Orientierungsphase endet in der Regel mit einem Wechsel in eine Sozialform, bei der nicht mehr allein gelernt wird. In dieser frühen Phase eines Seminars erhalten Trainer und Trainerinnen noch keine Hinweise darauf, welche Teilnehmenden grundsätzlich lieber allein lernen.

2.4.5 Konstruktiv sozialer Gruppendruck

Rolle und Funktion der Lerngruppe im Sinne einer Lerngemeinschaft sowie die zentrale Bedeutung regelmäßiger Zusammenkünfte im Plenum werden im Verlauf des Buches immer wieder thematisiert. Hier sei schon einmal gesagt, dass in den selbstgesteuerten Lernphasen, die mit Abstand die meiste Zeit einnehmen, kein festes Plenum existiert. Das ist in erster Linie der Ungleichzeitigkeit beim Stationenlernen geschuldet. Es ist aber auch die logische Folge einer Reihe von Gründen, die für das Stationenlernen sprechen. So hängt die Richtung der Kommunikation in einem klassischen Plenum zum Beispiel sehr von der Persönlichkeit des Trainers ab. Je mitteilungsbedürftiger er ist, desto mehr Redeanteile liegen auch bei ihm. Da gerät das kommunikative Gleichgewicht schon mal durcheinander. Auch ermöglicht ein plenumzentriertes Seminar es den Teilnehmenden, mögen ihre Motive noch so verschieden sein, im Kreis der anderen gewissermaßen abzutauchen. Das mag jetzt so klingen, als sei der Umgang mit Unwilligen eine zentrale Kategorie. Doch nur in ausgesprochen seltenen Ausnahmefällen begegneten wir in unseren Seminaren minder motivierten Teilnehmenden, die sich zwischendurch mal die Freiheit nahmen, sich kurz auszuklinken. Wir haben gelernt, das auszuhalten, die vermeintliche Verantwortung loszulassen, zu akzeptieren, dass hier ein erwachsener und mündiger Mensch eine Entscheidung getroffen hat.

Was wir aber viel häufiger beobachten, ist eine Art konstruktiver, sozialer Druck, dem bisher niemand so sehr widerstehen konnte, dass wir ihn oder sie verloren hätten. Stationenlernen ist auch ein Appell an die Teilnehmenden, initiativ zu sein, sich im Zweifel Lernpartnerinnen oder -partner zu suchen. Und weil das für die gesamte Gruppe gilt, potenziert sich die interne Kommunikation entsprechend. Die meisten suchen nach Gesellschaft beim Lernen, bitten um Rat und Unterstützung, wünschen jemanden, um sich über ein Thema auszutauschen. In gewisser Weise wird der Lernparcours zum Forum. Es ist vergleichbar mit einer paradoxen Intervention: Haben die Teilnehmenden erst einmal die Möglichkeit registriert, auch alleine lernen zu können, suchen sie anscheinend umso mehr die Zusammenarbeit mit anderen Teilnehmenden.

2.4.6 Anderen helfen – Gelerntes vertiefen

Integraler Bestandteil des Stationenlernens ist das Hilfesystem. Bevor die Teilnehmenden sich mit Fragen zum Lerngegenstand an die Trainer wenden, sind sie gehalten, erst jemanden zu fragen, die oder der die entsprechende Station bereits bearbeitet hat. Zwei Vorteile dieser Vorgehensweise liegen auf der Hand: Zum einen unterstützt dieses solidarische Miteinander die Herausbildung einer hierarchiefreien Lerngemeinschaft sowie eines gut funktionierenden Netzwerkes zum Austausch von Informationen rund um die Themen. Zum anderen erhält ein Teilnehmer jedes Mal, wenn ihn ein anderer zu einer von ihm bereits bearbeiteten Station befragt, die Möglichkeit, eben erst Gelerntes anzuwenden und auf diesem Weg ganz nebenbei das neue Wissen im Gehirn zu verankern. Das wiederum folgt unserem Ansatz, dass neu Gelerntes aus verschiedenen Blickwinkeln heraus und in unterschiedlichen Kontexten geübt werden soll.

2.4.7 Vielfalt ermöglichen und widerspiegeln

So vielfältig die Biografien, Persönlichkeiten und Lebensentwürfe der Teilnehmenden sind, so vielfältig sind auch ihre Lernstrategien. Es ist wohl kaum die beste pädagogische Vorgehensweise, eine Gruppe erwachsener Männer und Frauen einzuladen, für eine gewisse Zeit in einem Raum, an einem Ort zusammenzukommen, um dort von den Seminarverantwortlichen auf den einen, vermeintlich aussichtsreichen Weg des Lernerfolges geschickt zu werden. Die Logik, Seminare vom erwarteten Ergebnis oder vom Thema her zu betrachten, zu entwerfen oder zu konzipieren, hat zwar den Charme, dass ein sehr gradliniges und theoretisch stringentes, in sich schlüssiges Seminarkonzept entstehen dürfte, weist unseres Erachtens nach jedoch in die falsche Richtung. Die Wahrscheinlichkeit, unterwegs einzelne Teilnehmende zu verlieren oder gar nicht erst mitnehmen zu können, ist dermaßen groß, dass wir lieber ein ganz anderes Prinzip zur Anwendung bringen. Die Subjektorientierung ist unser Mittel der Wahl. Wir denken unsere Seminare von der zu erwartenden biografischen, intellektuellen, kognitiven Vielfalt der Teilnehmenden her. Dazu braucht es eine Didaktik der Vielfältigkeit, die wir im Stationenlernen berücksichtigt sehen. Die pädagogische Herausforderung liegt in dem Bestreben, diese vielen Lernstrategien ganz unterschiedlicher Charaktere im Lernangebot einer entsprechenden Bildungsveranstaltung widerzuspiegeln.

Seminare vom lernenden Subjekt her denken und konzipieren

2.4.8 Kompetenzen, die mit der Methode erworben werden können

Das Stationenlernen baut besonders auf die Aktivierung der Teilnehmenden als handelnde Subjekte ihres eigenen Lernprozesses. In bisweilen komplexen Aushandlungsprozessen mit anderen Teilnehmenden entscheiden sie, wann, wo, mit wem, wie lange und in welcher Form an welchem Themenaspekt gearbeitet wird. Die didaktisch kalkulierte Nötigung, den Lernprozess in die persönliche Sphäre jedes und jeder Teilnehmenden zu überführen, wird von ihnen nicht nur akzeptiert, sondern führt regelmäßig zu Bekundungen der Freude über das hohe Maß an Selbstbestimmtheit und Eigenverantwortung. Das bestätigt uns in der Überzeugung, dass es richtig ist, eine Bildungsveranstaltung so zu konzipieren, dass sie allen Teilnehmenden ermöglicht,

Lernen jenseits der Tagesordnung – Metakompetenz

nach ihrem Gusto zu lernen. Das hohe Maß an Selbstbestimmtheit nötigt den Teilnehmenden aber nicht nur viele Entscheidungen ab, es hält vor allem einige informelle Lerneffekte bereit, von denen wir hier nur diejenigen erwähnen wollen, von denen wir denken, dass sie jenseits verschiedener Bildungsgrade für alle einen Zugewinn an Kompetenzen bedeuten dürften.

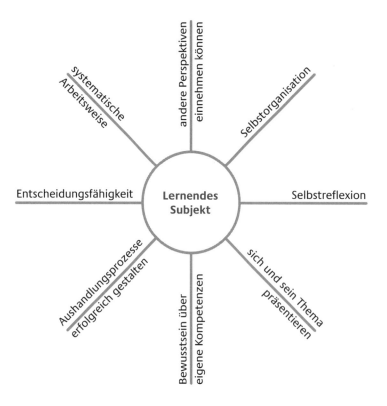

Eines der Leitmotive des Stationenlernens, die Selbstbestimmtheit, resultiert aus der Überzeugung, dass Erwachsene auf individuelle Art und Weise am erfolgreichsten lernen, da sie selbst am besten wissen, unter welchen Bedingungen sie gut lernen. Wer vor dem Seminar noch nicht sagen kann, welches genau diese Bedingungen sind, wird dies im Verlauf des Seminars herausfinden. Beim Stationenlernen müssen die Teilnehmenden immer wieder Entscheidungen treffen, die eine Auseinandersetzung mit dem lernenden Ich voraussetzen. Viele mögen zu Beginn unserer Seminare noch nicht allzu geübt darin sein. In den meisten Fällen haben Schulzeit und Ausbildung als lange Phasen des fremdbestimmten Lernens den Lernprozess vom Selbst abgespalten. Über lange Zeit wurde Lernen dann eher als etwas erlebt, das *mit* einem passiert und nicht *in* einem, als etwas, das mit einem gemacht wird, anstatt dass man es selbst tut. Da wir uns jedoch auch in reflektierender Funktion unseren Teilnehmenden anbieten, bekommt früher oder später jeder und jede heraus, unter welchen Umständen sie gut und er vielleicht sogar (wieder) gerne lernt. Das Stationenlernen initiiert, übt und vertieft die selbstreflexive Auseinandersetzung mit dem lernenden Ich.

Wenn wir hier immer wieder auf die Vorteile des selbstbestimmten Lernens zu sprechen kommen, dann auch deshalb, weil es einen weiteren attraktiven Nebeneffekt mit sich bringt. Das fortwährende Sich-entscheiden-müssen führt letztlich dazu, dass die Teilnehmenden sich, wie eben beschrieben, innerhalb ihres Lernprozesses selbst reflektieren. Auch wenn ein Teilnehmender sich für eine bestimmte Station mit einer bestimmten Methodik entschieden hat, wird dieser Festlegung in der Regel ein Entscheidungsfindungsprozess vorangegangen sein. Dasselbe systematische Vorgehen, das ihrer individuellen Entscheidungsfindung zugrunde liegt, erleben die Teilnehmenden beim Bearbeiten der einzelnen Stationen über die Struktur der Aufgabenstellung. Zuerst kommt die Orientierung, um welche Problematik es in der besagten Aufgabe geht. Ist das geklärt, wird das Problem im nächsten Schritt genauer zu analysieren bzw. einzugrenzen sein, um Prioritäten für die weitere Bearbeitung zu setzen. Am Schluss steht das konkrete Handeln, das Bearbeiten der Aufgabe zur Lösung des Problems. Wir empfehlen unseren Teilnehmenden nach dieser Systematik (Orientieren, Analysieren, Handeln) vorzugehen, weil sie in vielen praktischen Lebenslagen ebenso gut weiterhilft wie im Seminar. Das Stationenlernen unterstützt Menschen dabei, in allen Lebenslagen auch komplexe Probleme systematisch meistern zu können.

Ein anderer Aspekt informell zu erwerbender oder zu vertiefender Kompetenzen verdankt sich der Tatsache, dass Stationenlernen bedeutet, in einer Gruppe zu lernen, auch wenn allen die Entscheidung offensteht, allein zu lernen. Wie wir bereits ausgeführt haben, lernen die meisten erfolgreicher in Gesellschaft anderer. Wir beobachten immer wieder folgendes Phänomen: Auffallend viele Teilnehmende starten alleine in das Stationenlernen. Doch bereits zur Mittagszeit des ersten Tages ändert sich das Bild, und immer mehr Teilnehmende bilden Lerngruppen oder -partnerschaften, wechseln also von einsam zu gemeinsam. Mit anderen gemeinsam zu lernen bringt einen gewissen Zwang zur Einigung mit sich, was wiederum ein gewisses Maß an Kompromissbereitschaft verlangt. Wer keine Kompromisse eingehen mag, lernt weiterhin allein. Alle anderen aber durchlaufen Aushandlungsprozesse, bei denen es darauf ankommt, Argumente vorzutragen und zu kommunizieren. Die eine Teilnehmende mag nicht in der Sonne sitzen, wohingegen der andere schon die Sonnenbrille aufgesetzt hat. Wiederum andere genießen es, während des gemeinsamen Lernens ihrer Tabaksucht zu frönen, wohingegen andere schon husten müssen, wenn sie nur ans Rauchen denken. Die Liste individueller Vorlieben und Abneigungen ließe sich bis ins Unendliche fortsetzen. Dennoch beobachten wir regelmäßig, dass diese komplizierten und vielschichtigen Aushandlungsprozesse im Kreis der Teilnehmenden erfolgreich abgeschlossen werden und in Bedingungen münden, die für alle Beteiligten akzeptabel sind. Allein das Wissen um die immerwährende Alternative, das Setting jederzeit ändern oder verlassen zu können, macht es den meisten Teilnehmenden leichter, individuelle Vorlieben mit kollektiven Interessen abzuwägen und in Einklang zu bringen.

Da solche komplexen Szenarien in der Regel verhindern, dass die Beteiligten sie, gleichsam von der Metaebene aus betrachte, sich bewusst machen und analysieren, sollten die Begleitenden ihnen bei Gelegenheit anbieten, solche gelungenen Aushandlungsprozesse präsent zu haben und zu reflektieren. Sie könnten etwa die Teilnehmenden bitten, entweder ihnen oder auch dem Plenum ihre Wahrnehmung dieser Aushandlung zu schildern. Trainerinnen und Trainer beim Stationenlernen sollten die sich gelegentlich bietenden Chancen erkennen und davon Gebrauch machen, dass die Teilnehmenden sich von der Metaebene aus selbst betrachten können. Menschen gelegentlich ihre persönlichen, sozialen und kommunikativen Kompetenzen bewusst zu machen, kann und soll sie in diesem demokratischen Vorgehen bestärken. Das Stationenlernen bietet vielfältige Möglichkeiten, kommunikative Kompetenz auszubauen.

In dem Maße, in dem Menschen Entscheidungen treffen müssen, die sie selbst angehen, treten sie zu sich in Beziehung. In Situationen wie dem Stationenlernen entsteht dadurch ein bisweilen hoher Grad an Selbstreflexion. Mit mal mehr, mal weniger unterstützendem Einfluss der Trainerin erhalten die Teilnehmenden die Möglichkeit, sich eigene Kompetenzen bewusst zu machen. Die Zeitsouveränität, die bei durchgängigem Stationenlernen nur noch von Beginn und Ende der Veranstaltung, den wenigen Plenumsphasen sowie den Hauptmahlzeiten eingeschränkt wird, nötigt ihnen ab, ein eigenes Zeitmanagement zu entwickeln. Bei all der Gängelei im privaten und vor allem im beruflichen Alltag, in dem wohl die wenigsten Menschen sich ihre Zeit selbst einteilen, fällt es vielen Teilnehmenden nicht leicht, nun plötzlich selbst über ihre Zeit zu verfügen. Schließlich müssen sie jetzt, neben der Entscheidung, wann sie überhaupt eine bestimmte Station bearbeiten wollen, auch noch einschätzen, wie viel Zeit sie auf eine Station verwenden wollen. Sie müssen sich meist selbst für eine Reihenfolge der Stationen entscheiden und zu diesem Zweck eigene Entscheidungskriterien aufstellen, wollen sie nicht nur im Schlepptau anderer lernen. Solche Entscheidungen führen gar nicht selten dazu, dass Teilnehmende mehr Stunden mit Freude lernen, als sie im Beruf täglich zu arbeiten haben. Dies sei nur nebenbei bemerkt und belegt, dass die dem Stationenlernen innewohnende Entscheidungshoheit über den eigenen Lernprozess die Lernenden motiviert und nicht etwa, wie uns besonders kritische Pädagoginnen und Pädagogen gelegentlich entgegenhalten, zur Selbstausbeutung verleitet. Mit demokratischen Gepflogenheiten vertraute Erwachsene empfinden es letztlich weniger als Bürde denn als Privileg, sie betreffende Entscheidungen selbst treffen zu dürfen. Das Stationenlernen fördert (gegebenenfalls mit Unterstützung durch Trainerin oder Trainer) einen selbstreflexiven Blick auf das eigene Organisationstalent sowie das Zeitmanagement.

Wenn wir sagen, eine Stationen-Aufgabe müsse immer in Lösungshinweise oder in die Beantwortung einer Frage münden, kann das auch in Form einer Präsentation im Plenum geschehen. Wir haben sehr gute Erfahrungen damit gemacht, Teilnehmende zu einer Präsentation zu ermutigen. Das hat unter anderem den bereits erwähnten Reiz, dass bestimmte Aspekte des Seminarthemas noch einmal aus einer anderen Perspektive an alle Teilnehmenden herangetragen und diskutiert werden können. In der Regel führt das dazu, dass bisher noch unentdeckte Aspekte zutage gefördert werden. Vor allem aber erhalten Teilnehmende über die Möglichkeit zu präsentieren auch die Möglichkeit, sich zu präsentieren. Wir betrachten das Plenum – eigentlich ja das gesamte Seminar – als praktischen Übungsraum, in dem vertrauensvoll miteinander umgegangen wird und sich jede und jeder in dem Maße selbst herausfordern kann, wie es passend erscheint. Nach einer Präsentation können die Teilnehmenden sich jederzeit Rückmeldungen der anderen einholen, sei es zu den Inhalten, sei es zum Auftritt. Das Stationenlernen bietet einen vertrauensvollen Rahmen, innerhalb dessen sich die Teilnehmenden ausprobieren können.

Ein solch vertrauensvoller Rahmen öffnet wiederum einem solidarischen Miteinander Tür und Tor. Ein Bestandteil des Stationenlernens ist das Hilfesystem, in dessen Rahmen sich die Teilnehmenden systematisch gegenseitig unterstützen können und sollen. Dieses Vorgehen führt regelmäßig dazu, dass die Teilnehmenden sich viel über die in den einzelnen Stationen aufgeworfenen Probleme, Informationen und schließlich Lösungen austauschen. Das miteinander Reden bringt Menschen sprichwörtlich zueinander, hilft dabei, sich ein wenig besser kennenzulernen. Fassen zwei Gesprächspartner erst einmal ein gewisses Vertrauen zueinander und lassen sich aufeinander ein, ermöglicht so manches offene Gespräch auch so manchen Perspektivwechsel. Die Welt einmal aus der Perspektive eines anderen zu sehen, hat noch immer den eigenen Blick auf die Welt geschärft. Wir empfinden unsere Seminare vor allem dann als besonders erfolgreich, wenn es gelingt, aus einer zufällig zusammengewürfelten Gruppe eine solidarische Lerngemeinschaft zu entwickeln.

Uns würden sicher noch mehr erwähnenswerte Gründe einfallen, weshalb wir das Stationenlernen so sehr schätzen. Wenn wir hier nur die aus unserer Erfahrung wichtigsten aufgeschrieben haben, bedeutet das nicht, dass es nicht noch viel mehr gute Gründe gibt. Im Folgenden werden wir immer wieder erwähnenswerte Vorteile dieser Lernmethode für Erwachsene herausstellen. In Rückmeldegesprächen nach unseren Seminaren hören wir immer wieder, das Stationenlernen sei eine wirklich positive Lernerfahrung.

So sehr uns jede positive Rückmeldung freut, so wenig fällt es uns schwer, sie nachzuvollziehen. Selbst wenn wir die hinlänglich bekannte »Seminarabschlusseuphorie« herausrechnen, legen viele gehaltvolle Rückmeldungen die Annahme nahe, dass Lernen für diese Menschen bisher überwiegend mit Gefühlen der Fremdbestimmung, des Wettbewerbsdrucks, der übermäßigen Anstrengung assoziiert war und schlimmstenfalls von Misserfolgserleben geprägt wurde. Einen wissenschaftlich abgesicherten Beleg bleiben wir hier schuldig. Aber wir sagen es sehr deutlich: Uns begegnen selten Erwachsene, die ihre bisherigen Bildungserfahrungen, vor allem die der eigenen Schulzeit, mit Glücksgefühlen verbinden. Mit dem Stationenlernen wird das anders.

Die Rolle
der Trainerin und
des Trainers

↗ 03

Nachdem wir bisher weitgehend die grundlegenden theoretischen Bedingungen und Begründungen des Stationenlernens besprochen haben, wenden wir uns jetzt der Rolle und Funktion der Trainerinnen und Trainer sowie ihren Kompetenzanforderungen zu.

3.1 Personale Kompetenzen

Stationenlernen bietet keinen Raum für Frontalunterricht, Selbstinszenierung oder Frage-Antwort-Exzesse. Die »Bühne« gehört den Teilnehmenden. Trainerinnen und Trainer sollten so weit gefestigte Persönlichkeiten sein, dass sie mehr oder weniger unabhängig sind vom Urteil ihrer Teilnehmenden. Sie müssen der Versuchung widerstehen können, mit ihrem Können und Wissen die Teilnehmenden beeindrucken zu wollen. Bedürfnisse nach Anerkennung durch die Teilnehmenden gehören zurückgestellt. Legitim sind diese allemal, nur nehmen sie in konkreten professionell-pädagogischen Situationen Raum ein, der allein den Teilnehmenden vorbehalten ist. Als Negativbeispiel wählen wir den Fall, dass eine Teilnehmende eine inhaltliche Frage hat, die ein vom Geltungsbedürfnis dominierter Trainer vor dem Hintergrund seiner umfassenden Expertise auch gerne eilfertig beantwortet. Das bringt ihm gewiss einen Achtungserfolg. Wie oft haben wir nicht schon gehört: »Ach, hätten wir dich doch nur in unserer Firma, dann wäre alles so viel einfacher!« Das geht runter wie Öl – und das darf es natürlich auch, weil es gut tut. Nur hilft es nicht unbedingt, die Handlungskompetenzen der Teilnehmenden zu erweitern. Dies ist kein Plädoyer dafür, Fragen von Teilnehmenden zu ignorieren, nur gibt es viele pädagogisch wertvolle Varianten, um Fragen zu beantworten. Beim Stationenlernen steht das Selbst-Tun im Vordergrund, das schließt schon das simple Beantworten von Fragen weitgehend aus. Die pädagogische Kompetenz zeigt sich eher darin, wie eine Trainerin es schafft, einen Teilnehmenden so zu inspirieren und zu begeistern, dass er sich selbst auf die Suche nach der Antwort begibt. Dem Bedürfnis der Teilnehmenden nach schnellen Antworten zu komplexen Fragen muss im gemeinsamen Gespräch nachgegangen werden. Ist es gelungen, das Problem einzugrenzen, kommt es nicht selten vor, dass zu dem entsprechenden Aspekt direkt vor Ort eine Station entwickelt und angeboten wird.

Stationenlernen braucht weder Lehrende* noch Wahrheitsverkünder. Wenn Fakten wie Axiome der Mathematik, Rechtsnormen oder Ähnliches eine Rolle spielen, müssen diese didaktisch und konzeptionell gut eingebettet und auf das Notwendigste reduziert sein. Schließlich sollen die Teilneh-

Inspirieren und begeistern

* Lehrende im Sinne eines Über-Unterordnungsverhältnisses, nicht im Sinne eines Berufs

menden möglichst unbeeinflusst ihre Wahrheit selbst konstruieren. Eine bedeutende Begründung dafür, warum Erwachsene keine Lehrenden und Leitenden brauchen, findet sich in kulturellen Besonderheiten des deutschen Schul- und Erziehungswesens: Der tief verwurzelte »Wunsch nach Autorität«. (Die lange und einflussreiche Prägung deutscher Kultur durch die Preußische Lebensart lassen wir hier unberücksichtigt.) Es beginnt mit den Eltern. Sie beschützen, scheinen immer zu wissen, was zu tun ist, wirken unverletzlich, bestimmen, was richtig und was falsch ist, sind omnipräsent. Über die gesamte frühe Kindheit hinweg prägen sie so unwiderrufliche Muster ins kindliche Gehirn. Von ihnen lernen die Kinder, anderen zu vertrauen, sich auf andere zu verlassen. Sie entwickeln Selbstvertrauen und Beziehungsfähigkeit – zumindest wenn es einigermaßen gut läuft. Später im Kindergarten und in der Schule begegnen ihnen weiterhin Autoritäten. Menschen, die vorgeben, die Regeln zu kennen, die wissen, wie etwas ist, was richtig und falsch ist. Sie sind gleichsam die nächste Instanz, die jene Muster aus der frühen Kindheit festigen. So ist die gesamte Kindheit und Jugend ganz entscheidend von den Werten und Normen anderer geprägt. In der Pubertät werden dann gewisse Hirnverschaltungen neu sortiert. Im Zuge dessen entwickeln Menschen schließlich eigene Haltungen und ihr Wertesystem. Auch das geschieht vor dem Hintergrund und unter dem Einfluss all dessen, was sie bis dahin erfahren haben. Das über viele Jahre gewachsene und gebahnte Muster zur Anerkennung von Autoritäten ist stabil im Hirn verankert. Es vermittelt auch noch Erwachsenen unbewusste Wohlgefühle von Geborgenheit und Sicherheit, angesichts einer die Wahrheit verkündenden Autorität wie etwa einer lehrenden Seminarleiterin.

Wir vertreten den Standpunkt, dass Trainerinnen und Trainer eine reflektierte Definition vom Erwachsensein benötigen. Es lohnt sich, darüber nachzudenken, was die erwachsenen Lernenden aus eigener Sicht ausmacht. Die landläufige Idee vom Erwachsensein reicht nicht aus, um mit einer dezidierten Haltung an die Arbeit zu gehen. Das Strafgesetzbuch macht uns im Alter von 14 Jahren zu strafmündigen Bürgerinnen und Bürgern. Damit spricht der Staat Jugendlichen bereits die Kompetenz zu, ihr Handeln anhand gewachsener und moralischer gesellschaftlicher Setzungen, nach Kriterien wie richtig oder falsch beurteilen zu können. Das reicht sicher noch nicht zum Erwachsensein. Die allgemeine Entscheidungshoheit über die persönlichen Belange liegt weiter bei den Erziehungsberechtigten. So gilt etwa weiterhin die Schulpflicht. Mit Vollendung des 18. Lebensjahres aber spricht der

»We don't need no education.«

Staat uns zu, voll geschäftsfähige Mitglieder der Gesellschaft zu sein. Damit hätten wir eine Formaldefinition von »erwachsen«. Macht aber wirklich der Staat Menschen zu Erwachsenen? Im pädagogischen Diskurs ist viel von Mündigkeit die Rede. Sie kann nicht erteilt werden. Als mündig würden wir wohl Menschen bezeichnen, die Verantwortung für sich und andere übernehmen, indem sie die Folgen ihres Handelns für sich selbst, ihr soziales Umfeld sowie ihre materielle und immaterielle Umwelt abschätzen. In dem Film »Forrest Gump« antwortet der Protagonist auf die Frage seiner Mitmenschen, ob er dumm sei, stets: »Dumm ist der, der Dummes tut.« So sagen wir denn also: Erwachsen sind die, die mündig handeln. Ein bedeutsames Merkmal des Erwachsenseins (mündig oder nicht) stellen die relativ starren Haltungen dar. Sie lassen sich nur therapeutisch oder unter Einfluss extremer Emotionen verändern. Diese grundlegenden Haltungen haben sich vor dem Hintergrund autobiografischer Erfahrungen herausgebildet und sind maßgeblicher Ausdruck von Individualität und Persönlichkcit. Das ist aber nur eine Kurzfassung unserer eigenen Idee vom Erwachsensein.

Trainerinnen und Trainer brauchen Überzeugung und eine reflektierte Haltung gegenüber dem, was sie tun. Dafür ist eine wichtige Voraussetzung, bei sich selbst zu prüfen, ob die notwendige Selbstlosigkeit, Offenheit und Flexibilität als das personale Fundament vorhanden sind. Fortlaufende Selbstreflexion und das selbstkritische Hinterfragen der eigenen Herangehensweise in Seminaren oder Trainings zeugen nicht nur von Verantwortungsbewusstsein, sie befördern auch die systematische Weiterentwicklung des eigenen Handlungsrepertoires und Kompetenzprofils. Stationenlernen braucht pädagogisches Personal, das mit großer Offenheit und nicht allzu sehr von sich eingenommen auf seine Teilnehmenden zugeht, sich auf sie einlässt, ohne sie in Schubladen einzusortieren. Um ihnen passende Lernbedingungen bieten und optimale Lernangebote machen zu können, müssen Trainerinnen und Trainer von einem möglichst breiten Erfahrungshorizont aus versuchen, die Voraussetzungen der Teilnehmenden zu antizipieren. Konkretere Informationen bekommen sie erst, wenn das Seminar schon begonnen hat.

Im Folgenden stellen wir die wichtigsten personalen Aspekte ausführlicher dar. Zudem erläutern wir unsere Sichtweisen, etwa zu Fragen, was eigentlich Erwachsensein für unsere Tätigkeit bedeutet oder welche Funktion Humor in der Bildungsarbeit hat, in der Hoffnung, dass diese in einem impulsgebenden Kontrast zu den eigenen Bildern und Vorstellungen stehen.

3.2 Konstruktivistische Weltsicht

Es liegt uns fern, zu behaupten, Stationenlernen könne nicht ohne eine konstruktivistische Weltsicht praktiziert werden. Wir finden es aber mehr als hilfreich, auch aus dieser Perspektive die Bildungsarbeit mit Erwachsenen zu betrachten.

Pädagogisch-konstruktivistisch betrachtet handelt es sich beim lernenden Erwachsenen um ein auf sich selbst bezogenes System, das mit anderen Systemen (Menschen im Seminar) »strukturell gekoppelt« ist und Informationen austauschen kann. Für Bedeutungen (Sinnzuschreibung) gilt das jedoch nicht. Bedeutungen sind nicht vermittelbar, da sie kontext- und vor allem erfahrungsabhängig sind. »Was für A bedeutsam und interessant ist, ist für B irrelevant und uninteressant« (Siebert 2007, S. 159). Trainerinnen und Trainer sollten das berücksichtigen. Sie müssen gewissermaßen systemgerecht interagieren und kommunizieren. Horst Siebert greift einen Vorschlag von Jochen Kahlert auf: »Lehrende sollten sich nicht als Lokomotivführer, sondern als Reisebegleiter verstehen« (ebd., S. 169).

Die konstruktivistische Perspektive weist auch auf sprachliche Herausforderungen hin. So macht es keinen Sinn, die Teilnehmenden in der dritten Person plural anzusprechen. Das »Ihr« oder »Sie« unterstellt eine homogene Gruppe und wirft lauter Subjekte in einen Topf. Auch das »Sein«, also wie etwas ist, wird problematisch, weil jedes Individuum die Welt für sich interpretiert und ihr Sinn zuschreibt, weswegen ja eben Bedeutungen nicht vermittelbar sind. Aus der Vermittlung von Wissen wird beim Stationenlernen die Bereitstellung von Aufgaben mit möglichst großer Passung für die Lernenden. Das bedeutet, dass die Lernenden dem Lerngegenstand nicht nur das entsprechende Interesse entgegenbringen müssen, sondern dass die methodisch-didaktische Darreichung auch zur biografischen Prägung des Individuums passen muss. Die verschiedenen Passungen haben ihre Entsprechung in den multiplen Aufgabenstellungen. Und daraus ergeben sich schließlich ebenso viele mögliche individuelle Fragen, Sichtweisen, Probleme, Haken und Ösen, welche die Trainerin individuell begleitend und beratend berücksichtigen muss.

3.3 Fragende Haltung

»Der, Die, Das, Wer, Wie, Was … wer nicht fragt bleibt dumm.« Wer möglichst viel über seine Teilnehmenden wissen möchte, sollte eine gewisse Neugier ihnen gegenüber an den Tag legen. Gut begleiten können ihre Teilnehmenden diejenigen, die möglichst viel über sie in Erfahrung bringen. Hier spricht die pädagogische Gemeinde oft von Stärken und Schwächen. Wir reden lieber von Vorlieben und Abneigungen. Vorlieben treffen eine Aussage darüber, was oder wie eine Teilnehmerin lernen möchte. Abneigungen sind für uns gleichbedeutend mit Lernhemmnissen und einem großen Potenzial für Misserfolg. Wichtig ist herauszufinden, was Teilnehmenden Spaß macht, was sie neugierig macht, wobei sie sich stark fühlen. All das und vieles mehr erfährt nur, wer genau schaut und fragt. Das Stationenlernen bietet der Trainerin jenseits von Pausen und einigen wenigen Plenen den ganzen Tag über die Möglichkeit für Einzelgespräche. Um herauszufinden, wie ein Teilnehmer erfolgreich lernen kann, ist es wichtig, dass die Trainerin versucht, eine Vorstellung von der Persönlichkeitsstruktur des Lernenden zu entwickeln. Von Bedeutung sind zum Beispiel Persönlichkeitsmerkmale wie Frustrationstoleranz, Selbstvertrauen, Begeisterungsfähigkeit (für bestimmte Themen und Methoden) und Offenheit (für Neues).

3.4 Individuelles Begleiten

Ganz im Sinne der Subjektorientierung wird beim Stationenlernen aus dem Begleiten einer ganzen Gruppe das Begleiten einzelner Teilnehmender. Ausgenommen davon sind lediglich die Sequenzen im Plenum. Während viele konventionelle Seminare hauptsächlich im Plenum und in zeitlich begrenzten Kleingruppen ablaufen, was eine individuelle Lernbegleitung sehr schwierig macht, bietet das Stationenlernen dem Trainer ausreichend Raum und Zeit, sich mit einzelnen Teilnehmenden auseinanderzusetzen. Die Vorteile liegen auf der Hand: Das individuelle Begleiten ermöglicht,

- individuelle Fähigkeiten und Fertigkeiten zu berücksichtigen,
- individuelle Vorlieben oder Abneigungen sowie die biografische Prägung zu beachten und
- vertrauensvolle und intensive Gespräche zu führen, die den Teilnehmenden dabei helfen sollen, sich metakognitiv mit dem eigenen Lernen auseinanderzusetzen, auch um es eventuell neu für sich zu entdecken.

Wer nun einwendet, nicht für das seelische Wohlbefinden der Teilnehmenden zuständig zu sein, muss wissen, dass Stationenlernen hier ansetzt. Denn hier steht eben nicht mehr der Lerngegenstand im Zentrum der Veranstaltung, sondern das lernende Subjekt, ein Mensch also, den durch seine individuelle Vorprägung eine einzigartige Verfasstheit in seinem Lernen bestimmt. Da kann die Lernumgebung noch so liebevoll gestaltet, da können noch so adäquate Methoden erdacht und angewandt werden: Wenn die Teilnehmenden nicht die Möglichkeit bekommen, nach ihrer Façon an den Themen zu arbeiten, sind die Lernerfolgsaussichten relativ düster. Um aber herauszufinden, wie nun der Einzelne erfolgreich zu lernen vermag, wird man sich ihm nähern müssen. Persönliche und zuweilen vertrauliche, das Lernen begleitende Gespräche sind das Mittel der Wahl, wenn es darum geht herauszufinden, ob eine Teilnehmerin selbstbewusst oder unsicher ist, ob ein Teilnehmer sich in ständiger Konkurrenz zu anderen befindet, ob eine Teilnehmerin ein ausgeprägtes Anlehnungsbedürfnis hat oder ein Teilnehmer so sehr von sich eingenommen ist, dass er kaum etwas anderes als

Individuelles Begleiten durch Andocken

sich selbst wahrzunehmen imstande ist. Das sind nur einige Beispiele für das Lernen bestimmende Persönlichkeitsmerkmale. Nur über persönliche, begleitende und manchmal recht intensive Gespräche erschließt sich die Trainerin Grundzüge im Wesen eines jeden Lernenden und baut gleichzeitig eine stabile professionelle Beziehung auf. Auf dieser Grundlage wird es am besten gelingen, im Bedarfsfall Anregungen zu möglicherweise passenden Stationen zu geben, einzelnen Teilnehmenden dabei zu helfen, ihre Motivation zu finden oder gemeinsam mit ihnen neue Stationen zu ersinnen.

Natürlich gibt es im Verhältnis von Trainer zu Teilnehmenden und umgekehrt Grenzen des Privaten, wie in jeder anderen professionell zwischenmenschlichen Beziehung hoffentlich auch. Wiewohl aber das Verhältnis zwischen beiden keineswegs privater oder therapeutischer Natur ist, muss dennoch von Seiten der Verantwortlichen alles dafür getan werden, dass Teilnehmende sich respektiert, willkommen, verstanden und wertgeschätzt fühlen. Denn dies sind wichtige Faktoren, damit sie sich vertrauensvoll in das Abenteuer Stationenlernen begeben können.

Das individuelle Begleiten als maßgebliches Element des Stationenlernens verlangt Trainerinnen und Trainern auf den ersten Blick nicht mehr ab als andere Formen der Bildungsarbeit mit Erwachsenen. Der zweite Blick offenbart jedoch, dass wir es beim Stationenlernen weder mit nur einer Person zu tun haben, wie etwa beim Einzelcoaching, noch mit einer klassischen Lerngruppe, wo vieles vermittels einseitiger Kommunikation organisiert ist. Am ehesten verfängt das Bild vom Einzelcoaching einer ganzen Gruppe. Kurz gesagt haben alle Teilnehmenden einen individuellen Beratungsbedarf, dem der Trainer nur über das individuelle Begleiten gerecht wird. Hier ist nicht etwa eine inhaltliche Beratung zum Thema gemeint, sondern vielmehr eine Lernberatung auf der Suche nach Passung. Das zu praktizieren verlangt von der Trainerin schnelles Umschalten auf ganzer Linie und eine gewisse Belastbarkeit durch die mögliche, mal mehr, mal weniger starke Nachfrage nach Beratung. Sie muss sich schnell auf unterschiedliche Charaktere einstellen. Wie schon beschrieben unterscheiden sich Menschen bisweilen extrem bezüglich ihres Habitus. Der Trainer muss allen gleichermaßen auf Augenhöhe begegnen.

3.5 Gute Beobachtungsgabe

Eine weitere Quelle für Informationen über Teilnehmende liegt in der Beobachtung. Wir alle haben gelernt, in Gesichtern zu lesen. Bereits im Säuglingsalter lernen Menschen, Gesichtsausdrücke zu interpretieren. Unbewusst reagieren wir auf diesen oder jenen Gesichtsausdruck, mit Zutrauen, Misstrauen oder Angst. Mit seinen unzähligen Gesichtsmuskeln ist der Mensch in der Lage, jede erdenkliche Stimmung quasi in sein Gesicht zu zeichnen. Dort muss es nur noch abgelesen werden. Sicher geht es hierbei nicht um hunderte verschiedene Nuancen menschlicher Mimik, aber Anstrengung, Entspanntheit, Überraschung, Langeweile, Verzweiflung oder Frust und Spaß kann gewiss jeder Trainer und jede Trainerin in den Gesichtern von Teilnehmenden identifizieren. Als Lernbegleiterin sollte die Trainerin erkennen können, ob Teilnehmende über- oder unterfordert sind, ob sie eine Beratung brauchen oder einfach nur eine Pause. Hilfreich wird sein, zunächst nur überhaupt wahrzunehmen, dass nonverbale Signale gesendet werden, dies anzusprechen und mit den Teilnehmenden zu klären, welche Botschaft gesendet werden sollte. Je mehr Empathie die Trainerin in entsprechende Überlegungen einbringt, umso leichter wird es ihr fallen, die Teilnehmenden aus einer gegebenenfalls misslichen Lage zu befreien.

3.6 Empathievermögen

Nur so viel: Ein gutes Einfühlungsvermögen ist zum einen der Schlüssel zur Öffnung der Teilnehmenden für begleitende Gespräche. Je deutlicher der Trainer seiner Gesprächspartnerin glaubhaft machen kann, dass er sie versteht, ja nachempfinden kann, was sie beschreibt oder erklärt, umso eher wird sie sich ihm öffnen und anvertrauen, wird sie Dinge von Relevanz für den Lernprozess von sich preisgeben, die sie für gewöhnlich eher für sich behalten würde.

Empathie ist zum anderen auch dort gefragt, wo Teilnehmende nicht weiterkommen und Hilfestellung oder Beratung benötigen. Wie weit sie sich diesbezüglich der Trainerin anvertrauen, hängt natürlich auch von der Qualität der Beziehung zwischen ihnen ab. Um etwa Unterstützung und Beratung zum Lernen als solches geben zu können, ist es hilfreich, sich so in sein Gegenüber einfühlen, eigene Erfahrungen aufrufen und abstrahieren zu können, dass man das Problem des betreffenden Teilnehmenden regelrecht nachfühlt.

3.7 Kommunikativer Tausendsassa

Sprachliche Gewandtheit, weniger im Sinne von Eloquenz als vielmehr soziokulturell, ist neben den sprachlichen Aspekten, die wir bereits beschrieben haben, von zentraler Bedeutung. Menschen aus unterschiedlichen Milieus sprechen mitunter sehr verschieden, Menschen mit Migrationshintergrund bisweilen anders als Muttersprachler. Sprachliche Verschiedenheit kann soweit gehen, dass Wörter je nach Verwendungskontext völlig unterschiedliche Bedeutungen haben. In einem unserer Seminare berichtete ein Teilnehmer aus seiner beruflichen Vergangenheit: »Nachdem ich als Fahrer aufgehört hatte, arbeitete ich als Lagerleiter.« (Wir würden uns sehr darüber freuen, wenn Sie an unsere Mailadresse schreiben, welche Assoziation Sie bei diesem Satz hatten.) Sprache ist über Ausdruck (»senden«) und Deutung (»empfangen«) mithin der soziale Fingerabdruck der Sprechenden.

So verschieden die Teilnehmenden, so geschmeidig müssen Trainerinnen und Trainer sich darauf einstellen können. War es vor wenigen Minuten noch ein tiefschürfendes Gespräch mit einer Teilnehmerin, steht im nächsten Moment schon der Nächste vor einem, um eine aus Sicht des Trainers schlichte Frage zu erörtern. Was in der Kommunikation der Trainer zählt, ist die Wertschätzung.* Ginge sie verloren, ginge auch die Augenhöhe verloren, womit auch die konstruktive Beziehung zwischen Teilnehmer und Trainerin passé sein dürfte. Ist es erst soweit gekommen, stehen dem Teilnehmer unmerklich nur noch Konfrontation oder Rückzug zur Wahl. Das erstgenannte wird in aller Regel mit atmosphärischen Störungen des gesamten Seminars einhergehen. Der innere Rückzug ginge in jedem Fall zulasten des Teilnehmers. Sich ausgeschlossen und unverstanden zu fühlen, sind Erfahrungen, die wohl jeder Mensch im Lauf seines Lebens macht und die er deshalb auch gut nachfühlen kann. Wer erinnert sich nicht an das verzweifelte bis schmerzhafte Gefühl, wenn die Eltern, die Freundin oder der Lehrer einen einfach nicht verstehen wollten. Solche Muster wirken direkt emotional und beeinflussen bisweilen das Verhalten von Menschen extrem, sobald eine sie auslösende Situation gegeben ist. Je nach Ausprägung und

* Weil Trainerinnen nicht alle Teilnehmenden gleich wertschätzen können, ist es umso wichtiger, sich sein Verhältnis zu jedem einzelnen Teilnehmenden bewusst zu machen. Das macht es einfacher, einen Teilnehmenden nicht aus Versehen oder unbewusst abschätzig zu behandeln. Ist man der fehlenden Wertschätzung gewahr, kann in einem bewussten Prozess, gegebenenfalls mit kollegialer Beratung oder Supervision, zu entsprechenden Seminarsituationen gearbeitet werden.

Persönlichkeit entstehen so große Verletzungen, dass die entsprechenden Teilnehmenden »verloren gehen«.

Da wir zwar mehr oder weniger in Gesichtern lesen können, nicht aber in den Seelen der Teilnehmenden, bleibt den Verantwortlichen nichts anderes übrig, als sich mit großer Offenheit und einem Maximum an kommunikativer Flexibilität den einzelnen Teilnehmenden zuzuwenden. Besonders, wenn die Lerngruppe sich gemeinsam im Plenum trifft, etwa um einen ganz bestimmten inhaltlichen Aspekt zu diskutieren, wird das zur Herausforderung. Hier bleibt dem Trainer eigentlich nur noch, in die Moderatorenrolle zu wechseln. Die zeichnet sich bekanntlich dadurch aus, dass die Moderatorin ohne eigene Meinung die Diskussion lenkt, aber nicht inhaltlich beeinflusst. Weil es nicht um sie und ihre Expertise geht – ja, gehen darf –, kann die Trainerin sich bescheiden auf die Moderationsrolle einlassen und das Plenum, sollte ein Gespräch im Kreis der Teilnehmenden mal völlig aus der Spur geraten, neutral lenkend mit guten Fragen wieder auf Kurs zum vereinbarten Ziel bringen. Das unterstreicht noch einmal den notwendigen Paradigmenwechsel vom themen- und trainerzentrierten Bildungsverständnis hin zum subjektorientierten.

3.8 Methodenrepertoire und methodische Gewandtheit

Um den Grundanspruch des Stationenlernens einlösen zu können, jedem lernenden Subjekt individuelles Lernen zu ermöglichen, bedarf es eines umfangreichen Methodenpools. Wer wie wir den Standpunkt vertritt, dass es nicht die eine, für alle Teilnehmenden gleichermaßen passende Methode in Bezug auf einen Lerngegenstand gibt; wer nicht glaubt, eine Methode sei einzig nach dem jeweiligen Anwendungskontext des Lerngegenstands zu wählen, der dürfte bereit sein, die vielleicht ungeahnten Möglichkeiten methodischer Vielfalt als Spielarten für unterhaltsames, an- und aufregendes, mithin Erfolg versprechendes Lernen zu betrachten und zu nutzen. Die Teilnehmenden sind gleichsam die Träger der Rezeptoren, an denen die passende Methodik andockt. Verfängt die Art der Beschäftigung mit einem Lerngegenstand nicht, wird es mit dem nachhaltigen Lernen schwierig, wenn nicht gar – zumindest in Einzelfällen – unmöglich. Das macht es erforderlich, methodisch mit vielen Wassern gewaschen zu sein. Zudem erfordert es viel Kreativität beim Erfinden von Stationen.

Auch die Beratung in Bildungsfragen benötigt die Kenntnis von Methoden, etwa die Fähigkeit, im Beratungsgespräch herauszufinden, ob eine bestimmte Aufgabe nicht passt oder andere Gründe aufseiten einer Teilnehmerin ihrem Lernen im Weg stehen. Die Trainerin sollte dem betroffenen Teilnehmer nach einem analysierenden Beratungsgespräch Methodenvorschläge unterbreiten können, mit denen die erforderliche Passung hergestellt wird. Es braucht eine konkrete Vorstellung davon und Haltung dazu, wie Menschen generell lernen, und auch davon, wie Persönlichkeit entsteht oder was Individualität im pädagogischen Sinne bedeutet. Um dieses Verständnis auf das Lernen Erwachsener anwenden zu können, müssen Trainerinnen und Trainer ihre Idee vom Erwachsensein präsent haben.

3.9 Erfahrung mit Gruppendynamik

Auch das Stationenlernen nimmt seinen Anfang im Plenum. Denn wie bei jeder anderen Seminarform treffen auch hier Menschen, die einander in der Regel nicht kennen, zum ersten Mal aufeinander. Sie sollen sich natürlich sowohl mit dem Trainer(team) als auch mit den anderen Teilnehmenden bekannt machen. Wir halten es bisher so, dass wir einen eher unkonventionellen Seminarstart wählen. Gerne nutzen wir dafür den Text eines Interviews mit einem Motivationstrainer, der sein Rollenverständnis beschreibt, indem er erzählt, wie er seine Teilnehmenden mit einer »Ohne-Fleiß-Kein-Preis-Rhetorik« für sich einzunehmen versucht. Sein Seminarkonzept fordert die absolute Unterordnung unter seine Seminarleitung. Anhand dieses Negativbeispiels einer Bildungsveranstaltung für Erwachsene verdeutlichen wir unseren diametral entgegengesetzten Ansatz. Während wir den Text vorlesen, ist bei den Teilnehmenden bisweilen Verstörung oder Verunsicherung zu beobachten, wie wir sie gelegentlich im Sinne einer konstruktivistischen Zerstreuung oder eines konstruktiven »Aufscheuchens« in unseren Seminaren ganz bewusst initiieren. Wir meinen, dass es uns auf diese Weise ganz gut gelingt, die Teilnehmenden dazu zu motivieren, ihre eigenen Erwartungen in den Blick zu nehmen, wodurch sie bereits einen ersten dekonstruierenden Schritt tun und sich ganz früh damit auseinandersetzen, wie sie sich persönlich die nächsten Seminartage vorstellen.

Dieses Einstiegsszenario besprechen wir dann mit unseren Teilnehmenden, indem wir sie »mit auf die Metaebene nehmen«, um dort über Bildungsprozesse und entsprechende Selbstverständnisse zu sprechen. Auf die darauf folgende ausgiebige Vorstellungsrunde folgt die konkrete Einführung in die Methode »Stationenlernen«. Nach der Einführung in die Methode endet das erste Gruppenszenario. Erst zum Vormittagsplenum am Folgetag werden sich alle wieder in der Gruppe des Einstiegsszenarios zusammenfinden. Bis dahin werden die Teilnehmenden sich weitestgehend selbst organisieren. Hier beginnen die Besonderheiten.

Die Gruppendynamik der besonderen Art entsteht dadurch, dass die Gruppe wegen der Selbstorganisation in den Stationen-Lernphasen nicht weiter moderiert oder gelenkt wird. Zu Beginn des selbstgesteuerten Lernens, das gleichsam die Orientierungsphase darstellt, ist immer wieder zu beobachten, dass die Teilnehmenden zunächst allein starten, spätestens nach der ersten Pause aber Lernpartnerschaften oder -gruppen zu bilden beginnen. Die Trainerin ist während des ganzen Tages präsent und ansprechbar, hat aber vor allem die Aufgabe, das Geschehen im Blick zu behalten, hier nun speziell in Bezug auf die Dynamik zwischen den Teilnehmenden.

Bleibt beispielsweise ein Teilnehmer allein, so muss die Trainerin sicherstellen, dass es sich um eine bewusste und gewünschte Entscheidung handelt und nicht etwa um Ausgrenzung oder um eine Hemmung seitens dieses Teilnehmers. Vielleicht strahlt der besagte Teilnehmende eine gewisse Verschlossenheit aus, weshalb niemand auf die Idee kommt, ihn anzusprechen. Oder stellen wir uns eine Teilnehmerin vor, die in der Vorstellungsrunde vermeintlich »negativ aufgefallen« ist, was nun dazu führen könnte, dass niemand etwas mit ihr zu schaffen haben möchte. Bei diesen Beispielen ist geschickte Intervention durch die Trainerin gefragt. Wir versuchen aber gar nicht erst, hier ein Rezept anzubieten, weil solche Interventionen sehr von der Trainerpersönlichkeit und dem individuellen Vermögen abhängen. Wir beschränken uns darauf, auf solche Situationen hinzuweisen, die entstehen können, weil die Teilnehmenden frei wählen dürfen und nicht von der Seminarleitung einer Gruppe zugewiesen werden.

Es mag paradox klingen, aber Gruppendynamik wirkt auch aus den vielen Einzelgesprächen heraus. In Einzelgesprächen während den Lernphasen kommt dem Trainer nicht zuletzt die Aufgabe zu, die Teilnehmenden gleichsam miteinander zu »verlinken«. Das geschieht einerseits methodenimmanent mithilfe des schon beschriebenen Hilfesystems, bei dem Teilnehmende ihre Fragen zu bestimmten Aufgaben zunächst an jene richten, die diese Aufgabe bereits bearbeitet haben. Andererseits aber sind es die Trainerin und der Trainer, die im Verlauf der Lernphasen ständig im Austausch mit allen Teilnehmenden sind. Sie können Hinweise geben, wer sich gerade mit einem ähnlichen Problem herumschlägt, wo Teilnehmende sich gerade in einer Gruppe gefunden haben, um eine Station gemeinsam zu bearbeiten, oder wer noch eine Partnerin sucht, um eine Station nicht allein bearbeiten zu müssen. Trainern und Trainerinnen fällt die Aufgabe zu, als »Bindemittel« innerhalb einer gewollt zersplitterten Gruppe zu wirken. Ungewollte Vereinzelung müssen sie zu verhindern wissen. Ihr Anliegen muss es sein, dass die Teilnehmenden sich als Teil einer Lerngemeinschaft fühlen. Denn bereits das Bewusstsein, Teil einer Gemeinschaft zu sein, macht Lernen leichter und erfolgreicher. Das gilt auch für solche Teilnehmende, die bewusst alleine lernen. Auch sie gilt es nicht aus dem Blick zu verlieren, weil auch sie sich als Teil dieser Gemeinschaft fühlen sollen. Spätestens in den Plenumsphasen kann beobachtet werden, ob und wie gut das gelingt. Denn je lockerer das Plenum abläuft, umso besser scheint die Konstituierung der Lerngemeinschaft gelungen zu sein.

3.10 Kompetenz geht vor Wissen

Wenn Wissen in den Köpfen der Menschen entstehen soll, kann die vorrangige Aufgabe des Trainers nur lauten, seine Teilnehmenden dabei zu unterstützen, auf ihren je individuellen Weg des Lernens zu gelangen. Wissen entsteht durch die Vernetzung von Informationen mit Erfahrungen. Erfahrungen aber sind individuell und lassen sich einzig über einen verbalen Austausch mit den Teilnehmenden sowie über teilnehmende Beobachtung zur Kenntnis nehmen. Selbst dann bleiben viele prägende Erfahrungen dem Trainer verborgen.

Genau aus diesem Grund messen wir den Kompetenzen im Bereich der »soft skills«, wie wir sie hier beschrieben haben, eine sehr große Bedeutung bei – weit mehr als dem Wissen über das im Seminar behandelte Sachthema. Das muss ja nicht gleich bedeuten, dass der Trainer auch ohne Sachkenntnis ein solches Seminar anbieten kann. Es ist uns aber wichtig, hier noch einmal zu betonen, dass es darauf ankommt, die Teilnehmenden zu begleiten und zu beraten. Die Trainerin sollte sich als Lerncoach verstehen. Denn es ist ihre – früher hätte man gesagt – edelste Aufgabe, Teilnehmenden dabei zu helfen, sich im Hinblick auf das Lernen bewusst wahrzunehmen, sich besser kennenzulernen, Freude am Lernen zu finden. Das lässt sich nun einmal nicht dadurch erreichen, dass der Trainer auf das »Autoritäten-Muster« setzt, auf alle Fragen eine Antwort gibt, sich dadurch selbst überhöht und so dazu beiträgt, dass Teilnehmende eine passiv-konsumistische Haltung einnehmen. Das werden eher diejenigen Trainerinnen und Trainer erreichen, die sich weitgehend auf die Individualität ihrer Teilnehmenden einlassen, die sich ihren Teilnehmenden mit ihrer pädagogischen und kommunikativen Expertise an die Seite stellen.

Gespräch zur Fachlichkeit

Es darf nicht der Eindruck entstehen, der Fachlichkeit der Trainerin komme eine nachrangige Bedeutung zu. Die Teilnehmenden gründen ihr Vertrauen in die Person der Trainerin sehr stark auch darauf.

Die Trainerin muss sehr darauf achten, nicht wie ein »Übermensch« wahrgenommen zu werden, deren Wissen und Intellekt man eh nie erreichen wird. Deshalb halte ich Fachlichkeit nicht für das Wichtigste. Darauf, dass die Aufgabenstellungen passen und die Lösungen zu den Aufgaben richtig sind, müssen Teilnehmende vertrauen können. Der Rest ist Selbstvertrauen.

Es lässt sich kaum verhindern, dass beispielsweise in einem Plenum Fachfragen gestellt werden. Schließlich können wir die Teilnehmenden nicht einfach auf ihren Fragen sitzen lassen.

Das scheint eine der strittigsten Fragen der pädagogischen Praxis zu sein. Ich meine schon, dass ein Trainer nicht alle Fragen beantworten muss. Er muss auch selbst nicht alle Antworten kennen. Aber er sollte den Teilnehmenden bei der Suche nach der Antwort helfen können.

Was soll denn im Seminar passieren, wenn keine Antwort gefunden wird? Nach deiner Meinung bleibt auch offen, wie sicherzustellen ist, dass die von den Teilnehmenden gefundene Antwort richtig ist. Ohne die Sachkompetenz der Trainerin hängt doch das ganze Seminar in der Luft.

Viele Fragen gehen über das Seminarthema hinaus. Worauf willst du in so einem Fall das Recht auf eine Antwort begründen? Ich gehe ja auch nicht in die Bäckerei, kaufe Brot und erwarte, dass mir noch die Butter dazugegeben wird. Aber selbst wenn die Frage in Rahmen des Themas als berechtigt erscheint – Bildung ist eben kein Konsumgut. Der Trainer sollte nicht den Eindruck vermitteln, man könnte Wissen, also richtige Antworten, kaufen. Solch eine Haltung verhindert Lernen als aktiven Aneignungsprozess.

Ich finde, du bist da zu grundsätzlich. Da steht eine Frage im Raum, also im Seminar, und der Trainer hält sich zurück. Das führt zur Unzufriedenheit bei den Teilnehmenden. Ich meine, da sind sie auch zu recht unzufrieden.

Ich glaube nicht, dass Erwachsene grundsätzlich enttäuscht sind, wenn sie eine Fachfrage nicht beantwortet bekommen. Dass die Gefahr besteht, kann ich aber nicht bestreiten.

Gibt es einen Gewinner bei diesem Gespräch?

Teilnehmende wollen lernen, sie wollen am Ende des Seminars die Antworten auf ihre Fragen zum Seminarthema kennen. Wenn sie nun den Eindruck gewinnen, dass sie beim Stationenlernen nicht auf alle Fragen Antworten erhalten, befürchte ich, dass sie Frage-Antwort-Exzesse dem Stationenlernen vorziehen – obwohl wir doch beide wissen, dass sie mit Stationenlernen weit mehr erreichen können.

Ich denke, wesentliche Informationen können durch nachgereichte Stationen im Rahmen der Dokumentation nachgeliefert werden. So bliebe ja auch keine Frage offen.

Didaktische Überlegungen rund um Stationen und Aufgaben

↗ 04

Es erscheint uns selbst ein wenig grotesk, einen allgemeinen Prozess des Stationenlernens zu beschreiben, obwohl wir wissen, dass es einen solch allgemeinen Prozess konstruktivistisch betrachtet gar nicht geben kann. Wenn wir ein passendes Bespiel geben möchten, entnehmen wir dieses unseren eigenen Erinnerungen. Diese gleichen wir wenigstens kurz miteinander ab, da Menschen in denselben Situationen bisweilen sehr Unterschiedliches wahrnehmen bzw. beobachten und interpretieren. Spätestens wenn wir unsere Erinnerungen an solche Situationen geklärt haben, setzen wir sie so ein, wie wir meinen, dass es diesem Buch dient. Vor diesem Hintergrund beschreiben wir im Folgenden die aus unserer Sicht »ideale Station«. Jede Trainerin und jeder Trainer wird im Lauf der Zeit ein eigenes Ideal von einer Station entwickeln. Bis es soweit ist, bieten wir gerne unseres an.

Gibt es die ideale Station?

Um Missverständnissen vorzubeugen, wollen wir an dieser Stelle deutlich zwischen Station und Aufgabe differenzieren. Jede Station besteht aus mindestens einer Aufgabe. Oft wird es allerdings so sein, dass einer Station zwei, drei oder noch mehr Aufgaben zugehören, weshalb wir im Folgenden, wann immer wir Aussagen zu Aufgaben treffen, diese im Plural formulieren. Beispielsweise könnte es in einem Seminar mit dem Thema »Energiesparen im Einfamilienhaus« eine Station geben, bei der die Teilnehmenden die aus ihrer Sicht wichtigsten zehn Maßnahmen zur Energiekostensenkung aufschreiben sollen. Stellen wir uns nun einen Teilnehmer vor, dem es sehr schwer fällt, so etwas schriftlich zu formulieren. Für ihn liegt an der Station eine alternative Aufgabe bereit, in der er gebeten werden könnte, eine Skizze seines Hauses zu malen und darin die zehn Maßnahmen zu markieren.

Was ist Station und was ist Aufgabe?

Eine dritte Aufgabe an dieser Station könnte lauten, sich mit drei bis vier Interessierten zusammenzuschließen, um gemeinsam einen Sketch »Zehn Dinge, die ich über Energiesparen im Haus wissen sollte« vorzubereiten und zu präsentieren. Auch eine Scharade ist denkbar, bei der einzelne Teilnehmende ihre ausgedachten Energiesparmaßnahmen pantomimisch darstellen. Unter dem Dach (Themenaspekt) einer Station versammeln sich also eine bis x Aufgaben mit je unterschiedlichen methodischen Zugängen, aus denen die Teilnehmenden möglichst frei wählen können.

Eine Stationen-Aufgabe zu konzipieren erfordert neben praktischer Erfahrung und Methodenkenntnis auch Kreativität, Mut zum Unkonventionellen und ein gewisses Gefühl dafür, auf welch unterschiedliche Weise sich Menschen zum Lernen motivieren (lassen), sich in Begeisterung versetzen und überraschen lassen, wann sie neugierig werden oder aber gelangweilt sind. Der Wille und der Mut, neue Wege zu gehen, sind ebenso erforderlich wie der Fokus auf die individuellen Fähigkeiten und Fertigkeiten der Teilnehmenden, ihre Erwartungen, Sorgen und Ängste, um sich erfolgreich vermittelnd, beratend, verstehend darauf einlassen zu können.

Stationenlernen basiert auf der Überzeugung, dass gemeinsames Lernen demokratisch organisiert sein muss, frei von Hierarchie, und dass alle am Lernprozess aktiv Beteiligten (Trainer, Trainerin und Teilnehmende) gleichberechtigt mit- und voneinander lernen. Die Nähe zu den einzelnen Teilnehmenden bietet tiefe Einblicke in persönliche Lerngewohnheiten und deren Praktizierung. Das ermöglicht es den Trainerinnen und Trainern, von Seminar zu Seminar neue Ideen zu sammeln und Impulse zu erhalten sowie Lernende mit dieser abwechslungsreichen Methode immer stärker für ihren eigenen Bildungsprozess zu begeistern. Das Vehikel, um die hier genannten Grundsätze und Prinzipien in die Praxis zu transportieren, ist die Station bzw. ihre Aufgaben.

4.1 Die ideale Station/Aufgabe

Die ideale Station muss selbsterklärend sein. Sie muss neugierig machen, einladend und verständlich formuliert sein. Ihre klar strukturierte Übersichtlichkeit ist ebenso wichtig wie die Möglichkeit, die Aufgaben der Station mehrmals verwenden zu können. Die ideale Station ist barrierefrei und schließt jede weitere erdenkliche Diskriminierung aus. Ihr liegt ein Lehrziel zugrunde, sie geht einer konkreten Frage nach und ist inhaltlich geschlossen, ohne jedoch abstrakt zu sein. Sie bietet für jede Aufgabe einen Lösungshinweis bzw. ein handlungsorientierendes Ergebnis oder Abschlussszenario.

Eine Station hat mehrere Bestandteile. Sie setzt sich zusammen aus
- einer Stationen-Anzeige;
- allen benötigten Materialien zur Bearbeitung und einer Aufgabe;
- einem Ergebnis/Lösungshinweis/Schlusspunkt.

4.1.1 Jede Station hat ein Lehrziel

Wir haben uns darauf verständigt, hier keinen Exkurs zum Thema Arbeiten mit Lehr- oder Lernzielen anzubieten. Zum einen gehen wir davon aus, dass der Mehrzahl unserer Leserinnen und Leser die Bedeutung solcher Ziele sowohl unter rein pädagogischen als auch konzeptionell-strukturierenden Gesichtspunkten bewusst sein dürfte. Zum anderen würde das entsprechende Kapitel möglicherweise den Umfang eines weiteren Buches einnehmen, weil es sich unterm Strich dann doch um ein sehr komplexes Thema handelt. Im Unterkapitel 2.3.8 sind wir bereits auf die aus unserer Sicht entscheidenden Aspekte des Arbeitens mit Zielen eingegangen. Hier möchten wir der Vollständigkeit halber noch einmal auf die Wichtigkeit hinweisen, mit – wir nennen sie – Lehrzielen zu arbeiten.

4.1.2 Jede Station behandelt nur einen inhaltlichen Aspekt

Die ideale Station behandelt nur einen in sich geschlossenen Aspekt des Gesamtthemas. So wird es den Teilnehmenden erleichtert, den Überblick zu behalten. Auch wenn dadurch zwangsläufig mehr Stationen erforderlich werden, ist es dem Lernen zuträglicher. Kleine überschaubare Einheiten bearbeiten zu können, bietet den Teilnehmenden öfter das gute Gefühl, etwas geschafft zu haben, weitergekommen zu sein. Es minimiert auch Gefühle des Getrieben-Seins oder der Überforderung. Getrieben-Sein und Überforderung sind für viele Menschen nicht nur Ausdruck unserer schnelllebigen Zeit, sondern auch ein alltäglicher Begleiter. Wenn die Seminarzeit eine besonders gute Zeit werden soll – und das soll sie, weil es das Lernen befördert –, empfiehlt es sich, die (berufliche) alltägliche Hektik so weit wie möglich auszublenden.

Trotz unserer Gründe für das »wohlmeinende Portionieren« ist der Einwand denkbar, dass größere Zusammenhänge auf diese Weise nicht erkennbar werden. Etwa so, als schnitte man eine Salami in viele Scheiben, sodass am Ende von der Wurst nichts mehr zu erkennen ist. Als die das Seminar inhaltlich verantwortenden und vorbereitenden Personen wissen wir natürlich, wann (und welche) diverse einzelne Stationen auf ein gemeinsames und größeres Ganzes hinauslaufen. In diesen Fällen stellen wir eine Station bereit, deren Funktion es ist, die in den einzelnen Stationen enthaltenen Fragmente zu einem Gesamtbild zu vereinen. Hier wird deutlich, wie hilfreich das Arbeiten mit Zielen ist. Denn die Zielformulierung verdeutlicht fast zwangsläufig für jede einzelne Aufgabe, ob der entsprechende Sachverhalt für sich stehen kann oder in einen größeren Zusammenhang eingeordnet werden muss.

4.1.3 Lernmotivation und Freiwilligkeit

Wir haben bereits mehrfach unterstellt, dass Freiwilligkeit ein entscheidender Erfolgsfaktor für Veranstaltungen in der Erwachsenenbildung ist. Die frei getroffene Entscheidung, an einem bestimmten Seminar teilzunehmen, ist wohl der stärkste Indikator für das Wissen-Wollen, also die Motivation, etwas zu lernen. Eine extrinsisch motivierte Teilnahme, etwa durch den Arbeitgeber initiiert – im Zweifel sogar angeordnet –, entfaltet nicht annährend so viel Lernmotivation wie eine rein intrinsisch motivierte. Hat ein erwachsener Mensch erst einmal aus sich selbst heraus erkannt, dass es ihm an Handlungswissen mangelt, bringt er mit Sicherheit eine größere Lernbereitschaft mit. Dieses Prinzip der Freiwilligkeit durchzieht das gesamte Stationenlernen. Im Seminar sollen die Teilnehmenden auch frei entscheiden können, ob sie eine bestimmte Aufgabe bearbeiten oder nicht.

Was, wenn nun einzelne Teilnehmende entscheiden, eine oder auch mehrere Stationen-Aufgaben gar nicht zu bearbeiten? Grundsätzlich muss eine solche Entscheidung ja nicht problematisch sein. Wenn aber die Trainerin der Überzeugung ist, ein ganz bestimmter Aspekt müsse unbedingt behandelt werden, wird es schwierig. Auch wenn die Möglichkeit gegeben ist, Pflichtstationen einzurichten – was im Einzelfall vertretbar sein kann –, sind wir doch stets bemüht, den Teilnehmenden so wenig wie möglich abzunötigen. Soll am Credo der Freiwilligkeit festgehalten werden, sind jene Stationen, die als besonders wichtig erachtet werden, möglichst so interessant und »verlockend« zu gestalten, dass es die Teilnehmenden gleichsam dazu drängt, sich näher mit ihnen zu beschäftigen. Hier kommt das Wissen um neurobiologische Prozesse rund um das Lernen zur Anwendung. Neugierde, aber auch unerwartete Überraschungen steigern bisweilen extrem die Motivation eines Menschen, sich intensiv mit etwas zu beschäftigen. Deshalb empfehlen wir, aus jeder Station eine besondere Station zu machen. Das Besondere als Standard verhindert nicht, dass ausgewählte Stationen absolute Highlights sein können. Neugier erzeugen können Stationen, die durch eine ganz besondere Gestaltung herausstechen oder eine offenkundig unkonventionelle Methodik nutzen; wenn Teilnehmende etwa gebeten werden, mit drei verschiedenen Menschen auf der Straße ein Interview zu führen. Auch geschickt formulierte Aufgabenstellungen oder Stationenbezeichnungen sind imstande, Neugier hervorzurufen. Bereits ein (sparsam einzusetzendes) Label, das eine »Spannende Antwort inklusive« ankündigt, wird die Aufmerksamkeit der Teilnehmenden auf sich ziehen. Sehr beliebt sind auch solche Stationen, die als Wettbewerb zwischen zwei oder auch mehreren Teilnehmenden konzipiert sind. Denn am spielerischen Wettbewerb, bei dem der Spaß im Mittelpunkt steht, haben die meisten Erwachsenen große Freude. Wie so oft gibt es auch hier kein Patentrezept, und es zeigt sich einmal mehr, dass der Erfolg des Stationenlernens extrem vom Einfühlungsvermögen, der Kreativität, dem Mut zum Unkonventionellen, dem Spaß am Spielerischen und vielen weiteren Schlüsselkompetenzen der Trainerinnen und Trainer abhängt.

Neugier wecken

4.1.4 Verständlichkeit

Mit an Sicherheit grenzender Wahrscheinlichkeit bringen Teilnehmende unterschiedliche Sprachkenntnisse mit ins Seminar. Neben einer gewissen Bandbreite verschiedener Schul- und Berufsabschlüsse sowie migrationsbedingten oder soziokulturell begründeten Sprachbarrieren sind unterschiedlich ausgeprägte Fähigkeiten bei der Deutung von Texten zu erwarten. Als gleichsam dolmetschende Vermittlerin von Subjektivität ist Sprache das zentrale Medium im Seminar. Sie soll fernab von Kategorien wie »das Richtige« oder »das Falsche« eingesetzt werden. Über wertfreie und sparsame Formulierungen entsteht eine dem Stationenlernen angemessene sprachliche Neutralität. Dazu kann man bei allen Verschriftlichungen, jenseits von Originaltexten, auf Folgendes achten:

- Fremdwörter und wertende Vokabeln vermeiden
- einfache Satzkonstruktionen
- weitgehender Verzicht auf den Konjunktiv
- Struktur gebende Elemente einsetzen

Bei der Formulierung von Stationen-Aufgaben lassen sich diese Aspekte recht einfach umsetzen. Letztlich handelt es sich bei der Aufgabe um ein formalisiertes, immer wiederkehrendes Element. Es beinhaltet den Namen der Station, der bereits eine unmissverständliche Aussage darüber trifft, worum es inhaltlich bei dieser Station geht. Als nächstes wird die Aufgabe konkret benannt und beschrieben. Hier könnte auch ein methodischer Hinweis enthalten sein, ob es sich um eine eher theoretisch oder praktisch angelegte Aufgabe handelt. Diese Information könnte auch durch Piktogramme hervorgehoben werden. Am verständlichsten scheinen Aufgaben dann zu sein, wenn sie in ihre Einzelschritte gegliedert sind und das auch durch entsprechende Aufzählungszeichen verdeutlicht wird. Deshalb achten wir bei der Aufgabenstellung darauf, zuerst darum zu bitten, selbige einmal komplett zu lesen und auf Verständlichkeit zu prüfen. Läge der Aufgabe etwa ein Quellentext zugrunde, wäre der nächste Schritt, die Teilnehmenden aufzufordern, den Text ausführlich zu lesen und Markierungen oder Notizen zu machen. Im nächsten Schritt folgte die Bitte, offene Fragen im Lernteam oder über das Hilfesystem zu klären und die Kernaussagen aus Sicht der Bearbeitenden herauszuarbeiten.

Beispiel für eine Stationenaufgabe:

Lesen Sie zunächst alle Schritte der Aufgabe durch.
Arbeiten Sie Schritt für Schritt.

Lesen Sie den Text, der dieser Station als Material
beiliegt. Markieren Sie die Stellen, die Ihnen wichtig
oder unklar erscheinen mit »!« bzw. »?«. Sie können
sich auch Notizen an den Textrand schreiben.

Haben Sie Fragen zum Text? Klären Sie diese mit Ihrer
Lerngruppe an dieser Station oder über das Hilfesystem.

Notieren Sie Ihre Kernaussagen aus dem Text.

Besorgen Sie sich die Lösungshinweise
vom Trainerteam und lesen Sie sie.

Vergleichen Sie die Lösungshinweise mit Ihren Notizen:
- Stimmen die Kernaussagen überein?
- Hat das Trainerteam eine Kernaussage übersehen?
Dann berichten Sie bitte im Plenum davon.

Wenn noch Fragen sind, erörtern Sie diese mit den
Teilnehmenden, die die Station schon bearbeitet haben,
oder mit dem Trainerteam.

Abb. 5: Beispiel für eine Stationenaufgabe

Dann gälte es noch zu beschreiben, was mit den gefundenen Aussagen weiter geschehen soll. Sollte hier bereits der Schlusspunkt der Bearbeitung liegen, muss dies, wie gesagt, deutlich aus der jeweiligen Formulierung hervorgehen. In Methodik und allgemeiner Aufgabenstellung abweichend könnte im Rahmen derselben Station nun eine in Bearbeitungstiefe und -intensität variierende Aufgabe gestellt werden. Die Kernaussagen des Quellentextes könnten die Verantwortlichen selbst zusammenfassen, wenn auch aus ihrer subjektiven Sicht. Der so reduzierte Text ließe sich dann zum Beispiel als Puzzle weiter verarbeiten. Dazu schriebe der Trainer die gefundenen Aussagen strukturiert auf im Handel erhältliche Puzzle-Rohlinge, die dann von den Teilnehmenden zum gewünschten Puzzle zusammengesetzt werden können. Zur weiteren Bearbeitung könnte ihnen ein Arbeitsblatt mit vorbereiteten Fragen gegeben werden, das sie dabei unterstützt, die Aussagen des Textes strukturiert zu bewerten.

Unmissverständliche Bezeichnungen der Stationen und der darin zu bearbeitenden Aufgaben erleichtern die Wahl der nächsten Station. Gleich unterhalb der Stationenbezeichnung kann in ein bis zwei deutlichen Sätzen konkretisiert werden, was gelernt werden kann. Dabei kann es sich durchaus auch um die konkrete Ausgangsfrage bzw. -problematik handeln. Denkbar ist auch, das Lehrziel an dieser Stelle offenzulegen. Dabei wäre allerdings zu berücksichtigen, dass Lehrziele oft aus sehr verschachtelten Formulierungen bestehen. Sie sollten also darauf überprüft werden, ob sie verständlich sind oder aber in Alltagssprache übersetzt werden müssen.

Je umfassender es gelingt, allen Teilnehmenden gleichermaßen das selbstständige Lösen der jeweils vor ihnen liegenden Aufgabe zu ermöglichen, desto mehr steigt die Dynamik des selbstgesteuerten Lernprozesses innerhalb der Gruppe. Fremdwörter, Phrasen und umgangssprachliche Wendungen zu vermeiden sowie auf allzu verschachtelten Satzbau zu verzichten, macht es letztlich allen Teilnehmenden leichter, sich auf das Wesentliche, die Aufgabe, die Frage, das Problem zu konzentrieren. Es muss gelingen, die Aufgabenstellung so zu formulieren, dass die Teilnehmenden sie ohne weiteres Nachfragen erfassen können. Welches Problem, welche Frage wird behandelt? Was konkret ist im Rahmen der betreffenden Station zu tun? Woran genau ist erkennbar, dass die Station erfolgreich abgeschlossen wurde? Solche und weitere Strukturmerkmale erlauben den Teilnehmenden erst das gewünschte Maß an Selbstbestimmtheit, das letztlich aus einem Lernprozess *ihren* Lernprozess werden lässt. Im eigenen Interesse sollten Trainerinnen und Trainer die Wahrscheinlichkeit von rein klärenden Nachfragen der Teilnehmenden minimieren, da sie sonst Gefahr laufen, wertvolle Zeit für inhaltliches bzw. individuelles Begleiten der Teilnehmenden zu verlieren. Die aber werden sie brauchen.

4.1.5 Barrierefreiheit

Barrierefreiheit ist eine weitere maßgebliche Anforderung, da sichergestellt sein muss, dass alle Aufgaben von allen Teilnehmenden gleichermaßen erfolgreich bearbeitet werden können. Einige beispielhafte Aspekte sollen hier ausreichen, um zu verdeutlichen, dass Barrierefreiheit mindestens ein entscheidendes didaktisches Moment in sich birgt. Gelingt es nicht, jedem einzelnen Teilnehmenden das Gefühl zu geben, integriert zu sein, verliert man ihn. Je nachdem, welche Erfahrungen von Ausgrenzung die betroffene Person schon durchmachen musste, kann es passieren, dass man sie nicht nur für diesen Lernprozess verliert, sondern gleichzeitig die Hürde höher legt, die es innerlich zu überwinden gilt, um sich zur nächstmöglichen Ausgrenzung anzumelden. Deshalb ist zum Bespiel darauf zu achten, dass auch Menschen mit körperlichen Beeinträchtigungen die Stationen genauso gut »durchlaufen« und bearbeiten können wie die anderen.

Dieser Forderung mögen dort vermeintliche Grenzen gesetzt sein, wo die Aufgabe selbst die Barriere ist, wie bei einer Bewegung stiftenden Pausenstation. Um gehandicapten Teilnehmenden eine Ausgrenzung zu ersparen, ist es gut, sich im Vorfeld Varianten zurechtzulegen. Oft werden Trainerinnen aber erst im Seminar, also lange nach der Vorbereitung, eines Handicaps gewahr. In solchen Fällen sollte im direkten Gespräch mit den entsprechenden Teilnehmenden gemeinsam nach Lösungen gesucht werden. Mit Offenheit und Kreativität wird sich fast immer ein Ausweg finden lassen, um eine Aufgabe methodisch so zu konzipieren, dass sie welchem Handicap auch immer gerecht werden kann. Das gilt gleichermaßen für Pausen wie für alle anderen Stationen. So konnten für eine blinde Teilnehmerin, die im Vorfeld ihrer Anmeldung nachgefragt hatte, ob auch sie am Seminar teilnehmen könne, alle schriftlichen Materialien in Blindenschrift erstellen werden. In solchen Fällen helfen Blindenverbände mit Kontakten zu entsprechenden Verlagen und Druckereien gerne weiter. Allerdings entstehen zusätzliche Kosten, deren Übernahme individuell zu klären wäre.

Barrieren können auch dann entstehen, wenn etwa auf dem Boden mithilfe vorgefertigter Karten eine Sortieraufgabe durchgeführt werden soll. Menschen mit Rückenproblemen, Rollstuhlfahrer oder sonstige in ihrer Mobilität eingeschränkte Teilnehmende stoßen hier schnell an Grenzen. Deshalb sollte immer geprüft werden, ob die jeweilige Aufgabe für alle gleichermaßen zugänglich und bearbeitbar ist. Im Fall der Sortieraufgabe könnten etwa Tische zum Auslegen der Karten verwendet werden. Auch ist denkbar, Moderationswände so aufzustellen, dass die Karten dort stehend oder gegebenenfalls sitzend angebracht werden können.

Vor dem Hintergrund der bereits angesprochenen Zeitsouveränität könnte sich eine weitere mögliche Barriere ergeben. Will man den Teilnehmenden ermöglichen, zu jeder Zeit Stationen zu bearbeiten, ist es unabdingbar, dass die Bereiche, in denen Stationen zur Bearbeitung bereitstehen, auch rund um die Uhr zugänglich sind. Wir erleben immer wieder Teilnehmende, die sich, meist im Rahmen eines Studiums, daran gewöhnt haben, nachts zu lernen. Stationenlernen ermöglicht auch das. Generell sollte der Trainer darauf gefasst sein, dass Teilnehmende mitunter sehr eigenwillige Lerngewohnheiten haben. Solche Individualitäten sind im Vorfeld und zur Vorbereitung nur bedingt kalkulierbar. Ihre weitgehende gedankliche Vorwegnahme ist erfahrungsabhängig, gelingt aber zunehmend besser. Mit der nötigen Offenheit, sowohl während der Vorbereitung als auch später, wenn eine Station vielleicht wirklich mal bedürfnisgerecht umgestaltet werden muss, findet sich immer eine Lösung. Das bedeutet nicht, dass alle Teilnehmerbedürfnisse vom Trainer eilfertig umgesetzt werden. Es bedeutet, dass mit Offenheit sowohl des Trainers als auch der Teilnehmerin, die mit der vorhandenen Aufgabenstellung ihr Lehrziel nicht erreichen kann, ein Zugang zu diesem Lehrziel gesucht und in der Regel auch gefunden wird.

4.1.6 Die räumlichen Bedingungen

Stationenlernen benötigt Platz! Das Management des Seminarhauses muss flexibel sein, vielleicht sogar – neben berechtigten monetären Interessen – eine gewisse Begeisterung für Lernprozesse zeigen. Es lassen sich immer wieder schöne Veranstaltungsorte finden, die von ehemalige Erwachsenenbildnern oder Pädagogikprofessorinnen betrieben werden. Nach unserer Erfahrung lassen sich an solchen Orten noch am ehesten unkonventionelle

Ist wirklich Platz in der kleinsten Hütte?

Methoden realisieren. Da es aber Ausnahmen sind, möchten wir empfehlen, Vorklärungen mit dem Hausmanagement zu treffen. Es ist hilfreich, wenn diesem von vornherein die Dimension der geplanten Veranstaltung deutlich wird. Sind die Teilnehmenden erst da, ist es entweder schon zu spät oder aber die Trainerin verliert bei Klärungsgesprächen kostbare Zeit, die den Teilnehmenden zusteht.

Eine freie Gestaltung und Nutzung der Räume sowie deren Zugang sollten rund um die Uhr gewährleistet sein. Ist es der Hausleitung wichtiger, dass die Lobby jederzeit wie im Prospekt aussieht, empfindet man sich eher als störend denn als gern gesehener Gast, müssen ständig Dinge erbeten, Einzelheiten geklärt und Probleme gewälzt werden oder bietet das Haus keinen Raum für Kreativität und Experimente, so ist es nicht geeignet. Für die ein wenig strenger oder schärfer interpretierenden Leserinnen und Leser fügen wir sicherheitshalber hinzu, dass wir noch jedes Haus in dem Zustand verlassen haben, in dem wir es vorgefunden haben. Stationenlernen entwickelt also keine verunstaltende, destruktive Energie. Doch braucht es räumliche und geistige Bewegungsfreiheit. Stationenlernen ist, wenn auch keine laute, so aber doch eine lebendige und bewegte Seminarform, bei der den Teilnehmenden die Möglichkeit gegeben wird, sich weite Teile des Hauses als ihren Lernraum zu erschließen. Das Hausmanagement muss willens und in der Lage sein, sich den Anforderungen an Stationenlernen zu stellen.

Für unsere Seminare zum Erlernen der Methode benötigen wir für etwa 20 Teilnehmende drei bis vier verschieden große Räume, was sich noch nah am Standardmodell (ein Plenum und zwei bis drei Gruppenräume) bewegt. Zusätzlich nutzen wir die Zugänge und Flure. Sehr vorteilhaft ist ein brauchbares Außengelände, um die volle Dynamik des Stationenlernens entfalten zu können.

4.1.7 Orte für Stationen/Aufgaben

Während die Stationen als solche einen festen Standort haben, ist der Ort, an dem ihre Aufgabe(n) tatsächlich bearbeitet wird (werden), nur in Ausnahmefällen festgelegt. In dieser Frage sollten die Teilnehmenden größtmöglichen Entscheidungsfreiraum haben. Lernt der eine gerne allein auf seinem Zimmer, so lernt eine andere viel lieber in einer Gruppe von Menschen, mit denen sie sich jederzeit austauschen kann. Stellen wir uns eine Aufgabe vor, bei der die Teilnehmenden sich einen Film ansehen sollen. Zu diesem Zweck könnte ein Raum mithilfe eines Beamers, einer Leinwand und einigen Stühlen zum Kino umgestaltet werden. Ins Kino kann man alleine gehen, zu zweit oder mit einer größeren Gruppe. Die Wahlfreiheit der Sozialform wäre also gewährleistet. Wer jedoch nicht willens oder in der Lage ist, sich in einem kleinen, abgedunkelten Raum aufzuhalten, wird den Film nicht schauen können. Dem betreffenden Teilnehmenden wird man also einen alternativen Zugang zu dem Film verschaffen müssen. Er könnte die DVD ausgehändigt bekommen, um den Film auf dem Zimmer zu schauen, zu einem Zeitpunkt, zu dem ihn die anderen Teilnehmenden nicht schauen wollten.

Es sind auch Aufgaben denkbar, bei denen es schlicht unmöglich ist, sie an einem anderen Ort zu bearbeiten, weil sie fest an diesen gebunden sind. Das wäre etwa der Fall bei einer Bewegung stiftenden Pausenstation, bei der die Teilnehmenden an fest installierten Geräten im Garten des Seminarhotels Übungen machen können. Auch Aufgaben, bei denen Kartensätze sortiert werden oder ein Gruppenbild entstehen soll, sind kaum mobil. Wichtig ist, dass nicht-mobile Stationen an Orten stehen, an denen sie bearbeitet werden können – ohne andere beim Lernen zu stören und ohne beim Lernen an der Station gestört zu werden.

4.1.8 »Haltbarkeit« von Aufgaben

Jede einzelne Aufgabe muss mindestens der Anzahl der Teilnehmenden gemäß mehrmals verwendbar sein. Eine wie im Absatz »Barrierefreiheit« beschriebene Sortieraufgabe stellt hier sicher keine besondere Herausforderung dar. Die Teilnehmenden werden über die Aufgabenstellung gebeten, die Karten nach Abschluss der Bearbeitung wieder einzusammeln, zu durchmischen und sie an die Stelle zurückzulegen, von wo sie selbst sie genommen haben. In unseren Seminaren zum Erlernen der Methode haben wir immer auch eine Aufgabe, bei der die Teilnehmenden gebeten werden, eigene Stationen zu entwickeln, um sie dann von anderen Teilnehmenden testen zu lassen. Nicht selten entstehen solche Stationen, bei denen Teilnehmende aufgefordert werden, etwas auf Karten zu schreiben und diese Karten in ein auf einer Wandzeitung vorgezeichnetes Schema zu sortieren. Ist die Aufgabe nicht deutlich genug formuliert, kann es passieren, dass die Begriffe, die eigentlich auf die Karten geschrieben werden sollten, direkt in das Schema auf der Wandzeitung eingetragen werden. Schon ist die Station nicht wieder verwendbar. Das Gleiche kann passieren, wenn vergessen wurde, ausreichend Karten dazu zu legen. Die ideale Station ist so oft verwendbar, wie Teilnehmende im Seminar sind, und kann ohne großen Aufwand wieder in ihren Ausgangszustand zurückversetzt werden. So ist sichergestellt, dass nachfolgende Teilnehmende unverzüglich mit der Bearbeitung beginnen können.

4.1.9 Bearbeitungsergebnis

Jede einzelne Aufgabe soll in ein konkretes Bearbeitungsergebnis münden. Dieses Einmünden in ein konkretes Ergebnis ist wichtig, weil es für die Lernenden deutliche Fixpunkte geben muss. Schließlich wird von ihnen verlangt, ihre Lernzeit selbst zu managen. Dafür benötigen sie allerdings deutliche Informationen, etwa den Hinweis, wann eine Aufgabe beendet ist. So ein Bearbeitungsergebnis ist also viel mehr als ein inhaltliches Resultat, es ist gleichzeitig ein wichtiges Strukturmerkmal für die subjektorientierte Organisation des Gesamtprozesses. Erst diese Strukturmerkmale ermöglichen den Teilnehmenden selbstständige Entscheidungen für Pausen, fürs Aufhören oder fürs Weitermachen. Mit einem diffusen Gefühl oder einer ungefähren Ahnung dessen, was noch so alles vor einem liegt, wird die Entscheidung für eine spontane Pause mindestens sehr schwerfallen, wenn nicht sogar misslingen. Wer sich dennoch eine Pause gönnt, läuft Gefahr, dass diese ihren Zweck verfehlt, weil subtiler Arbeitsdruck Entspannung und Abschalten verhindert, was bekanntermaßen erfolgreichem Lernen entgegensteht.

> Irgendwann muss Schluss sein!

Beispiele für Lösungshinweise

Mögliche Formen für Bearbeitungsergebnisse sind so zahlreich, wie eine Station Aufgaben haben kann. Letztlich werden diese Möglichkeiten einzig und allein durch die Persönlichkeit des Trainers eingeschränkt. Hier einige Beispiele zum Setzen von Schlusspunkten:

- Stationen können mit simplen Lösungshinweisen enden. So kann etwa das Ergebnis einer Sortieraufgabe anhand eines Lösungsblattes überprüft werden. Um sicherzustellen, dass die Teilnehmenden die Blätter nicht einfach nur einsammeln, sondern ihr Ergebnis noch einmal reflektieren, sollten sie bei der Aushändigung aufgefordert werden, das Ergebnis mit der Lösung zu vergleichen. Offene Fragen aus diesem Abgleich wären über das Hilfesystem zu klären.

- Lernspielstationen enden nicht einfach mit dem jeweiligen Spiel. Bei einem Wissensquiz ist es zum Beispiel denkbar, den Teilnehmenden die im Spiel verarbeiteten Inhalte als Textausdruck mit weiterführenden Hinweisen an die Hand zu geben.

- Eine Aufgabe, bei der ein Sachverhalt zu interpretieren ist oder bei der man sich eine eigene Meinung bilden soll, die inhaltlich also über ein »Ja« oder »Nein« bzw. »Richtig« oder »Falsch« hinausgeht, lässt sich gut durch die Aufforderung zur Vorbereitung (und natürlich auch späteren Durchführung) einer Präsentationen beenden. Denkbar sind etliche Varianten von Präsentationen: ein Sketch, die Verteidigung der eigenen Schlussfolgerungen auf dem »heißen Stuhl«, ein Impulsvortrag oder eine politische Rede.

- Alle Stationen sollten damit enden, dass sie im Lerntagebuch ausgewertet werden.

Zu Hilfesystem und Lerntagebuch konkret vgl. Kapitel 5

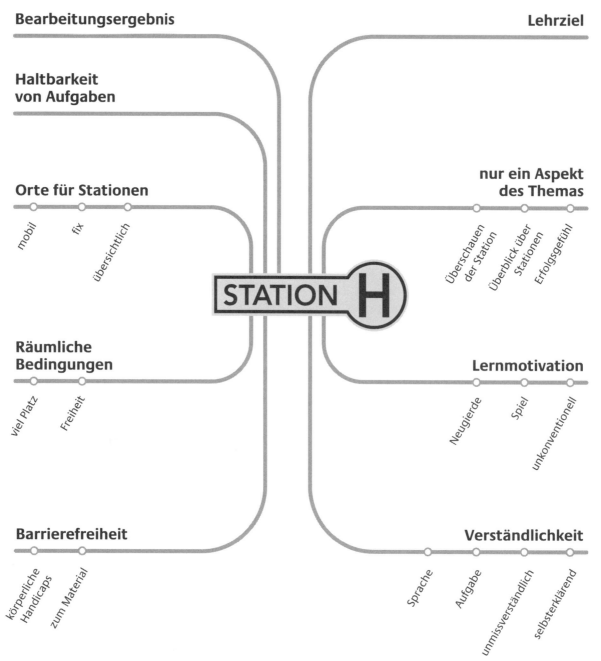

Abb. 6: Die ideale Station

4.2 Konkrete Vorüberlegungen zum Planungsprozess (Vorbereiten mit Lehrzielen)

Stellen wir uns vor, wir konzipierten eine Station für ein Seminar, in dem das Stationenlernen gelernt werden kann. Und der Einfachheit halber wählen wir die Station, in der es um die Kriterien der »Idealen Station« geht. Was für Teilnehmende werden sich wohl anmelden? Es wäre davon auszugehen, dass hauptsächlich Trainerinnen und Trainer interessiert sind. Mit welcher Art Seminaren sie ihr Geld verdienen, welche pädagogische Haltung sie haben, mit welchen Themen sie sich an welchen Teilnehmerkreis wenden, wissen wir ebenso wenig wie wir ihr Alter kennen, welchem Kulturkreis sie angehören oder wie sie ausgebildet sind. Neben den Praktikerinnen und Praktikern wäre noch der ein oder andere eher theoretisch am Thema Interessierte zu erwarten. Insgesamt muss auch hier von einem hohen Maß an Heterogenität ausgegangen werden. Dennoch hilft es für die Vorbereitungen, sich das gemeinsame Interesse der Teilnehmenden am Thema, ihre absehbare sprachliche Kompetenz oder ein gewisses Maß an professionell bedingter Offenheit als nur einige der zu erwartenden Aspekte von Homogenität bewusst zu machen. Alle als homogen antizipierten Eigenschaften der Teilnehmenden vereinfachen die Planung des Seminars. Je mehr Homogenität zu erwarten ist, desto weniger Differenzierung erfordert der Vorbereitungsprozess.

Vor dem nächsten Planungsschritt muss der rote Faden des Seminars gesponnen werden. Das Oberthema Stationenlernen gliedert sich in vier Phasen, die sich jeweils aus diversen Einzelschritten zusammensetzen. Sie alle müssen gegenwärtig sein und dahingehend betrachtet werden, welche in sich geschlossenen Themenaspekte (also Aufgaben) in jeder dieser Phasen stecken. Sie alle zusammen ergeben den Stationenparcours. Erst wenn sie ermittelt wurden, kann festgelegt werden, wie viele Räume, welche Technik und welches Material benötigt werden.

In Hinblick auf die einzelne Station haben wir uns so etwas wie eine Rechtfertigungsroutine angewöhnt. Die Station zur Beschreibung der idealen Station rechtfertigen wir damit, dass sie zentraler Gegenstand des Seminars ist. Die intensive Auseinandersetzung mit ihren sprachlichen, zeitlichen, örtlichen und weiteren strukturellen Merkmalen bietet einen fundamentalen Einblick in die Didaktik des Stationenlernens. Es wird andere Stationen geben, deren Begründung komplexere Überlegungen erfordert als in diesem konkreten Fall. Wir empfehlen diese Rechtfertigungsroutine, um erkennen zu können, ob die geplante Station mit anderen korrespondiert, sie möglicherweise auf eine andere vorbereitet oder eine vorangegangene Station ergänzt oder vertieft. Außerdem sorgt diese Überprüfung dafür, dass das zu planende Seminar immer wieder in seiner Gesamtheit betrachtet wird, wodurch seine Stringenz fortwährend geprüft wird und am ehesten noch fehlende, aber auch überflüssige Aspekte identifiziert werden können.

Im Zuge solcher Festlegungen entstehen auch erste Vorstellungen zum Lehrziel. Das Lehrziel könnte in etwa lauten: »Die Teilnehmenden wissen und verstehen, dass eine Station didaktischen Gesetzmäßigkeiten unterliegt. Über ihre Festlegung, welches für sie die entscheidenden Kriterien sind, können sie beurteilen, ob diese sich mit ihren bisherigen pädagogischen Prämissen decken.« Damit ist die Station ausreichend gerechtfertigt und bereits an ein Lehrziel gekoppelt.

Nachdem wir uns ebenso klar gemacht haben, welchen Teilnehmerkreis wir erwarten und warum es diese spezielle Station geben muss, wie wir uns die Frage beantwortet haben, was an ihr gelernt werden kann, gilt es nun darüber nachzudenken, mit welcher Methodik das Lehrziel zu erreichen sein dürfte. Weil wir der Meinung sind, dass die Wahl der Methoden auch Ausdruck der Authentizität des Trainers ist, verzichten wir auf methodische Vorschläge und legen stattdessen unsere Überlegungen offen. So kann unsere Beschreibung dieses Abwägungs- und Entscheidungsprozesses zumindest als Modell für den eigenen Prozess der Methodenwahl dienen.

Für den ersten Zielaspekt, das Wissen um die verschiedenen Prüfkriterien für die Relevanz einer Station, wählen wir aus diesem Buch das Unterkapitel »Die ideale Station« als Textauszug. Er erklärt hinreichend, worauf es bei der idealen Station ankommt. Den Text kopieren wir aus dem Buch und erhalten so das entsprechende Textmaterial als Grundlage für unsere Station. Wenn wir auch davon ausgehen, dass alle Teilnehmenden mit diesem Text gut arbeiten könnten, entscheiden wir uns dennoch für eine kleine Variante. Für Teilnehmende, denen es vielleicht zu viel Text ist, erstellen wir ein Thesenpapier, das die wichtigsten Aussagen zusammenfasst. Die Bearbeitungshinweise für den vollständigen Buchauszug könnten in etwa lauten: »Bitte lesen Sie den Text. Welches sind nach Ihrer Ansicht die wichtigsten

Kriterien für die ideale Station? Schreiben Sie diese in der Reihenfolge auf, geordnet von wichtig bis unbedeutend, die Ihrer Einschätzung entspricht;« für die Thesenaufgabe: »Bitte lesen Sie die Thesen und bringen Sie diese in eine Reihenfolge, geordnet von wichtig bis unbedeutend, die Ihrer Einschätzung entspricht.« Sofort wird deutlich, dass bei der Thesenaufgabe vom konstruktivistischen Erkenntnispfad aus Sicht der Teilnehmenden abgewichen wird. Nicht sie benennen die Thesen, sondern wir. Deshalb wird in der Folge insbesondere darauf zu achten sein, dass der nächste Bearbeitungsschritt sie zu einem inneren Dialog motiviert, warum sie sich für eine bestimmte Reihenfolge entschieden haben. Denn diese innere Auseinandersetzung ermöglicht ihnen den notwendigen Perspektivwechsel, sodass aus unseren ihre Thesen werden können – oder auch nicht.

Damit die Teilnehmenden diese Reihung nochmals für sich selbst überprüfen und reflektieren, entscheiden wir uns, für diese Station ausnahmsweise eine Vorgabe zur Sozialform zu machen: »mindestens zu zweit«. Die Aufgabe nach der Reihung lautet dann: »Gleichen Sie Ihre Reihenfolge mit der Reihenfolge der Teilnehmenden in Ihrem Lernteam ab. Erläutern Sie Ihre Entscheidung und überlegen Sie, ob Sie aufgrund des Gesprächs über die Reihenfolge Ihren eigenen Vorschlag ändern möchten. Notieren Sie sich etwaige Veränderungen in Ihren Unterlagen.«

Mit dieser Vergegenwärtigung der eigenen Entscheidungen sollten die Teilnehmenden in der Lage sein, auch den zweiten Zielaspekt zu erreichen: die Beurteilung, ob die gefundenen Prämissen sich mit ihrem pädagogischen Weltbild decken. Ein dritter, versteckter Zielaspekt dürfte die (Neu-)Ordnung der eigenen Prämissen sein. So ist denkbar, eine Präsentation vorbereiten zu lassen, bei der die Teilnehmenden ihre Überlegungen in einem Plenum in Form eigener streitbarer Thesen darlegen, um sich dann einer kurzen und kritisch hinterfragenden Diskussion zu stellen. Das hätte den Vorteil, dass sich das gesamte Plenum mit dem Thema auseinandersetzt. Auch kann der Trainer sicherstellen, dass sich alle Teilnehmenden mit einem Thema auseinandersetzen, wenn er das partout so haben will. Der Nachteil dieser Vorgehensweise ist allerdings, dass mit dem Plenum gewartet werden muss, bis alle interessierten Teilnehmenden diese Station bearbeitet haben. Im Plenum werden dann alle erstellten Präsentationen vorgestellt; das gebietet schon die Wertschätzung der Teilnehmenden und ihrer Ergebnisse, birgt aber die Gefahr, dass das Plenum langatmig wird. Die genannten Zielaspekte 2 und 3 lassen sich auch erreichen, ohne dass die Teilnehmenden ihre Ergebnisse

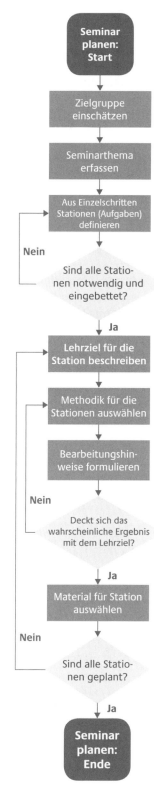

Abb. 7: Planungsprozess
(Vorbereiten mit Lehrzielen)

zur Trainerin apportieren. Die Vorstellung übrigens, dass Teilnehmende, die das Stationenlernen lernen möchten, sich nicht mit seiner Didaktik auseinandersetzen wollen, ist so abwegig, dass wir diese Station nicht zu einer Pflichtstation gemacht haben. Letzteres gilt ebenso für die Station, an der die Teilnehmenden eigene Stationen entwickeln und testen sollen.

Abschließend folgt im Vorbereitungsprozess noch die Wahl der benötigten Materialien. Darauf müssen wir hier aber nicht näher eingehen, da wir uns im konkreten Fall für einen Textauszug und ein Thesenpapier entschieden haben und weil bei der Wahl der Materialien auch beim Stationenlernen keine besonderen Kriterien berücksichtigt werden müssen.

Übung 1: Seminarthema in Stationen einteilen

Das Einteilen des Seminarthemas in Stationen bedarf ebenso der Übung wie das Entwickeln von Stationen. Recht einfach zu handhaben ist das Einteilen bei Seminarthemen, die schon den Verlauf eines Prozesses vorwegnehmen. Dies können Themen sein wie:

- Kassenprüfung im Verein
- Beschwerdemanagement
- Verkaufsgespräche
- Sitzungsformalia im Gemeinderat
- neues EDV-System
- Unterricht vorbereiten
- Mitarbeiterbeurteilungen

Die hier genannten Beispiele würden in der Vorbereitung in Einzelschritte aufgelöst, die Stationen entsprechend ihrer Themen und ihres Vorkommens im Verlauf angeordnet. Beginnen Sie mit der Formulierung »In welchen Schritten ...?« Machen Sie sich an diesem Punkt der Seminarvorbereitung zunächst einmal keine Sorgen, dass das Faktenwissen für die Bearbeitung des Themas nicht unmittelbar in der Fragestellung auftaucht. Sie selbst wissen, an welchen Punkten im Verlauf des Prozesses welches Wissen erforderlich ist. Zu diesen Punkten wird eine entsprechende Station angeboten.

Übung 1:

Seminarthema	Formulieren Sie dieses Thema so, dass ein zeitlicher Ablauf deutlich wird.
Kassenprüfung	
Beschwerdemanagement	
Verkaufsgespräche	
Sitzungsformalia im Gemeinderat	
neues EDV-System	
Unterricht vorbereiten	
Abmahnen – aber richtig	

Lösungsvorschlag s. S. 166

Als nächstes zerlegen Sie den Prozess oder das Verfahren in die einzelnen Schritte. Anschließend überlegen Sie, zu welchen Fertigkeiten, Fähigkeiten oder Kenntnissen hinsichtlich der einzelnen Schritte Angebote (durch Stationen) gemacht werden sollen. Als Beispiel wählen wir ein Seminar zu Mitarbeiterkritikgesprächen:

Schritte im Verlauf eines Mitarbeitergesprächs	mögliche Stationen (Arbeitstitel)
inhaltliche Vorbereitung	☐ vollständige Vorbereitung – Checkliste ☐ Gespräch vorbereiten – Übung am Fall ☐ nächstes Gespräch im Betrieb vorbereiten – Übung
Einladung	☐ einladen, ohne Angst zu machen – Kriterien entwickeln ☐ Welche Informationen gehören in die Einladung? ☐ Einladen, ohne Angst zu machen – Übung
Sitzordnung im Raum	☐ »… und zwischen uns der sichere Tisch«
Begrüßung	☐ Übung
Worum geht's? Absprachen zum Gespräch	☐ Wie fange ich nur an? Unterschiedliche Einstiege ☐ Einstieg – Übung
Was wird mitgeteilt?	☐ Warum reagiert mein Gegenüber so merkwürdig? Vier Seiten einer Botschaft ☐ Was sind meine wunden Punkte beim Kritikgespräch? Reflexion, wie ich mit meinen Aktionen und den Reaktionen umgehe ☐ Umgang mit Mitarbeiterreaktionen – Übung
Wie verbleiben wir? Verabredungen zum Schluss	☐ Wieso Verabredungen? Ist doch alles gesagt – mögliche Inhalte
Verabschiedung	☐ Übung
Nachbereitung	☐ Checkliste Nachbereitung

Übung 2:

Üben Sie entsprechend der Darstellung auf Seite 114 an einem Ihrer Trainingsthemen:

Thema: ....

So formulieren, dass der zeitliche Ablauf deutlich wird (siehe Übung 1):

....

....

☐ Schritte im Verlauf	☐ mögliche Stationen

4.3 Verschiedenheit berücksichtigen

Im folgenden Abschnitt befassen wir uns mit der Frage, wie der Verschiedenheit von Teilnehmenden mit entsprechend individualisierten Stationen begegnet werden kann. Die große Herausforderung besteht vor dem Seminar darin, in Unkenntnis der individuellen Bildungspersönlichkeiten ein tragfähiges Seminar auf die Beine zu stellen. Die Lösung liegt in der Festlegung auf eine repräsentative Auswahl adäquater Stationen, welche ein möglichst breites methodisches Spektrum abdecken und sowohl eine gewisse Spreizung bei der Bearbeitungstiefe berücksichtigen als auch in der allgemeinen Intensität der Bearbeitung variieren. Auch wenn alle Welt nur noch in Wirtschaftsmetaphorik daherredet, hier geht es erst mal überhaupt nicht um Aufwand und Ertrag, hier geht es um Menschen und Mündigkeit. Zu Beginn ist zum Wohl der Teilnehmenden ein relativ großer Kraft- und Materialeinsatz erforderlich. Wir fügen gerne hinzu, dass der Aufwand sukzessive abnimmt. Denn von Mal zu Mal kann immer mehr auf schon Vorhandenes und Erprobtes zurückgegriffen werden, da das Portfolio im Laufe der Zeit stetig wächst. Auch der kreative Aufwand sinkt mit zunehmender Praxiserfahrung, vor allem im Bereich angewandter Methoden.

Die folgenden Überlegungen erheben keinen Anspruch auf Vollständigkeit. Wir erstellen auch keinen Katalog denkbarer Stationen. Im Bereich der Schulpädagogik sehen wir, dass mit zunehmender Verbreitung der Methode für die einzelnen Fächer und Lernstände immer mehr hilfreiche Bücher mit Stationen veröffentlicht werden. Wir diskutieren vielmehr die herausragenden Aspekte, die beim Erfinden und Auswählen von Stationen erwogen und berücksichtigt werden sollten. Deshalb greifen wir im Folgenden jene Überlegungen heraus, die wir selbst als grundlegend für Trainerinnen und Trainer ansehen, damit auch Sie jedem und jeder Teilnehmenden möglichst weitgehend ein ganz persönliches Seminar bieten können.

4.3.1 Raumgreifende und platzsparende Stationen

Platz ist in der kleinsten Hütte. Manchmal darf es dann aber doch etwas mehr sein. Das Stationenlernen wird unter anderem von den räumlichen Gegebenheiten bestimmt. Je mehr Platz vorhanden ist, umso weniger müssen sich die Verantwortlichen in der Organisation des Seminars einschränken. In dem Maße, wie die räumlichen und organisatorischen Optionen ansteigen, steigt auch der kreative Spielraum, adäquate Stationen-Aufgaben anbieten zu können. Und weil das von uns propagierte »Lernen mit allen Sinnen« auch einen von uns angenommen Sinn für Bewegung einschließt, braucht es nicht nur Platz in der »Hütte«, sondern auch um sie herum, wie wir später noch sehen werden.

Stellen wir uns zunächst eine Aufgabe vor, bei der ein Text gelesen und zusammengefasst werden soll. Dafür würde eigentlich nur der Platz benötigt, um die Stationen-Anzeige aufzuhängen und einen Registraturkasten zum Auslegen der Aufgabe aufzustellen. Die Aufgabe könnte von den Teilnehmenden an jedem beliebigen Ort bearbeitet werden und nimmt von allen denkbaren Stationen wohl am wenigsten Raum ein. Weil aber manche Teilnehmende eine Aufgabe immer an dem Ort zu bearbeiten wünschen, an dem sie ausliegt, würden wir auch hier ein bis zwei Tische mit Stühlen dazustellen. Also benötigt selbst die kleinste denkbare Station inklusive Zugang mindestens fünf bis acht Quadratmeter Fläche.

Für das zweite Beispiel stellen wir uns eine Station mit einer Sortieraufgabe vor. An eine Wandzeitung angebrachte und unsortierte Fachbegriffe sollen in ein auf einer weiteren Pinnwand aufgemaltes Schema einsortiert werden. Hier würde mindestens ein Tisch für die Ablage der Aufgabe und für zwei Wandzeitungen benötigt. Außerdem würden wir, weil manche Teilnehmende lieber im Sitzen nachdenken, noch zwei bis drei Stühle dazustellen. Eine solche Station benötigt etwa acht bis zwölf Quadratmeter Platz.

Das dritte Beispiel sei ein Stationen-Museum, in dem wir praxiserprobte Stationen präsentieren, die von den Teilnehmenden ausprobiert werden können. Dafür benötigen wir 40 bis 60 Quadratmeter Fläche. Da wir immer auch Pausen anbieten, in denen sich die Teilnehmenden bewegen sollen, ist uns ein nutzbares Außengelände wichtig, auf dem auch mal Federball gespielt oder eine bewegungsintensive Station bearbeitet werden kann. Und auch jenseits von Pausen sind Stationen denkbar, die eine gewisse Bewegungsfreiheit erfordern. Eine Station als Brettspiel mit »menschlichen Spielsteinen«

bereitet den meisten Teilnehmenden großes Vergnügen. An einer anderen Station bilden die Spielerinnen und Spieler zwei Teams und müssen sich gegenseitig Fragen beantworten. Bei falscher Antwort darf das gegnerische Team eine bewegungsintensive »Bestrafung« aussprechen. Teilnehmende sind geradezu versessen auf solche Wettbewerbsspiele.

Stationen werden nach didaktischen Grundsätzen entwickelt. Im Ergebnis sind sie »raumgreifend« oder »platzsparend«. Einerseits erzeugen beide Formen einen gewissen Abwechslungs- oder Kurzweileffekt, weshalb beide im Lernarrangement vorhanden sein sollten. Andererseits ergibt sich oft zwangsläufig unterschiedlicher Platzbedarf, je nach Art und Weise der Station.

Drei Aspekte sind noch von Bedeutung: zum einen die Offenheit und der Wille des Trainers, ein möglichst kurzweiliges, auf- und anregendes Angebot an Stationen auf die Beine zu stellen; zum anderen ein professionelles Seminarhotel, das im Umgang mit Teilnehmeraktivitäten erfahren ist, das Lernen nicht einem Ambiente unterordnet und Gelassenheit bei der Nutzung der Räume und deren Ausstattung an den Tag legt. Drittens schließlich müssen für ein dynamisches Lernarrangement vorab die Möglichkeiten des Seminarhauses eruiert werden, damit die weitere Vorbereitung damit in Übereinstimmung steht.

4.3.2 Variablen bei Stationen

Wir lehnen zwar kategoriale Festlegungen auf bestimmte Lerntypen ab, dies aber weniger, weil wir diesen Ansatz nicht nachvollziehen könnten, sondern vielmehr, weil wir uns so auch für die extravagantesten Lernenden offenhalten. Wir wollen von vornherein ausschließen, dass Menschen in unseren Seminaren in der falschen Schublade landen. Deshalb lehnen wir – wiewohl wir wissen, dass unser Gehirn mit genau diesem Prinzip arbeitet – es ab, unsere Teilnehmenden nach Lerntypen zu kategorisieren. Dennoch würden wir lügen, wenn wir behaupteten, dass nicht auch wir in Kategorien denken. Allerdings liegt der Unterschied da, wo wir nicht die Menschen kategorisieren, sondern die Aufgaben, anhand derer sie lernen können. Je mehr Erfahrungen wir mit unseren Seminaren sammeln, desto größer wird unser Portfolio an Stationen. Deshalb darf die Überschrift dieses Abschnitts nur allzu gern wörtlich genommen werden. Unser Bestreben ist es, über

Wenn schon in Schubladen denken, dann bitte in geöffneten!

mehrere Variablen noch so unterschiedlich Lernenden »gut verträglichen« Lernstoff anzubieten. Drei Hauptfaktoren spielen hier eine wichtige Rolle.

Die Zeit

In der westlichen Welt wird Erfolg immer auch in Zeit gemessen. Wie lange hat es gedauert, bis ich dieses oder jenes mir gesetzte Ziel erreicht habe? Wie lange hat es gedauert, ein bestimmtes Teil zu produzieren? Während sich bis zu Beginn der 1980er Jahre lediglich an die zweite Frage die Frage nach den Kosten für die Produktion angeschlossen hätte, unterliegen heutzutage, wie selbstverständlich, alle Bereiche der öffentlichen Daseinsfürsorge, so auch die Bildung, fortwährenden Wirtschaftlichkeitsbetrachtungen. Wirtschaftlichkeitsüberprüfungen und -vergleiche bestimmen dermaßen unseren Alltag, dass wir alle es mittlerweile für normal halten, dass schulische Leistungen von Kindern international verglichen werden. Wann immer etwas mit etwas anderem verglichen wird, setzt dies eine Normvorstellung voraus, von der dann positiv oder negativ abgewichen werden kann. Die Folge daraus ist, dass wir alle davon geprägt sind, alles mit allem zu vergleichen und innerhalb einer entsprechenden Norm für gut oder eben schlecht zu befinden.

Obwohl solche Normierungen dem Anspruch des Stationenlernens, nonnormative, also individualisierte Bildung für Erwachsene anzubieten, zuwiderlaufen, ist klar, dass auch einer Bildungsveranstaltung zum Stationenlernen nur ein bestimmtes Zeitkontingent zur Verfügung steht. Auch hier wird sich ein Bildungsanbieter schon deshalb Gedanken darüber machen müssen, was in welcher Zeit an Lernstoff zu bewältigen sein dürfte, weil sich für die zahlende Kundin hieraus der Gegenwert für ihre Seminargebühr ergibt.

Die optimale Nutzung von Zeit spielt also beim Stationenlernen eine ebenso wichtige Rolle wie bei jedem anderen Seminar auch. Der Unterschied zu konventionellen Seminaren liegt darin, dass das Stationenlernen den Teilnehmenden das gesamte Zeitkontingent zur Verfügung stellt, dass also darauf verzichtet wird, einen Seminartag in vorgegebene Zeithappen zu zerlegen. Der Zeitlauf eines Tages erhält für die Teilnehmenden nur punktuell Bedeutung, nämlich dann, wenn Essenszeiten, An- und Abreisezeiten oder etwa Öffnungszeiten der Sauna in das Seminar hineinwirken. Ansonsten gilt, dass zu jeder Zeit und an jedem Ort an Stationen gelernt werden kann. Das subjektive Zeitempfinden der Teilnehmenden ist hier die Größe, mit der gerechnet werden muss. Vergeht die Zeit aus Sicht eines Teilnehmenden zu langsam, darf das als Indiz entweder für Unterforderung gesehen werden oder dafür, dass der Teilnehmende noch nicht realisiert hat, Herr über seine eigene Zeit zu sein. Weil die meisten Teilnehmenden tatsächlich wenig bis keine Erfahrung mit Zeitsouveränität haben, weisen wir hier gerne noch einmal darauf hin, wie wichtig es ist, ihnen bereits bei der Einführung in die Methode deutlich zu machen, dass sie selbst darüber entscheiden, wie sie sich den Tag zeitlich aufteilen. Welche Herausforderung das für Trainerinnen und Trainer bedeuten kann, wie viel »Loslassen« von ihnen verlangt wird, beschreiben wir im dritten Kapitel, das sich mit Rolle und Funktion der Trainerin bzw. des Trainers befasst.

Wenn nun also Stationenlernen bei Einzelnen längere Phasen der Langeweile hervorruft, könnte das daran liegen, dass das Angebot nicht sonderlich spannend, überraschend, anspruchsgerecht oder abwechslungsreich konzipiert und gestaltet wurde. In einem solchen Fall können die Verantwortlichen versuchen, im Gespräch mit den gelangweilten Teilnehmenden herauszufinden, wie die Stationen und die ihnen zugehörigen Aufgaben beschaffen sein müssen, um das Angebot entsprechend anzupassen. Bei einer guten Vorbereitung kommt ein solches Horrorszenario glücklicherweise nicht in Betracht.

Am dem der Langeweile gegenüberliegenden Ende der subjektiven Zeitskala, dort also, wo es spannend, neu und aufregend wird, ist jedoch auch ein Fallstrick zu finden, über den wir anfangs noch gestolpert sind. Was wir nun beschreiben, ist gleichsam eine Standardsituation, auf die wir unsere Leserinnen und Leser unbedingt vorbereiten wollen. In aller Regel vergeht vielen Teilnehmenden die Zeit subjektiv so schnell, dass es sie förmlich unter Druck setzt – und zwar unter Leistungsdruck. Denn hier, so bewerten zumindest wir dieses Phänomen, gerät die eben beschriebene Prägung, dass Erfolg auch immer im Zeitverlauf gemessen wird, sehr zum Nachteil. Die Teilnehmenden geraten in eine Art innere Rechtfertigungsfalle, fragen sich, warum sie noch nicht mehr geschafft haben, meinen zu erkennen, was sie noch so alles schaffen müssen, um vermeintlich erfolgreich zu sein. Weil das immer wieder vorkommt, machen wir an dieser Stelle drei Vorschläge, wie solchen Situationen begegnet werden könnte:

- In der Einführungsphase, wenn das Stationenlernen erklärt wird, legen wir besondere Sorgfalt auf die Erläuterung des didaktischen Konzeptes. Wir erklären und diskutieren, warum es so viele Stationen gibt und dass nie daran gedacht war, jemand könne alle bearbeiten. Außerdem sagen wir deutlich, dass nicht Deutschlands Superlerntalent gesucht wird, und appellieren daran, auf Fortschrittsvergleiche mit anderen Lernenden zu verzichten. Wir laden die Teilnehmenden ein, ihre unterschiedlichen Ausgangsbedingungen beim Seminarthema und beim Lernen wahrzunehmen und zu akzeptieren. Bei diesen unterschiedlichen Startbedingungen werben wir für die Einsicht, dass jede ihren eigenen Lernweg mit einem eigenen Lernergebnis gehen wird. Nötigenfalls diskutieren wir, wie verwunderlich es denn ist, dass Menschen sich beim Lernen mit anderen vergleichen, in einer Gesellschaft, aus deren Paradigma »Mündigkeit durch Bildung« längst das »Schneller, Höher und Weiter« des Wettbewerbs geworden ist.
- Soweit schon in der Einführungsphase erforderlich, erklären wir prägnant und übersichtlich unsere Grundannahmen zum Lernen. Hier erörtern wir zum Beispiel, was beim Lernen unter Druck im Gehirn geschieht, und unter welchen äußeren Umständen Lernen besser gelingt. Ein Bestandteil des Konzeptes Stationenlernen ist schließlich die Aufgabe des Trainers, gemeinsam mit Lernenden herauszufinden, wie diese gern und erfolgreich lernen. Wenn sich das als roter Faden durch das gesamte Seminar ziehen soll, muss dieser zunächst gemeinsam gesponnen werden.
- Entlang dieses roten Fadens, aus unserer begleitenden und beratenden Rolle heraus, stehen wir bereit, in Einzelgesprächen mit unter Zeit- und Leistungsdruck stehenden Teilnehmenden einen Weg zu finden, wie sie sich im Seminar von diesem Druck befreien können.

Bearbeitungsintensität

Mit dem Begriff »Bearbeitungsintensität« beschreiben wir das, wenn man so will, horizontale Level der tätigen Auseinandersetzung mit einer Aufgabe. Einzige Variable ist hier der Bearbeitungsaufwand bis zum Abschluss der Stationen-Aufgabe. Das inhaltliche Niveau soll hier explizit nicht variieren.

Die Bearbeitungsintensität beschreibt somit nicht den Schwierigkeitsgrad, sondern die Relation zwischen den geforderten Handlungen und der benötigten Zeit, um die entsprechende Aufgabe abschließen zu können. Da Menschen unterschiedlich lange Aufmerksamkeitsspannen haben, braucht es solche Stationen, die in relativ kurzer Zeit mit relativ geringer Bearbeitungsintensität zu bewerkstelligen sind, wie auch ihr Gegenteil. Wollte man Menschen etwa die Stadt Wuppertal näherbringen, könnte man sie bitten, die von West nach Ost die Stadt durchschneidende Bundesstraße 7 entlang zu fahren. Das reicht aus für einen – meist leider eher negativen – Eindruck von der Stadt. Wollte man ihnen jedoch die Schönheit Wuppertals näherbringen, müsste man sie dazu einladen, die B 7 zu verlassen und diverse Umwege nach links und rechts in Kauf zu nehmen. Solche Umwege benötigen zwar Zeit und Energie, verheißen jedoch einen wesentlich differenzierteren, ergo weniger oberflächlichen Blick auf die Stadt. Dargebotene Sinnesreize und -eindrücke befördern das Lernen schlechthin. Wenn Lernen nicht das Einüben von Fakten ist, sondern sich über die Verarbeitung emotionaler, visueller, auditiver, olfaktorischer und haptischer Reize vollzieht, braucht es auch den Raum und die Zeit, diese Reize rechts und links des »Lösungsweges« zu platzieren. Das inhaltliche Niveau bleibt hiervon unberührt. Die Bearbeitungsintensität ist hier also die Regelgröße, über welche die tätige Auseinandersetzung mit dem Lerngegenstand willentlich verkürzt oder verlängert werden kann.

Die Bearbeitungsintensität jeder einzelnen Stationen-Aufgabe vermittelt dem Trainer auch eine Art durchschnittliche Verweildauer. Auch wenn der Grundsatz lautet, jede und jeder kann und wird ein individuelles Tempo bei der Bearbeitung einer Aufgabe an den Tag legen, so muss die Trainerin dennoch eine Idee davon haben, wann in etwa der Moment erreicht sein könnte, Unterstützung anzubieten.

Auch brauchen die Teilnehmenden niedrigschwellige Aufgaben für frühe Erfolgserlebnisse, die sich dann einstellen, wenn eine Aufgabe auch mal ohne allzu großen Aufwand bearbeitet werden kann. Konstruktivistisch überraschend ist es, eine Methode einmal augenscheinlich unpassend zu wählen. Das funktioniert in beide Richtungen gleich gut: sowohl dann, wenn die Aufgabe vermeintlich simpel erscheint, das Bearbeitungsergebnis aber nur auf verschlungenen methodischen Pfaden zu erreichen ist, wie auch andersherum. Schließlich ist es dem Lernen zuträglich, wenn eine aufgebaute Erwartung überraschenderweise nicht erfüllt wird. Methodische

Stringenz ist unverzichtbar, sie begründet außer Acht zu lassen, kann aber dabei dienlich sein, Langeweile vorzubeugen.

Die Wahl der Methode als ein Kernstück des Stationenlernens bestimmt das Level der Bearbeitungsintensität. Mit Bearbeitungsintensität beschreiben wir also – jenseits individueller Lerngewohnheiten und -routinen einzelner Teilnehmender – das durch die jeweilige Methodik erzeugte und für die zielführende Bearbeitung einer Aufgabe erforderliche bzw. vermutete Aktivitätslevel.

Bearbeitungstiefe

Mit der Bearbeitungstiefe kommen wir nun gewissermaßen zum vertikalen Level, der inhaltlichen Tiefe, dem Grad der inhaltlichen Komplexität. Wir vermeiden es bewusst, von Schwierigkeitsgraden zu sprechen, weil diese Vokabel Wettbewerb forciert, indem sie suggeriert, dass besser aufgestellte Lernende schwierigere Aufgaben meistern können. Aber wie könnten wir auch Schwierigkeitsgrade festlegen, ohne dass unser Können und unser Wissen hier zum Maß der Dinge würden? Deshalb belassen wir es bei dieser formelhaften Aussage: Je tiefer man in einen Lerngegenstand eintaucht, umso intensiver wird auch die Auseinandersetzung mit ihm sein. Mit zunehmender inhaltlicher Tiefe steigt der Bearbeitungsaufwand.

Über die Bearbeitungstiefe lassen sich unterschiedliches Vorwissen sowie unterschiedlich ausgeprägte kognitive Fähigkeiten der Teilnehmenden berücksichtigen. So individuell Lernen ist, so individuell müssen möglicherweise die Aufgaben strukturiert sein. Hier liegt das Wesen des Stationenlernens: Der Verschiedenheit beim Lernen wird einerseits methodisch und andererseits mit unterschiedlichen inhaltlichen Niveaus begegnet. Während in konventionellen Gruppenseminaren kaum die Möglichkeit besteht, auf individuellem Niveau zu lernen, ermöglicht das Stationenlernen, Beginnende ebenso wie Denkasse zu fesseln.

Niemand wird zurückgelassen!

Der individuelle Lernerfolg hängt davon ab, ob der Lerngegenstand den individuellen Erfordernissen oder Prämissen der Lernenden entspricht. Auf der einen Seite gibt es methodisch viele Möglichkeiten, eine Aufgabe so zu variieren, dass die Bearbeitung mal mehr, mal weniger intensiv gerät. Auf der inhaltlichen Seite lässt sich das ganz genauso bewerkstelligen, allerdings nun über inhaltliche Reduktion bzw. Erweiterung. Angenommen, ein

Lehrziel besagt, dass die Teilnehmenden eine ganz bestimmte Systematik zur Erfassung von Texten anwenden können. Dafür wird es einige Übungsrunden brauchen, und zwar an unterschiedlich komplexen bzw. anspruchsvollen Texten. Also würde in diesem Fall eine Auswahl verschiedener Texte (lang oder kurze, heitere oder ernste, reale oder fiktive etc.) getroffen werden, zwischen denen die Teilnehmenden frei wählen können. Die Variationsmöglichkeiten erhöhen die Wahrscheinlichkeit, dass jede und jeder für sich etwas Passendes findet.

Im Übrigen ist es immer wieder schön mitzuerleben, wenn Teilnehmende die Bearbeitungstiefe ganz von selbst ihren Bedürfnissen anpassen. Das geht vor allem in Richtung einer erweiterten Vertiefung, indem sie sich weitere Fragen zur Bearbeitung ausdenken, nach weiteren Quellen fragen, die den entsprechenden Aspekt vertiefen, oder sich gleich ihre persönliche Zusammenfassung schreiben. Von der Trainerin gestellte Aufgaben selbstständig zu modifizieren – das bietet Stationenlernen. Denn das Wichtigste ist, dass die Teilnehmenden motiviert und engagiert an ihren Themen arbeiten, weil nur sie wirklich wissen, wie sie erfolgreich lernen.

Alle drei Faktoren, Zeit, Bearbeitungsintensität und Bearbeitungstiefe, sollten bei der Lehrzielfindung berücksichtigt werden. Selbst so vermeintlich simple Zielsetzungen wie jene, dass die Teilnehmenden einen Sachverhalt kennenlernen oder mit einem anderen in Beziehung setzen sollen, sprechen unterschiedliche Kompetenzen an und erfordern ebenso unterschiedliche methodische Herangehensweisen. Diese lassen sich differenzierter mithilfe von Überlegungen zu Bearbeitungstiefe und -intensität finden bzw. darstellen. Eine etwas andere Rolle schreiben wir der Zeit zu. Hier geht es in erster Linie darum, dass sie gar nicht oder wenn überhaupt positiv empfunden wird. Auch wenn das nicht in jedem Einzelfall gelingen wird: Gefühle von Zeitnot und zeitlichem Druck müssen unbedingt verhindert werden.

4.3.3 Kopfarbeit und Handarbeit

Es ist noch nicht allzu lange her, da war die bundesdeutsche Arbeitsbevölkerung unterteilt in Arbeiter und Angestellte. Gemäß dieser aus der Zeit der Industriellen Revolution stammenden Trennung waren die Arbeiterinnen und Arbeiter (auch »Gewerbliche« genannt) diejenigen, die mit den Händen arbeiteten, und die Angestellten diejenigen, die mit dem Kopf arbeiteten. Daraus entwickelte sich das weit verbreitete Vorurteil, die Gewerblichen verrichteten einfache Arbeiten (Hand) und die Angestellten anspruchsvolle Arbeiten (Kopf). Nun gibt es zumindest arbeitsrechtlich diese Trennung nicht mehr, und die Trennung in den Köpfen der Menschen wird auch noch fallen – spätestens, wenn alle mitbekommen haben, dass zum Beispiel der postmoderne Automechaniker zunehmend am Computer sitzt, um Autos reparieren zu können, oder dass etwa Büroangestellte auch nur vor dem PC sitzen und mit den Händen ihre Arbeit verrichten. Mit dieser gesellschaftskritischen Einleitung wollen wir weniger bewirken, dass unsere Leserschaft ihre Einstellung zur Erwerbsarbeit überdenkt, als vielmehr freundlich daran erinnern, dass Lernen eine assoziierende Aktivität ist, bei der das Gehirn unter anderem auf innere Bilder und Haltungen zurückgreift. Beim Lernen ist die Kopfarbeit genauso viel wert wie die Handarbeit.

Wer Rasenmäher von einem Lkw ablädt, lernt genauso wie jemand, der oder die ein Buch schreibt. Beides wird vom Gehirn gesteuert, von Emotionen begleitet, und alle die Tätigkeit begleitenden Umstände werden unbewusst mit verarbeitet. Im ersten Fall werden neben der körperlichen Anstrengung viele weitere Informationen verarbeitet. Nach zweihundert bis dreihundert selbst getragenen Rasenmähern wird man sehr gut einschätzen können, wie schwer 25 Kilo sind. Auch entwickelt sich wahrscheinlich binnen weniger Tage ein Gespür für Innenraummaße. Denn ob nun von positiven oder – naheliegender – negativen Emotionen begleitet, schult die betroffene Person über die Blicke in den Laderaum, welche die verbleibende Arbeit abschätzen, ihr Sehsystem. Wer hat nicht schon beeindruckt beobachtet, wie ein Verkäufer an der Käsetheke die bestellten einhundert Gramm Gouda mit sicherem Griff vom Stapel nimmt und die Waage plus/minus fünf Gramm anzeigt? Wer an einem Sachbuch arbeitet, befasst sich intensiv nachdenkend mit einem bestimmten Thema. Immer mal wieder muss er in einem anderen Buch nachschlagen, weil sein Gehirn einen ganz bestimmten Fakt nicht ausspuckt. So liest man hie und dort, und ehe man es bemerkt, sind ganz neue Sinnzusammenhänge entstanden, wie eben hier: Eigentlich sollte dem Wechsel zwischen Kopf- und Handarbeit das Wort geredet werden. Doch beim Nachdenken über eine gut formulierte Begründung dafür, ist uns klar geworden, dass die simple Forderung einer Trennung zwischen beiden nicht haltbar ist, weil Lernen sich unter gleichzeitiger Beteiligung vieler Sinne vollzieht.

Nichtsdestoweniger plädieren wir für eine gewisse Ausgewogenheit zwischen dem rein kognitiven Lernen und dem Lernen mit Körpereinsatz. Intellektuelle Fokussierung muss sich abwechseln mit praktischen oder spielerischen Handlungen, um durch solch multiple Reizansprache entsprechende Aufmerksamkeitswechsel zu initiieren. Gelingendes Lernen erfordert eine angemessene Balance zwischen den verschiedenen Lernaktivitäten. Wenn wir auch noch so vehement die Haltung vertreten, Entscheidungen den Teilnehmenden selbst zu überlassen, sollte der Trainer seine Teilnehmenden diesbezüglich gut beobachten und gegebenenfalls beraten. Denn die Teilnehmenden sind geprägt durch das besagte Höher, Schneller, Weiter unserer Leistungsgesellschaft, und dazu oft noch hoch motiviert, im Seminar alles zu geben. Je mehr Leistung im Lernprozess man zu bringen bereit ist, desto größer ist das Risiko, sich selbst zu überfordern. Erfolgreiches Lernen braucht Aufmerksamkeit, angenehme Emotionen und eine gewisse Ausgewogenheit zwischen den am Lernen beteiligten Sinnen.

4.3.4 Mit allen Sinnen lernen

An dieser Stelle wollen wir unserem Lernbegriff ein neues Bild hinzufügen. Bewusstes Lernen ist konzertantes Lernen. In diesem Bild werden mehrere Instrumente im Zusammenspiel genutzt, um ein neues, größeres Ganzes hervorzubringen. Es dirigiert: das Gehirn! Das Gehirn reguliert jeden Lernprozess, immer. Nur zur Sicherheit, weil im allgemeinen Sprachgebrauch der Kopf immer für die Ratio und der Bauch für das Gefühl steht, sei noch einmal daran erinnert, dass Lernen ein emotionaler Prozess ist, dessen rationale Anteile nicht die alles entscheidenden sind. Konzertantes Lernen beschreibt das Zusammenspiel zwischen unbewusstem, anarchischem und bewusstem, planvollem oder zielgerichtetem Lernen als komplexem kognitivem Vorgang unter Anwendung verschiedener psychischer und physischer Instrumentarien. Nicht das Ich bestimmt das bewusste Lernen. Eine sich unserem Willen nicht beugen wollende Instanz dominiert mit einem wesentlich größeren Anteil das menschliche Lernen. Die Komplexität ergibt sich aus der Beteiligung aller Sinne, den Gedanken und Erinnerungen, der benötigten Aufmerksamkeit, dem Interesse, dem Spaß und den Herausforderungen etc.

Aus der Gedächtnisforschung ist seit langem bekannt, dass die Integration neuer Informationen ins Gedächtnisnetzwerk besser gelingt, wenn diese über verschiedene Eingangskanäle verarbeitet werden, und zwar gleichzeitig. Viele werden die Memotechnik kennen, bei der Vokabeln oder Formeln in den Zimmerecken der eigenen virtuellen Wohnung platziert werden. Dabei wird etwa die Übersetzung einer Lateinvokabel von einer Karteikarte abgelesen und im nächsten Schritt mit einem Bild verknüpft. Die Vokabel kann natürlich über stetige Wiederholung auswendig gelernt werden. Solange sie aber mit nichts assoziiert bzw. verknüpft wird, erlangt sie keine weitere Bedeutung und geht beizeiten wieder verloren. Sie wird zu etwas Unauffindbarem in den unendlichen Weiten unseres Gehirns. Erst die Verknüpfung mit dem Bild, das als Ausschnitt der eigenen Realität bereits gut vernetzt im Gehirn vorliegt, ermöglicht es der »internen Suchfunktion«, mindestens ein »Match« (Treffer) zu verzeichnen. Irgendwo liegt aber auch noch das beim Lernen der Vokabel mit abgespeicherte Gefühl, ebenso wie der Geruch, der in dieser Minute durch den Raum zog, und wahrscheinlich wurden noch ein paar weitere, unbewusste Assoziationen geknüpft. Es ist genau dieses Prinzip, das beim Stationenlernen genutzt wird. Bloße Fakten, die einen Menschen nicht berühren, ihn nichts angehen, verblassen über kurz oder lang, weil sie kaum vernetzt sind. Wenn sie nicht verwendet werden, liegen sie bedeutungslos irgendwo herum und verkümmern.

Die Beteiligung mehrerer Sinne verbessert die Erfolgsaussichten, wie das folgende Beispiel illustriert:
In einer Stationen-Aufgabe, bei der wichtige Begriffe eingeführt und erklärt werden, könnte die Trainerin auf die Idee kommen, jedem Begriff einen Geruch zuzuordnen. Die Aufgabe würde darin bestehen, dass sich die Teilnehmenden zunächst einen Begriff und dessen Definition anschauen. Im nächsten Schritt sollen sie den Begriffen intuitiv einen Geruch zuordnen. Dann sollen sie die Begriffe und ihre Definitionen konzentriert lesen, während sie an der zugeordneten Geruchsprobe riechen. (Im Sinne positiver Erfahrungen für die Teilnehmenden sollte die Trainerin auf extreme Gerüche verzichten.) Nachdem die Teilnehmenden eine andere Station oder auch mehrere bearbeitet haben, kehren sie zur »Geruchsstation« zurück, nehmen die Proben zur Hand, riechen daran und versuchen den dazu gehörenden Begriff nebst Definition zu nennen. Das Gleiche bietet sich mit kleinen haptisch gut auseinanderzuhaltenden Gegenständen an, die sich in blickdichten Säcken oder Boxen befinden. Beide Varianten können die Wahrscheinlichkeit des Erinnerns erhöhen.

Im Aufnehmen von Informationen sind Augen und Ohren am besten trainiert. Diese Tatsache könnte dazu verleiten, vor allem Stationen anzubieten, bei denen es um Lesen und darüber Reden geht. Wenn nun aber das Hör- und Sehsystem ungewohnten, überraschenden Reizen ausgesetzt sind, ruft das wiederum andersartige Emotionen hervor, die dabei helfen, neue Informationen im Gehirn zu verankern. So könnten Teilnehmende in einen vollkommen dunklen Raum geschickt werden, in dem verschiedene Tische stehen, auf denen etwas ertastet werden muss. Unter anderem könnte dort ein kleiner Schalter zu ertasten sein, der, wenn er betätigt wird, eine Audiodatei zum entsprechenden Thema abspielt.

Das Prinzip dürfte klar geworden sein. Es geht darum, möglichst viele Sinne konstruktiv am Lernen zu beteiligen. Was da so an Umsetzungen zusammenkommt, ist fast schon eine Spaßgarantie für die Teilnehmenden. Der Mensch ist ein emotionales Wesen und ein lernender Organismus. Je mehr Reize an den Lerngegenstand gekoppelt werden, desto mehr Nervenbahnen stehen für die Informationsweitergabe ins Gehirn zur Verfügung. Je ungewöhnlicher die entsprechende Situation, je stärker sie also die Aufmerksamkeit der Lernenden bindet, desto höher die Wahrscheinlichkeit, dass die damit einhergehende, oft vollkommen ungewohnte Emotionalität für eine bessere Verankerung im Gehirn sorgt.

4.3.5 Neues erlernen und Erlerntes üben

Bei der Erläuterung unserer Grundannahmen haben wir bereits darauf hingewiesen, dass menschliche Fertigkeiten, etwa die Ausführung des vulkanischen Grußes »Glück und Frieden«, umso besser gelingen, je öfter sie praktiziert, also geübt werden. Dasselbe gilt grundsätzlich auch für das Lernen von Fakten. Und, wie aus Hirnforscherkreisen zu hören ist, soll gelegentliches Auswendiglernen sogar das Gehirn fit halten. Es spricht also nichts dagegen, die ein oder andere Jahreszahl oder auch ein, zwei Gedichte auswendig zu lernen. Weil aber das menschliche Gehirn zum Leben-lernen gemacht ist und dabei ausgesprochen pragmatisch wie systematisch vorgeht, kann das Lernen von Fakten, wie es teilweise heute noch praktiziert wird, nur der kleinste Teil eines umfassend vernetzten Lernens sein. Auswendiglernen übt nicht in kreativem Denken und erzeugt keine Handlungskompetenz.

Wer diese Behauptung auf die Schnelle überprüfen möchte, kann einmal versuchen, folgende Fragen zu beantworten:

- Wie lauten die binomischen Formeln?
- Wie hießen die Bundeskanzler der BRD von 1949 bis 1998?
- Wie lauten die Namen aller afrikanischen Flüsse?
- Was ist die »pq-Formel« und wozu dient sie?
- In welchem Jahr wurde Napoleon erstmalig verbannt?

Das sind alles Fragen, die wir unseren alten Schulunterlagen entnommen haben. Wir sind sicher, dass manche sogar die eine oder andere richtige Antwort geben können. Interessant wäre auch zu erfahren, was sie im Alltag mit diesem Wissen anfangen. Denn erst wenn Wissen einen handlungsrelevanten Bezug hat, bekommt es auch eine Bedeutung über sich selbst hinaus. Für alles andere haben wir Bibliotheken voller Bücher und mehr und mehr das Internet, Computerfestplatten und Datenbanken. Das mag recht utilitaristisch klingen. Wir würden aber auch kein Seminar anbieten, dass erwachsenen Menschen dabei hilft, eine Million bei Günther Jauch zu gewinnen. Ideal wäre es, wenn eine Mathematiklehrerin die oben genannten Formeln nicht nur kennt, sondern ihren Schülerinnen und Schülern auch noch plausibel machen kann, wozu sie diese in Zukunft in jedem Fall brauchen werden. Es steht allerdings zu befürchten, dass sich die Erklärung zuweilen darin erschöpft, festzustellen, dass die Klausur nur bestehen kann, wer die Formeln im Schlaf beherrscht. Solche Formalprinzipien erzeugen nur hierarchiekonforme Anpassung, nicht aber selbstständige und kreative Handlungskompetenz. Ein Zuwachs an Handlungskompetenz wird erreicht, wenn Fakten einen praktischen Lebensweltbezug haben und aufeinander bezogen eingeübt werden.

Aus der Hirnforschung kennen wir die Weisheit: »Use it, or lose it!« Das Gehirn arbeitet ausgesprochen ressourcenschonend und rational. Was nicht gebraucht wird, läuft Gefahr, verloren zu gehen. Wer etwa das Schlagzeug Spielen erlernt, verbringt unzählige Stunden damit, sogenannte Paradiddles zu spielen. Das sind Fingerübungen mit Trommelstöcken als Grundlage für diverse Rhythmusfiguren. Jenseits allen musikalischen Talents werden nur diejenigen ein Instrument wirklich beherrschen können, die es immer wieder üben. Eine Profi-Geigerin hat in Tausenden von Übungsstunden extrem übertragungsstarke Synapsen ausgebildet, bis ihre Hände schließlich nur so über das Griffbrett fliegen. Hier sind komplexe Bewegungsabläufe auf die

Schnellstraße des Unterbewusstseins verlegt worden, die auf der Straße des Bewusstseins nur im »Stop and Go« vorwärts kämen. Wie aber kann der Trainer im Seminar nun die vielen verschiedenen Lernenden dabei unterstützen, etwas bisher nur theoretisch Erfahrenes mit ihren individuellen Lebenswelten zu verbinden?

Stellen wir uns ein Seminar zum Erlernen eines simplen Programms zur Textverarbeitung vor. Unter welchem System das Programm benutzt werden soll, überlassen wir der Fantasie unserer Leserinnen und Leser. In den 1990er Jahren gab es solche Seminare haufenweise. Wir selbst hatten auch das zweifelhafte Vergnügen, an solchen »Schulungen« teilnehmen zu dürfen. Regelmäßig liefen die so ab, dass (meist) Männer, die sich sehr für diese damals revolutionäre Technologie begeistern konnten, an einem Pult vor der Seminargruppe saßen und hinter ihrem Monitor versteckt darüber schwadronierten, was dieses Programm alles kann. Die Teilnehmenden saßen in vier bis fünf Reihen hintereinander, wie in der Schule, ebenfalls hinter einem Monitor, und tippten auf der Tastatur herum, bei dem Versuch die Operationen auszuführen, die ihnen von vorne zugerufen wurden. Möglicherweise sorgten solche Szenarien für den Siegeszug des Beamers. Denn nun musste niemand mehr selbst klicken und versuchen Schritt zu halten, sondern man konnte sich entspannt zurücklehnen und dem kundigen Referenten dabei zusehen, wie es geht. Schließlich wurden Übungsaufgaben gestellt, sodass nun alle auf sich allein gestellt versuchen mussten, die konkreten Aufgaben zu lösen. Während die Teilnehmenden sich ausprobierten, ging der Referent kommentierend und verbessernd durch die Reihen.

Damit sind wir wieder zurück in der Gegenwart und beim Stationenlernen, das auch Angebote zum praktischen Tun beinhalten muss. Stationen mit theoretischem Zugang machen Stationen zur praktischen Übung immer dann erforderlich, wenn der theoretische Teil auf ein konkretes Handeln zielt. Wenn etwa ein Betriebsratsmitglied anhand eines Gesetzesparagrafen ein bestimmtes Verfahren zum rechtswirksamen Widerspruch kennenlernt, sollte es die Möglichkeit bekommen, einen solchen Widerspruch selbst zu formulieren. Solcherlei Theorieanwendung befördert den Transfer in die eigene Lebenswirklichkeit.*

Unter der Prämisse, dass sowohl Computerexpertinnen als auch Anfänger das oben erdachte Computerseminar besuchen können, böte sich eine Station an, bei der sich die Teilnehmenden mit den Grundlagen der Funktionsweise von Computern beschäftigen können. Wir stellen uns eine

* Davon zu unterscheiden ist der Vertiefungseffekt, der nützlich, aber als zusätzliches Angebot an Stationen nicht zwingend erforderlich ist. Ein Vertiefungseffekt entsteht beim Stationenlernen bereits dort, wo an einer Station, also zu einem einzigen Lehrziel, mehrere Aufgaben, die sich methodisch voneinander unterscheiden, angeboten werden und die Teilnehmenden sich entschließen, mehr als eine dieser Aufgaben zu bearbeiten.

Aufgabe vor, in der die Teilnehmenden einen Computer zusammenpuzzeln können, wobei die Einzelteile in ihrer jeweiligen Verwendungslogik beschrieben bzw. erklärt werden; eine weitere, bei der in einfacher Sprache Aufbau und Funktion eines Rechners erklärt werden – man könnte einen Fragebogen hinzugeben, den die Lernenden nach dem Lesen ausfüllen können. Auch eine Aufgabe, bei der die Teilnehmenden am Rechner sitzen und im Internet recherchieren, wie ein Computer funktioniert, ist denkbar. Der weitere Parcours ließe sich über die wichtigsten Funktionen der Software einigermaßen chronologisch organisieren. (Letztlich bleibt es aber auch hier dabei, dass die Lernenden die Reihenfolge selbst festlegen.) Es gäbe Stationen zum Aufrufen eines leeren Dokumentes, zur Auswahl des Schrifttyps und der Schriftgröße, zu Formatierungen und zu immer spezielleren Funktionen, wie etwa dem Arbeiten mit Tabellen, der Serienbrieferstellung bis hin zum vernetzten Arbeiten mit anderen Menschen oder Programmen. Und schließlich muss es noch Aufgaben zum Abspeichern und Archivieren von Dokumenten geben. Alle hier, ohne Anspruch auf Vollständigkeit, vorgeschlagenen Stationen-Aufgaben müssten so konzipiert und formuliert sein, dass Impulse zum Üben ausgesendet werden. Mit anderen Worten mündete die Bearbeitung weniger in konkreten Ergebnissen als vielmehr in der Aufforderung, das Programm auszuprobieren.

Die Herausforderung für die Trainerin, viele Übungs- und Wiederholungsmöglichkeiten anzubieten, mag entsprechend der Thematik mal leichter, mal schwerer fallen. Allerdings verspricht erst die Verbindung von Theorie und Lebenswirklichkeit der Lernenden einen echten Lernerfolg. Je besser es dabei gelingt, verschiedene Sinne der Lernenden zu beteiligen und positive Emotionen mit einem Lerngegenstand zu verbinden, desto mehr Areale des Gehirns sind an der Vernetzung (»Speicherung«) beteiligt. Dies wiederum gelingt umso besser, wenn an entsprechende Vorerfahrungen angeknüpft werden kann. Es darf nicht vergessen werden, dass alles Lernen Erwachsener an vorhandenen Erfahrungen ansetzt.

Dieses umfassend vernetzte Lernen braucht eine multiple Methodik, um den Lernenden vielfältige Zugänge zum Lerngegenstand zu ermöglichen. Sie sollen sich ihm über Kopf- und Handarbeit in Verbindung mit positiven Emotionen, spielerisch (vielleicht im Wettbewerb mit anderen), spannend, sportlich herausfordernd oder kreativ nähern können. Es sollen Wiederholungen identischer Sachverhalte entstehen, die sich umso nachhaltiger im Gehirn verankern.

4.3.6 Sozialformen vorgeben?

Die Wahl der Sozialform obliegt allein den Lernenden. Schließlich sind sie es, die am besten wissen, ob sie allein, zu zweit oder in einer größeren Gruppe lernen wollen. Allerdings machen wir manchmal Ausnahmen von dieser Regel. Das kann etwa dann der Fall sein, wenn eine Methode nichts anderes zulässt, beispielsweise bei dem aus Kinderzeiten bekannten Erinnerungsspiel »Wo ist die zweite Karte dazu?« Sicher, das kann auch alleine gespielt werden. Da wir aber an die Erfahrungen der Teilnehmenden anknüpfen wollen und davon ausgehen, dass sie früher auch Gesellschaft bei diesem Spiel mit einem urheberrechtlich geschützten Namen hatten, bitten wir sie, sich einen Partner oder eine Partnerin zu suchen. Wollte dennoch jemand unbedingt allein spielen, so würden wir diesem Wunsch aber nicht widersprechen.

Komplizierter wird es da, wo die gewählte Methode auch Einzelarbeit zulässt, wir aber die Zusammenarbeit mit anderen für unbedingt sinnvoll halten. Dann gilt es im Zweifel, den Teilnehmenden nachvollziehbar darzulegen, was diese Zusammenarbeit erforderlich macht. Das dürfte umso besser gelingen, je intensiver das Lehrziel entwickelt wurde. Denn die Lehrzielbestimmung erfordert sowohl eine allgemeine methodische Begründung als auch Erwägungen zur Sozialform. Mit dieser Vorbereitung sollte es leichtfallen, Entscheidungen gegenüber dem Teilnehmenden begründen zu können.

Nehmen wir zum Beispiel eine Station, deren Aufgabe eine konkrete Fallbearbeitung in Form eines Rollenspiels vorsieht. Diese zeichnen sich vor allem dadurch aus, dass realistische Situationen konstruiert oder auch reale Situationen simuliert werden. Weil sich das Gros menschlichen Handelns im Rahmen sozialer Interaktion vollzieht, entspricht eine solche Fallbearbeitung dem Anspruch, einen Zusammenhang zwischen Lerngegenstand und Lebenswirklichkeit der Teilnehmenden herzustellen. Hingegen wäre es unpassend, solche Fälle zur solitären, eher schematischen und theoretischen Bearbeitung anzubieten, weil das sinnliche und emotionale Erleben entscheidende Erfolgsindikatoren sind. Das bestätigen übrigens auch unsere eigenen Erfahrungen mit solchen Fallbeispielen. Die meisten Teilnehmenden steigen nach kurzem Zögern voll ein. Sie lassen einfach mal los, was daran zu erkennen ist, wie schwer es ihnen fällt, nach einem solchen Rollenspiel wieder in die Teilnehmenden-Rolle zurückzufinden. Das Loslassen setzen wir übrigens gleich mit großer Offenheit, die wiederum eine wichtige Voraussetzung für erfolgreiches Lernen ist. Das sind oft ausreichend gute Gründe, auch den letzten von einer Zusammenarbeit mit anderen zu überzeugen.

Die Wahl der Sozialform bleibt grundsätzlich den Lernenden überlassen. Ausnahmen müssen gut begründet werden. Für den Fall, dass Lernende partout die Empfehlungen der Trainerin zur Sozialform ablehnen, muss diese den Moment erkennen, ab dem sie nicht weiter insistieren sollte. Immerhin könnte sie dafür verantwortlich werden, dass die Problematik sich zu einem richtigen Konflikt ausweitet, was eine Störung, aber keinerlei Lernmotivation erzeugt. So geriete der Konflikt schlimmstenfalls zur Kraftprobe, was besonders kontraproduktiv wäre, weil eine der wichtigsten Regeln beim Stationenlernen die ist, dass am Ende die Teilnehmenden über ihr Lernen entscheiden. Die Fähigkeit des Trainers, den richtigen Moment für das Ende einer solchen Diskussion zu erkennen – letztlich zugunsten der Lernenden –, ist deshalb eine grundlegende Kompetenz beim Stationenlernen.

4.3.7 Selbstständige und angeleitete Angebote

Grundsätzlich sollen alle Stationen-Aufgaben selbsterklärend und ohne weitere Unterstützung seitens der Trainerin zu bearbeiten sein. Nur so ist ein Maximum an Selbstständigkeit und Selbstbestimmung zu gewährleisten. Dennoch sind Stationen denkbar, deren Methodik eine Begleitung oder Anleitung seitens des Trainers erfordern. Ein Beispiel dafür findet sich in Quizspielen, an denen sich die Teilnehmenden ratend beteiligen sollen, nicht moderierend. Die Aufgabe der Moderation käme hier der Trainerin zu. Freilich müssten dann Zeiten verabredet werden, wann diese Station mitsamt der Trainerin geöffnet ist.

Ausnahmen bestätigen Regeln.

4.3.8 Humor

Humor ist in jedem Fall eine Grundkompetenz der praktizierten Erwachsenenbildung. Wer so dicht am Menschen und mit Menschen arbeitet, muss sowohl viel Spaß verstehen als auch Spaß machen können. Humor hat eine maßgebliche soziale Funktion in der zwischenmenschlichen Kommunikation, im Alltag wie auch in Bildungssituationen. Sowohl auf der passiven, empfangenden, wie auch auf der aktiven, sendenden, Seite fungiert Humor als Schmiermittel, Blockadenlöser, Türöffner oder Lernbeschleuniger.

Bei aller propagierten und praktizierten Selbstständigkeit für ihren Lernprozess schreiben Teilnehmende dem Trainer weiterhin eine herausragende Position zu. Trainerinnen sollten sich bewusst machen, dass sie stets unter Beobachtung stehen und aus Sicht vieler Teilnehmender sogar eine Vorbildfunktion innehaben. Wir sind uns einig, dass Teilnehmende den Trainer niemals völlig aus der »autoritären Führungsrolle« entlassen werden, weil dies ihnen die Option sichert, an den Stellen Halt zu bekommen, wo sie sonst vielleicht ins Stolpern geraten. Schließlich bedeutet Erwachsensein nicht, dass Menschen »fertige« Persönlichkeiten sind, die sich von nun an selbst genug sind. Da der Mensch das Menschsein im sozialen Kontext lernt, orientiert er sich stets an anderen Menschen, und zwar vorrangig an denen, die dafür sorgen, dass er sich wohl, also gewollt, geborgen, respektiert fühlt. Diese Tatsache verlangt von der Trainerin, den damit einhergehenden positiven Gefühlen – dem »Schmeichelfaktor« – nicht zu erliegen. Andererseits bietet die aufgezwungene Vorbildfunktion dem Trainer die Chance, den Teilnehmenden vorzuleben, dass es hilfreich ist, sich selbst nicht über Gebühr ernst zu nehmen, über sich selbst lachen zu können. Für das Rollenverständnis der Trainerin beim Stationenlernen dürfte das mit die wichtigste Funktion des Humors sein. Aber Humor, Witz und Lachen haben noch einige andere sehr wichtige Funktionen in Lernsituationen mit Erwachsenen.

Die Kolleginnen Sandra Masemann und Barbara Messer sprechen von »Clownkompetenz« (Masemann/Messer 2009, 2011) und meinen damit eben die Fähigkeit von Trainerinnen und Trainern, Humor bewusst und bisweilen auch gezielt in Seminaren oder Trainings einzusetzen. Es ist ein vielfach untersuchtes Phänomen, dass Menschen unterbewusst positiv auf Berührung reagieren. Berührung stimmt Menschen fröhlich und aufgeschlossen. In einer Studie wurden Probanden, die als Kellnerinnen und Kellner jobbten, gebeten, ihre Gäste kurz an der Schulter bzw. der Hand zu berühren, während sie sie fragten, ob alles zu ihrer Zufriedenheit sei. Jene Kellnerinnen und Kellner, die ihre Gäste mit Berührung ansprachen, bekamen signifikant mehr Trinkgeld als die der Kontrollgruppe ohne Berührung. Menschlicher Kontakt macht Menschen zufriedener und glücklicher (Crusco/Wetzel 1984). Im übertragenen Sinne ist Lachen eine Berührung und somit nicht nur generell gesund, sondern auch ein Menschen verbindendes Element. Viele Trai-

Lachen ist nicht nur gesund, sondern befördert auch das Lernen.

nerinnen und Trainer wissen um die Kraft der Berührung und bieten in gruppenbildenden Seminarsequenzen Warming-Ups an, die gemeinsames Lachen und gegenseitige Berührungen (meist an den Händen) forcieren. Doch wir erleben auch, dass Menschen gegen solche »Berührungsspielchen« sind. Teilnehmende, die sich bewusst gegen das Mitmachen entscheiden, sind so nicht zu erreichen.

Auch im Erzählen von Anekdoten kann der Trainer seinen Humor beweisen. Die Darbietung kurzer humoriger Geschichten mit Bezug zum Seminarthema kann Teilnehmenden im Sinne des Lernens mit allen Sinnen eine emotionale Brücke ins Bewusstsein bauen. Auch wenn weiterhin gilt, dass das Erzählen lustiger Geschichten kein Selbstzweck sein darf, sind wir dennoch versucht zu sagen, dass ein humoriger Selbstdarsteller immer noch besser ist als ein langweiliger. Die Vorstellung, dass Trainer die ihnen zugeschriebene herausgehobene Stellung nutzen, um »Schwänke« aus ihrem oder dem Leben anderer zu erzählen, widerspricht nur auf den ersten Blick unserem Anspruch an sie, die Bühne den Teilnehmenden zu überlassen. Die Kunst besteht darin, die »Darbietung« so zu choreografieren, dass die Aussage im Mittelpunkt steht, nicht die Person, die sie darbietet. Wir sparen uns den Versuch einer Anleitung, weil die Erscheinungsformen von Humor mannigfaltig und sehr von der Persönlichkeit des jeweiligen Trainers abhängen. Es mag für manchen eine Herausforderung sein, aber wir wiederholen gerne noch einmal unsere These: Je unabhängiger der Trainer vom Urteil seiner Teilnehmerin ist, desto professioneller kann er im Seminar agieren.

Die Organisation im Vorfeld

↗ 05

Woraus setzt sich eine Station zusammen? Wie sieht eine Station aus? Welche Elemente wiederholen sich bei verschiedenen Stationen? In welchen Details unterscheiden sie sich von anderen Stationen?

Wir wollen keine festen Regeln für den Aufbau einzelner Stationen oder des ganzen Lernens aufstellen. Letztlich ist wichtig, dass sowohl die einzelnen Stationen(aufgaben) als auch ihre Anordnung den Teilnehmenden ermöglichen, ihren individuellen Weg zu finden. Im Laufe der Seminare, die wir durchgehend mit Stationenlernen durchgeführt oder in denen wir Stationen-Lernphasen angeboten haben, haben wir *unsere* Struktur für Stationen entwickelt, die wir reinen Herzens empfehlen können. Jede Trainerin und jeder Trainer bleibt aufgefordert, für die eigene Veranstaltung und den jeweiligen Inhalt zu prüfen, inwiefern Anpassungen pädagogisch sinnvoll und notwendig erscheinen.

5.1 Eine allgemeine Struktur

Unsere Stationen haben stets dieselbe Struktur. Sie bestehen aus der Stationen-Anzeige (Unterkapitel 5.2) und dem dazugehörigen Stationen-Material, das alle Materialien einschließt, die zur Bearbeitung der Aufgabe(n) benötigt werden (Unterkapitel 5.3). Damit die Teilnehmenden den Überblick über das Angebot bekommen und bewahren, erhalten sie ein Stationen-Tagebuch, in dem alle Stationen aufgeführt sind (Unterkapitel 5.4). Das ist das Grundgerüst.

Eine (sehr karge) Station kann so aussehen: An der Wand hängt die Stationen-Anzeige. Sie trägt den Namen der Station, stellt dar, ob es sich um Pflicht oder Kür handelt und – ganz wichtig für das gruppeninterne Hilfesystem (Unterkapitel 6.1.2) – wer die Station schon bearbeitet hat. Davor liegt ein Korb mit den jeweiligen Arbeitsblättern in der Anzahl der Teilnehmenden.

Die immer gleiche Struktur der Stationen hat Vorteile. Ein solcher Vorteil ist zum Beispiel, dass die Teilnehmenden leichter zu ihrer Arbeitsweise finden, weil sie beim Stationenwechsel nicht erst die komplette Struktur der jeweiligen Station durchschauen müssen. Dieser Vorteil kommt besonders den Teilnehmenden zugute, die das Stationenlernen nicht aus eigener Schulzeit kennen. Bei ihnen ist eine Verunsicherung zu Beginn der Stationen-Lernphase eher zu erwarten als bei denen, die diese Methode bereits kennen. Für den Trainer und die Trainerin ist die Struktur ebenfalls hilfreich, weil sie damit bereits Festlegungen verabredet haben, die sonst noch auszuhandeln wären. Wie wir noch sehen werden, erleichtern solche Festlegungen auch den Aufbau des Parcours; ferner ist die Vorbereitung des Stationenlernens neben dem Zusammenwachsen der Lerngruppe die große Herausforderung. Hier organisatorischen Aufwand zu sparen – etwa durch ein Standardlayout –, bedeutet, mehr Ressourcen für die Erstellung der Arbeitsaufträge zur Verfügung zu haben.

Gespräch zur allgemeinen Struktur von Stationen

Es macht doch nichts, wenn eine Station auch mal anders aufgebaut ist. Sie kann ruhig aus dem üblichen Rahmen herausfallen. Ist die Station auffällig und inspirierend genug, wird sie zum Beispiel durch ein riesiges Plakat beworben, so werden die Teilnehmenden sie schon annehmen.

Es geht mir ja nicht um die Station selbst oder um ihr Äußeres, sondern darum, wie die Teilnehmenden die nötigen Informationen finden, den Namen, das Hilfesystem, die Sozialform!

Das kannst du doch alles auch schlicht auf eine Wandzeitung oder ein Flipchart-Blatt bei der Station notieren oder sagen, worum es geht. Ich befürchte, dass es für manche Teilnehmende langweilig wird, wenn jede Station gleich ausschaut. Denn es mangelt schon im ersten optischen Eindruck der Station an einer Überraschung, die die Station interessant macht.

Würdest du sie nur mündlich ankündigen oder bewerben, könnte das in der Flut der Eindrücke und anderen Informationen zu den vielen Stationen untergehen. Darin sind wir uns einig: Auch optisch sollen Stationen Interesse oder Neugierde wecken. Deinem Verdacht auf Langeweile wegen zu viel Konformität halte ich nochmals entgegen, dass nur die Beschreibungen konform sein sollten, nicht aber die Stationen selbst.

Wenn viele Stationen gleich aussehen, ist nicht von der Hand zu weisen, dass solche nachgereichten Stationen, eben weil sie vom bekannten Muster abweichen, besondere Aufmerksamkeit wecken.

Dank des in der Regel methodisch vielfältigen Aufgabenangebots ist der Parcours kunterbunt, und die meisten Stationen fallen ins Auge. Das stellt die Teilnehmenden vor die Herausforderung, sich in ihm zu orientieren. Da ist eine feststehende Struktur schon hilfreich, bietet sie doch den Halt, den Teilnehmende benötigen, um sich beim Lernen sicher bewegen zu können. Stelle ich mir aber eine recht homogene Teilnehmerschaft vor – etwa eine Gruppe gut ausgebildeter Ingenieurinnen eines Betriebes, die eine neue Sicherheitsrichtlinie kennen müssen –, dann könnten entsprechend homogene Aufgaben vorliegen – weil es zum Beispiel viele Textaufgaben zur Bearbeitung gibt –, sodass in diesem Fall viel für deine Argumentation spricht.

5.2 Stationen-Anzeigen

Die Stationen-Anzeige benennt das Thema bzw. den Themenaspekt, zu dem an einer oder mehreren Aufgaben gelernt werden kann. Sie ist identisch mit dem Namen der Station im Stationen-Tagebuch. So können die Teilnehmenden, die sich dem Thema über die Übersicht im Stationen-Tagebuch nähern, eine Station ganz gezielt suchen und finden. Andere Teilnehmende lassen sich vom Namen inspirieren oder neugierig machen.

Station: ....

- ☐ Sozialform frei
- ☐ Einzelarbeit
- ☐ Gruppenarbeit mit ___ Personen
- ☐ PartnerInnenarbeit

- ☐ für alle
- ☐ freiwillig/zusätzlich

Schon gemacht von:

Abb. 8: Stationen-Anzeige

Wozu eigentlich Stationen-Anzeigen?

Die Stationen-Anzeige ist aber mehr als nur der Name der Station. Wir unterscheiden zwischen freiwilligen (Kür) und verpflichtenden (Pflicht) Stationen (s. Unterkapitel 5.5.2). Wenn wir auch die Auffassung vertreten, dass die Teilnehmenden möglichst konsequent selbst entscheiden sollen, eine Station zu bearbeiten oder nicht, gibt es Seminarsettings, in denen wir mit

Pflichtstationen arbeiten. Die Teilnehmenden müssen erkennen können, ob sie eine Aufgabe zu bearbeiten haben oder nicht.

Angezeigt wird auch, ob für die Station eine bestimmte Sozialform vorgegeben ist. Für die Planung der Teilnehmenden ist diese Information wichtig: Benötigen sie für die Station Mitstreiter, müssen diese frühzeitig angesprochen werden, damit sie sich verabreden können. Weil alle in ihrem eigenen Rhythmus und an ihren Themen lernen, ist es eher unwahrscheinlich, dass sie zeitgleich mit einer Station fertig werden, um dann gemeinsam eine neue Station zu beginnen. Ist die Sozialform frei, müssen die Teilnehmenden für sich entscheiden, ob sie alleine arbeiten wollen oder sich wie eben beschrieben verabreden.

Darüber hinaus hat jede Stationen-Anzeige ein Feld, in dem sich einträgt, wer die Station schon bearbeitet hat. So erkennen alle Teilnehmenden, wen sie noch ansprechen können, um eine Station gemeinsam zu bearbeiten. Sie erfahren aber auch, wer die Station bereits bearbeitet hat und damit automatisch für das gruppeninterne Hilfesystem zur Verfügung steht. Die Trainerin oder der Trainer kann sich dank der Eintragungen in diesem Feld auf einen Blick eine Übersicht verschaffen, wie der Bearbeitungsstand für diese Station in der Gruppe ist. Dies kann ein wichtiger Indikator zum Beispiel beim spontanen Nachreichen weiterer Stationen oder für die methodischen Vorlieben der Gruppe sein. Es kann bei einer längeren Stationen-Lernphase auch der Anlass sein, mit den Teilnehmenden im Plenum darüber zu sprechen, was die Beliebtheit oder Unbeliebtheit einzelner Stationen ausmacht. Das wiederum ermöglicht ein Gespräch über den Lernstil der Lernenden. Nebenbei gelangen die Trainerinnen und Trainer so auch noch an wichtige Rückmeldungen, wodurch die Stationen von Seminar zu Seminar verbessert werden können.

Alternativen

Wer mag, kann auch das Lehrziel der Station in die Stationen-Anzeige aufnehmen (vgl. Unterkapitel 4.1.1). Die pädagogische Intention wird so offengelegt und die Teilnehmenden wissen noch präziser, was sie dort erwartet. Sie können noch besser auswählen und eine Rückmeldung dazu geben, ob sie aus ihrer Sicht das vorgegebene Ziel erreicht haben. Sie können aber auch genauer und schneller feststellen, ob sie dieses vorgegebene Ziel als ihr eigenes Lernziel annehmen oder mithilfe der Trainerin ihr individuelles Lernziel formulieren möchten. Hieraus könnte folgen, dass eine dem neuen Ziel entsprechende Station angelegt werden muss. Durch die Offenlegung seiner eigenen pädagogischen Intention handelt der Trainer deutlich subjektorientiert. Er schafft Transparenz, auf deren Grundlage die Teilnehmenden sie selbst betreffende Entscheidungen fällen oder Klärungen herbeiführen können. Es gilt jedoch zu verhindern, dass einzelne – sehr angepasste – Teilnehmende ihre eigenen Lernbedürfnisse dem vorgegebenen Ziel unterordnen. Hier wird deutlich, wie wichtig es ist, zu Beginn des Seminars eine demokratische Atmosphäre der Offenheit und des Vertrauens unter Ausschluss jedweder Hierarchie zu schaffen. All dies muss die Trainerin schon bei der Gestaltung der Stationen-Anzeige abwägen.

Auch ist es denkbar, auf die Stationen-Anzeige gänzlich zu verzichten. Es geht, aber eigentlich wissen wir nicht, was dafür sprechen sollte, außer das es Arbeit spart. Alle dargestellten Vorteile der Stationen-Anzeige – Orientierungshilfe, Information der Teilnehmenden – entfallen dann natürlich.

Für den Fall, dass spontan eine Stationen-Lernphase in ein laufendes Seminar eingefügt werden soll, muss auf die Stationen-Anzeige nicht verzichtet werden. Dafür wird lediglich eine Kopiervorlage des Blankoformulars für die Stationen-Anzeige benötigt. Diese kann bei Bedarf kopiert und mit einer gut sichtbaren Schrift, zum Beispiel mit einem Moderationsmarker, ausgefüllt werden.

5.3 Stationen-Material

Das Stationen-Material beinhaltet alle physischen Mittel, mit denen das Lehrziel erreicht werden soll. Das sind die Aufgaben nebst Arbeitsaufträgen, dazugehörige Texte oder andere Quellen, notwendiges technisches Zubehör und Aufbauten. Das alles im erforderlichen Umfang und mit dem dafür benötigten Raum.

5.3.1 Aufgabenstellung

Mit Aufgabenstellung bezeichnen wir den jeweiligen Arbeitsauftrag. Im vorangegangenen Kapitel haben wir dargestellt, welche Ansätze und Überlegungen für die Gestaltung von Stationen-Aufgaben prägend sind. Hier geht es zunächst um die organisatorische Vorbereitung der Stationen und ihrer Aufgaben.

Bei der Vorbereitung der Stationen und ihrer Aufgaben muss bedacht werden,

- dass die Teilnehmenden die Aufgabenstellung allein und möglichst ohne Rückfrage erarbeiten können;
- dass einzelne Aufgaben möglichst so gestaltet sind, dass sie von mehreren Teilnehmenden gleichzeitig bearbeitet werden können – auch wenn diese nicht zusammenarbeiten;
- dass die Aufgabe sich nicht »verbraucht«. Das bedeutet, dass eine Station sich nach Ende der Bearbeitung wieder in demselben Zustand befinden muss wie zu Beginn, damit die folgenden Teilnehmenden sie genauso bearbeiten können wie der erste Teilnehmende. Es gibt auch Stationen-Aufgaben, die durch die aufeinanderfolgende Bearbeitung (etwa eine Sammlung synonymer Begriffe) zu einem sukzessiv anwachsenden Gruppenergebnis führen. Hier verbraucht die Station sich nicht;
- dass mindestens so viele Aufgabenblätter wie Teilnehmende vorhanden sind, besser aber plant man noch einen »Sicherheitspuffer« ein.

Als Deckblatt oder erste Seite der Aufgabenstellung verwenden wir stets denselben Vordruck mit diesem Kopf:

Abb. 9: Stationen-Aufgabe

■ **Station:** ....

☐ Sozialform frei   ☐ für alle
☐ Einzelarbeit   ☐ freiwillig/zusätzlich
☐ Gruppenarbeit mit ___ Personen
☐ PartnerInnenarbeit

Ähnlich wie bei der Stationen-Anzeige erspart die wiederkehrende Optik der Aufgabenstellung den Teilnehmenden, sich ständig neu orientieren zu müssen. Das gilt insbesondere in der Anfangsphase, wenn sie sich ohnehin erst einmal einen Überblick über die vielen verschiedenen Lernangebote verschaffen müssen. Der Vordruck wiederholt noch einmal die Angaben, die auf der Stationen-Anzeige zu finden sind: Name der Station, Pflicht/Kür sowie die Angaben zur Sozialform.

Die Stationen-Aufgabe ist häufig nicht mit dem Abarbeiten des Kernauftrags erfüllt. Soweit es sich um eine Aufgabe handelt, bei der das Ergebnis richtig oder falsch sein kann, gehört zur Aufgabe dazu, das eigene Ergebnis zu überprüfen und daraus weiter zu lernen. Wir arbeiten hier gerne mit dieser Formulierung für den Auftrag:

s. »Haltbarkeit von Aufgaben« (4.1.8) und die Tipps unter »Bearbeitungsergebnis« (4.1.9)

- Notieren Sie Ihre Antwort auf einem Extrablatt.
- Holen Sie sich beim Trainerteam die Lösungshinweise ab, wenn Sie fertig sind.
- Vergleichen Sie Ihre Lösungen mit denen auf den Lösungshinweisen.
- Bleiben Fragen offen? Klären Sie diese mit Teilnehmenden, die die Aufgabe schon gelöst haben, oder mit dem Trainerteam.

Andere Aufgaben erfordern keine Lösungshinweise, weil es dort um das Bearbeiten, weniger um das Ergebnis der Bearbeitung geht. Dementsprechend fehlt im Aufgabenblatt ein Verweis auf etwaige Lösungshinweise.

Obgleich wir in jeder Einführungsphase deutlich begründen, warum die Aufgabenstellungen nicht »gehamstert« werden sollen, halten sich viele Teilnehmende nicht daran. Mit der Folge, dass dies zulasten der Seminar- und Gruppendynamik geht. Wenn etwa Teilnehmende alle Textaufgaben

Nicht hamstern!

zusammenraffen, um damit für den Rest des Tages in ihrem Zimmer zu verschwinden, nehmen sie sich und ihren Mitlernenden die Möglichkeit des Austauschs in jedweder Hinsicht.

Nicht selten umfasst die Aufgabenstellung mehr als eine Seite. Wundern Sie sich nicht, wenn wir an dieser Stelle ausdrücklich empfehlen, mehrseitige Aufgabenstellungen zu heften. Sie würden staunen, mit wie viel Inspiration und Kreativität manche Teilnehmende einzelne Seiten nehmen, die isoliert von den restlichen überhaupt keinen Sinn ergeben, und versuchen, die Aufgabe irgendwie zu bewältigen. Auch weil es beim Stationenlernen darum geht, die Teilnehmenden ihre Aufgaben selbst wählen zu lassen, und für Trainer Wichtigeres anliegt, als die Zeit damit zu verbringen, die Ordnung in den Aufgabenkästen aufrechtzuerhalten, empfiehlt sich das Zusammenheften.

5.3.2 Arbeitsmaterial

Unter Arbeitsmaterial verstehen wir alles Material, das die Teilnehmenden benötigen, um die Aufgabenstellung zu bewältigen. Worum es sich hierbei handelt, ist sehr unterschiedlich, so unterschiedlich, wie Ihre Stationen hoffentlich vielfältig sein werden. In einem Fall fügen Sie vielleicht ein Fachbuch zum Nachschlagen bei, besser noch gleich mehrere Exemplare davon. Bei einer anderen Station stellen Sie ein Wandzeitungsplakat auf, dazu einen Kartensatz, den es auf der Wandzeitung zu sortieren gilt. Bei der dritten Station benötigen Sie vielleicht mehrere Igelbälle, bei der vierten einen PC mit Lautsprecherboxen, weil dort ein Video geschaut werden soll.

Kurz und gut: Die Verantwortlichen müssen bei der Vorbereitung auf ein solches Seminar zu einem Zeitpunkt x entschieden haben, aus wie vielen Stationen mit wie vielen Aufgaben das Angebot bestehen wird. Die das Stationenlernen prägende Methodenvielfalt und der fertige Aufbau zu Beginn des Stationenlernens erfordern den vollständigen präzisen Überblick über benötigte Materialien. Wir selbst schreiben Material-Listen bereits bei der Vorbereitung, bei der Auswahl und Erstellung der Aufgaben und haben damit gute Erfahrungen gemacht.

5.3.3 Lösungshinweise

Ob es Lösungshinweise gibt oder nicht, hängt sehr vom Inhalt und von der Aufgabenstellung der Station ab. Gibt es bei der Aufgabe tatsächlich ein Richtig oder Falsch, ist es sinnvoll, die korrekte Lösung darzustellen. Die korrekte Lösung muss so dargestellt werden, dass die Teilnehmenden grundsätzlich in der Lage sind, sie mit ihren Antworten zu vergleichen und Abweichungen zu erkennen. Außerdem muss eine kurze, verständliche Begründung enthalten sein, damit die Teilnehmenden die Lösung nachvollziehen und verstehen können, warum die Schreiberin der Lösungshinweise zu einem anderen Ergebnis kommt als sie. Viele Fragen erledigen sich mit diesem Nachvollziehen der Lösungshinweise. Die Teilnehmenden murmeln ein »Na Logo« vor sich und korrigieren ihre eigene Lösung. Für noch offen gebliebene Verständnisfragen nutzen sie das Hilfesystem.

Sollte sich mal ein Fehler in einen Lösungshinweis eingeschlichen haben, ist das kein Grund zur Panik. Einmal gefunden, meist durch eine aufmerksame Teilnehmerin, kann darauf geachtet werden, ob alle ihn gefunden haben. Ist das nicht der Fall, sollte er in einem Plenum aus der Welt geschafft werden.

5.4 Stationen-Tagebuch

Das Stationen-Tagebuch ist eine auf das Stationenlernen abgestimmte Variante des Lerntagebuchs. Wie jedes Lerntagebuch dient es dazu, das eigene Lernverhalten wahrzunehmen und zu reflektieren. Die Teilnehmenden sollen festhalten, ob und, wenn ja, was sie Neues gelernt haben. Dies ergibt sich regelmäßig bereits daraus, dass sie ankreuzen, eine bestimmte Station bearbeitet zu haben. Damit ist allerdings erst einmal nur notiert, dass sie sich mit diesem Lerninhalt befasst haben. Der Grad der Durchdringung und der Reflektion lässt sich damit nicht erfassen. Wir reichern das Tagebuch daher mit Fragen an, welche die Teilnehmenden dazu anregen sollen, über den bearbeiteten Inhalt nochmals genauer nachzudenken und zu überlegen, was konkret davon sie behalten möchten. Zuweilen ist ein Lerngegenstand für die Teilnehmenden in ihrer aktuellen Lebenssituationen gar nicht weiter relevant. Wir bieten im Tagebuch daher auch an, diese Inhalte bewusst vergessen zu wollen.

Bewusstes Vergessen

Menschen lernen nicht nur das, was sie gerade bearbeiten. Sie vernetzen das eben Gelernte mit bereits Vorhandenem und assoziieren. So entsteht mitunter das Bedürfnis, aufgekommene Gedanken und Ideen nach dem Seminar erinnern zu wollen, um über die eine oder andere Angelegenheit noch einmal nachdenken zu können. Mit dem Stationen-Tagebuch machen wir ein Angebot, mit dem auch diese für die Teilnehmer bereits sehr transferorientierten Gedanken festgehalten werden können. Unser Ziel dabei ist, dass möglichst viele Anker aus dem Seminar in den Alltag übernommen werden.

Stationentagebuch

Auswertungsbogen von _____					
Station	Pflicht oder Kür	schon bearbeitet	Das will ich von der Station		Ideen, die mir anlässlich dieser Station eingefallen sind
			vergessen, weil	behalten, noch mal überdenken, umsetzen, anwenden	
ab cd ... xy					

Das Stationen-Tagebuch hat die zusätzliche Funktion, den Teilnehmenden einen Überblick über den Stationenparcours zu verschaffen. Auch der besonders gut vorbereitete Rundgang durch die Stationen nebst Erläuterungen kann nur einen groben Überblick verschaffen; es ist eher ein physischer Überblick, ein Wahrnehmen der Stationen im Raum, des Lernarrangements. Einen vertieften Überblick verschaffen die Teilnehmer sich nach den Stationen bzw. im Laufe des Stationenlernens. Sie gehen umher, stöbern und lesen mehr als die Überschriften der Stationen-Anzeigen. Hierbei dient ihnen das Stationen-Tagebuch als Überblick. Mancher Teilnehmerin fällt die Orientierung auf diese Weise leichter als im räumlichen Lernarrangement, das sich möglicherweise auch noch über größere Flächen erstreckt.

Auch für kürzere Seminarphasen mit Stationenlernen empfehlen wir das Stationen-Tagebuch. Gerade hier ist es sehr wichtig, dass die Teilnehmenden sich schnell orientieren und sich einen Überblick über die Stationen verschaffen können. Da wir im Laufe längerer Stationen-Lernphasen gerne auf Anforderung der Teilnehmenden zusätzliche Stationen entwickeln, empfehlen wir im Stationen-Tagebuch einige Zeilen frei zu lassen, um zusätzliche Stationen von Hand eintragen zu können.

Abb. 10: Stationen-Tagebuch

Bei der Reihenfolge der Stationen im Stationen-Tagebuch gelten dieselben Grundsätze wie beim Anordnen der Stationen im Raum. Diese Grundsätze werden im folgenden Unterkapitel dargestellt. Soweit die Trainerin zwischen Pflicht- und Küraufgaben unterscheidet, sollte im Stationen-Tagebuch bei den einzelnen Stationen jeweils vermerkt sein, ob es sich um Pflicht oder Kür handelt. Pflicht oder Kür ist für den Überblick ein wichtiges Kriterium.

5.5 Stationen strukturieren

Nachdem alle Stationen inhaltlich konzipiert sind und dabei versucht wurde, die ganze Breite eventueller Vorkenntnisse zu berücksichtigen, stellt sich nun die Frage, wie die Teilnehmenden erfahren oder woran sie erkennen, dass es Aufgaben für den Einstieg, zur Vertiefung und auch solche mit deutlich gehobenem Niveau gibt. Schließlich soll verhindert werden, dass sie sich durch die falsche Aufgabenwahl überfordern oder unterfordern. Beides hat negative Auswirkungen auf die Lernmotivation, sowohl in Bezug auf die konkrete Situation als auch auf alle zukünftigen Lernsituationen. Und wie können die Stationen und ihre Aufgaben so angeordnet werden, dass die Teilnehmenden sich ihren Anforderungen gemäß gut orientieren können, ohne aber zu denken, diese Anordnung sei die vorgegebene Bearbeitungsreihenfolge? Wir jedenfalls vermeiden solche Vorgaben der Bearbeitungsreihenfolge, weil wir fest darauf vertrauen, dass erwachsene Menschen grundsätzlich in der Lage sind, ihren Lernprozess gemäß ihrer Realität und Interessen selbst zu strukturieren. Dies entspricht ihrer Alltags-Kompetenz, ihr eigenes, unbewusstes Lernen außerhalb formalisierter Bildungsprozesse zu gestalten. Hier startet jemand lieber mit schwierigen Aufgaben, statt sich zunächst mit leichten Aufgaben »aufzuwärmen«. Dort bearbeitet jemand lieber zuerst die praktische Aufgabe, anstatt mit der Theorie zu beginnen. Wieder andere bearbeiten zuerst einen beispielhaften Fall, obwohl zu erwarten wäre, dass jemand sich zuerst einen strukturellen Überblick über die Problemlage des Falles verschafft, um erst dann etwaige Lösungsmöglichkeiten zu erarbeiten.

Verwirren oder verunsichern soll der Parcours keinesfalls. Die Teilnehmenden müssen sich schnell und gut orientieren können. Wenn aber alle so unterschiedlich sind und entsprechend unterschiedlich an ein Thema herangehen, was könnten dann die Kriterien für eine sinnvolle Anordnung sein?

5.5.1 Anordnung passend zu den Inhalten

Eine mögliche Anordnung ergibt sich daraus, inhaltlich zusammenhängende Stationen auch nah beieinander aufzubauen. So gehören Stationen wie »Einstieg in X«, »Strukturen des Y«, »Überblick über Z« zu den inhaltlich korrespondierenden Stationen »Übung zu X«, »Vertiefung zu Y«, »Weiterführende Aspekte von Z«.

Viele Themen bieten aus sich heraus eine nutzbare Struktur, sozusagen einen »logischen« Ablauf. Aus dem Inhalt ergibt sich gleichsam wie von selbst der rote Faden des Seminars. Wenn beispielsweise die Theorie zur Entstehung eines Dokumentarfilms behandelt wird, beginnt alles mit einer Idee, woraus ein Drehbuch entsteht, das wiederum in Szenen eingeteilt wird. Die Stationen werden hier in der Reihenfolge aufgebaut, in der die zu bearbeitenden Themen dem »logischen« Ablauf entsprechen. Dieses Prinzip funktioniert immer dann, wenn das Gesamtthema in einzelne Schritte gegliedert werden kann (s. Unterkapitel 4.2).

Andere Seminarthemen bieten keinen solchen Ablauf. Hier sind die einzelnen Themenaspekte zwar miteinander verbunden, jedoch ohne dass sich daraus zwangsläufig eine Reihenfolge ergibt. Hier kann die gegebene Struktur beim Anordnen der Stationen hilfreich sein. So könnte sich etwa bei einem Seminar über das Gehirn die Anordnung der Hirnareale in der Anordnung der Stationen widerspiegeln (Abb. 11). Für ein Seminar über die Aufgaben der städtischen Verwaltung könnten die Stationen so angeordnet werden, wie die Büros mit den verschiedenen Aufgaben im Verwaltungsgebäude gelegen sind (Abb. 12).

5.5.2 Orientierungen / Strukturierungshilfen

Damit der Überblick über die Stationen und die angebotenen Themen gelingt, ist es ratsam, die Stationen nach Themengruppen anzuordnen. Zu den einzelnen Themengruppen mag es Aufgaben geben, von denen der Trainer meint, dass sie zum Einstieg und als Grundlage zwingend bearbeitet werden müssen, bevor an eine weiterführende Aufgabe herangegangen wird. Oder ein Parcours beinhaltet eine Vielzahl von Übungen zu einem Thema und der Trainer meint, zumindest eine davon müsse von allen Teilnehmenden bearbeitet worden sein.

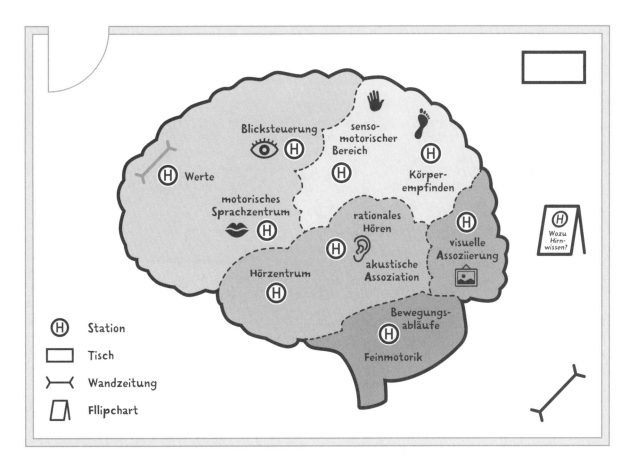

Abb. 11: Stationen nach Hirnrealen angeordnet

Nicht dass wir uns missverstehen: Hier geht es nicht darum, ob Teilnehmer faul sind oder keine Lust haben. Es geht darum, ob es zum Erreichen des Seminarziels erforderlich ist, bestimmte Seminarinhalte auf jeden Fall bearbeiten zu lassen. In traditionellen Seminarformen erreichen die Trainer dies dadurch, dass sie die Aufgaben an Arbeitsgruppen delegieren oder Themen im Plenum behandeln. Aufgrund der Präsentation der Arbeitsgruppenergebnisse oder der Diskussion im Plenum haben die Trainer dann eine Einschätzung dazu, ob die Teilnehmenden das Thema erfasst haben. Bei reflektierter Betrachtungsweise müssen wir uns aber eingestehen, dass wir nicht wissen, ob die Teilnehmenden wirklich etwas gelernt haben. Manchmal interessiert sie das Thema nicht. Es passt einfach nicht zu ihrer Lebenswirklichkeit. Die Teilnehmenden arbeiten vielleicht sogar interessiert mit.

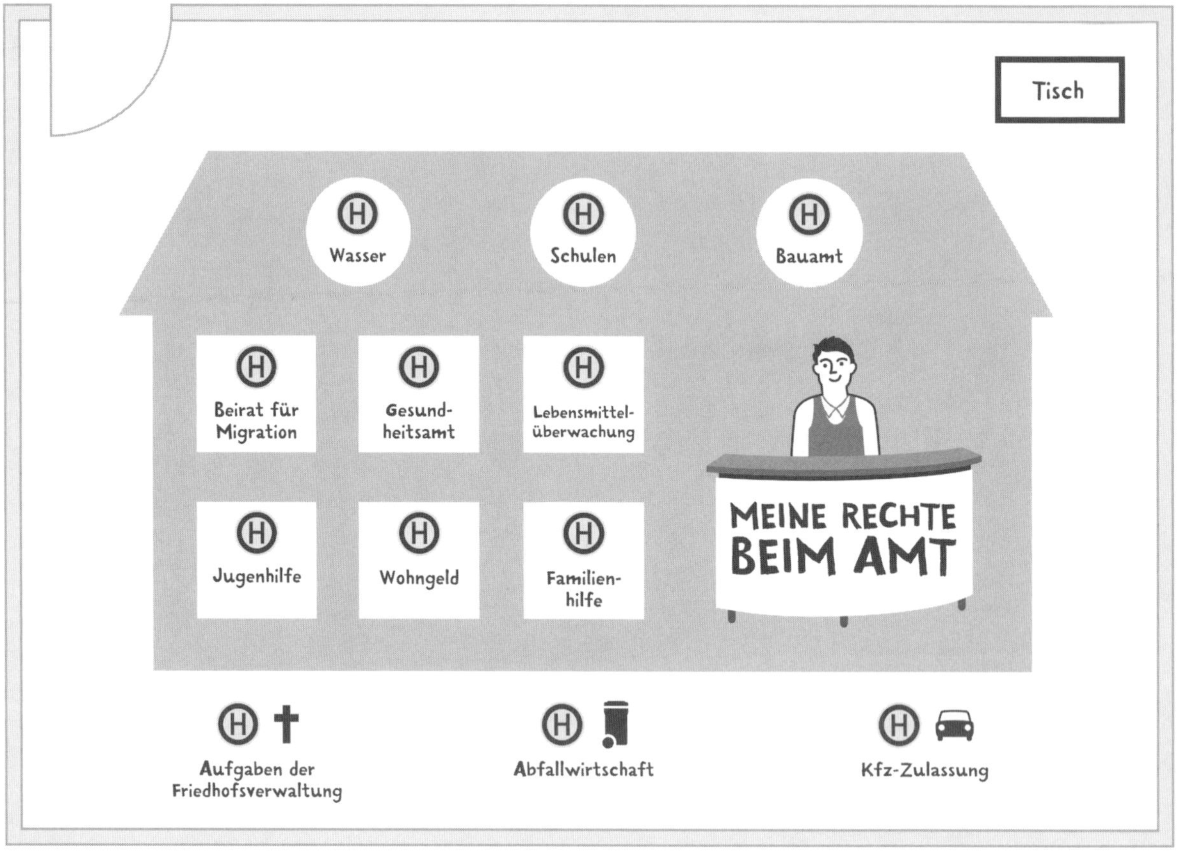

Abb. 12: Aufgaben der städtischen Verwaltung als Stationen angeordnet

Was von den Lerninhalten jedoch hängen bleibt, ist fraglich – ohne Bedeutung, keine Emotionen; ohne Emotionen, kein Lernen. Manchmal liegt es an der Arbeitsgruppe, in der ein Teilnehmer nicht gut lernen kann, manchmal sind es ablenkende Nachrichten von zu Hause. Kurzum: Wir wissen auch bei Teilnehmenden, denen wir beim Lernen zuschauen, nicht, ob bzw. was sie wirklich lernen.

Die Ungewissheit über den Lernerfolg führt nicht dazu, dass alles beliebig wird, dass es egal ist, was die Teilnehmenden lernen. Es gibt Gründe, die dafür sprechen, bestimmte Stationen verpflichtend anzubieten, andere jedoch als freiwilliges und zusätzliches Angebot. Das kann zum Beispiel ein Themenplan sein, der von einer Behörde genehmigt wurde, oder eine Themenliste, die mit der Veranstalterin verbindlich abgesprochen wurde.

Grundsätzlich gibt es zwei Möglichkeiten, die Bearbeitung von Themen beim Stationenlernen sicherzustellen: Die Stationen lassen sich zum einen in Pflicht- und Kürstationen aufteilen; wie sich aus dem Namen ergibt, sind Pflichtstationen von allen zu bearbeiten, die Kür kann noch dazu kommen. Zum anderen können die Stationen in Einstiegs-, Übungs- und Expertise-Stationen sortiert werden; eine von dreien zu jedem Thema könnte verpflichtend sein, die übrigen freiwillig und zusätzlich.

Pflicht und Kür

Wenn die Stationen in Pflicht- und Küraufgaben unterteilt werden, stellt sich die Frage, welche der vorbereiteten Stationen von allen Teilnehmenden verpflichtend bearbeitet werden sollen? Welche eignen sich dafür? Welche Kriterien sind dafür anzulegen? Grundsätzlich scheint klar: Die basale Aufgabe wird zur Pflichtstation. In ihr werden zum Beispiel Strukturen und grundsätzliche Funktionsweisen erarbeitet sowie grundlegende Informationen geboten und verarbeitet. Zudem bietet die Pflichtstation die erste Gelegenheit, sich dem Themenaspekt zu nähern. Für Menschen mit Vorkenntnissen ist die basale Station eher einfach. Idealerweise erfahren sie hier aber neue Details. Oder Bekanntes wird zu einer klaren Struktur ihrer Vorkenntnisse zusammengefügt.

Im Einzelfall ist es dann aber doch schwierig zu entscheiden, welche Station eine Pflichtstation sein sollte. Nicht alle Teilnehmenden lernen ausgehend von Strukturen am besten. Nicht alle lernen an leichten Aufgaben besonders gut. Manche können sich besser etwas aneignen, wenn die Aufgabe schwierig ist, wenn sie sich richtig »durchbeißen« müssen. Wieder andere versuchen sich ohne Strukturwissen sogleich an einer Fallübung und verschaffen sich zur Lösung dieser Aufgabe alle erforderlichen Informationen. Diese Teilnehmenden werden über die Festlegung einer basalen Pflichtstation nicht optimal angesprochen. Bestenfalls ziehen sie diese Station lieblos durch und freuen sich auf die nächste Station zum Thema. Wenn es nicht gut läuft, verlieren sie die Lust am Thema, es langweilt sie. (Wer beim Lesen jetzt denkt: »Dann arbeite ich lieber weiter wie bisher!« mache sich bewusst: Diesen Effekt gibt es immer im Seminar, wenn ein Angebot verpflichtend für alle ist, also auch bei Gruppenaufträgen oder Plenumsphasen. Beim Stationenlernen wird er vergleichsweise klein gehalten.)

Durch die Aufteilung in Pflicht und Kür arbeiten die Teilnehmenden oftmals zunächst alle Pflichtaufgaben ab, damit sie ihre Pflicht auf jeden Fall erfüllt haben. Das setzt sie zuweilen unter Lern- und Zeitdruck, ist also ein anderes, weniger freies Lernen als ohne Pflichtaufgaben.

Gespräch zur Unterscheidung zwischen Pflicht und Küraufgaben

Ist es eigentlich sinnvoll, die Stationen in Pflicht und Kür zu unterscheiden?
Aber natürlich. Schließlich gibt es doch Lernstoff, der auf jeden Fall bearbeitet worden sein sollte.

Die Leute lernen doch sowieso nur das, worauf sie Lust haben.
Ja, das stimmt, aber du kannst über tolle Pflichtstationen versuchen, sie für das Thema zu begeistern.

Doch damit engst du die Auswahl für die Teilnehmenden ein. Sie werden nach Vorgaben lernen, nicht mehr nach Motivation.
Das entspricht nicht meiner Erfahrung. Sie gehen mit Pflicht- und Kürstationen ganz unterschiedlich um. Die einen arbeiten erst alle Pflichtstationen ab und genießen danach die Kür. Andere arbeiten im Wechsel: Pflicht – Kür als Belohnung – Pflicht – Kür als Belohnung usw.

Für mich besteht der Reiz des Stationenlernens unter anderem darin, dass innerhalb des vorgegebenen Rahmens das Prinzip der Freiwilligkeit herrscht.

Ampelsystem

Orientierung über die allgemeine Bearbeitungstiefe der Aufgaben kann ein Ampelsystem geben. Es kann differenziert werden nach Einstieg, Übung, Vertiefung und einer Station für Expertinnen. Wie der Begriff Ampelsystem schon verdeutlicht, werden die Stationen mit Farben belegt:

- Grün für die Einstiegsstationen
- Gelb für die Übungsstationen und die Vertiefungsstationen
- Rot für Expertise-Stationen

Die Aufteilung bringt Struktur. Wir verwenden sie für den Fall, dass sehr viele Stationen mit unterschiedlich großen Herausforderungen für eine längere Phase zur Verfügung stehen. Die Teilnehmer werden jedoch im Regelfall nicht die Aufgaben studieren und danach abwägen, welcher Aufgabe sie sich zuwenden, sondern sich für ein Thema entscheiden und es von grün, zumeist noch bis gelb, selten bis rot abarbeiten. Es ist ein anderes Lernen als ohne die Ampel.

Ein Gespräch zum Markieren verschiedener Schwierigkeitsgrade

Sollte man wirklich Stationen mit einem Ampelsystem (grün für Beginner, gelb für Könner, rot für Experten) versehen?
Ich halte ein Ampelsystem gerade bei längeren Stationenphasen mit sehr vielen Stationen für geeignet, den Teilnehmenden eine Orientierung zu geben.

Damit manipulierst du die Teilnehmenden hin zu einer Bearbeitungsreihenfolge, die dir sinnvoll erscheint. Ob du mit dieser Orientierung die Lernzugänge der Teilnehmenden triffst, ist aber fraglich.
Es ist ja nur eine Empfehlung. Wer sich dennoch als Anfängerin auf die schwierigste Aufgabe stürzen will, soll das tun. Oft gelingt die Bewältigung ja auch – weil man die Nuss unbedingt knacken will.

Ampelfarben finde ich besonders ungeeignet. Denn die Bedeutung ist belegt: Rot heißt stehen, Grün heißt fahren oder gehen dürfen. Da sind schon deutliche Muster im Gehirn angelegt, die über so gekennzeichnete Stationen aktiviert werden.
Wie sonst willst du es denn schaffen, die Teilnehmenden, die das Thema noch nicht kennen, davor zu bewahren, sich eine besonders schwierige Aufgabe auszuwählen, die sie nicht bewältigen können und bei der sie hinterher Frust schieben?

Du solltest diese Stationen nicht von Beginn an aufbauen. Du schaffst ja eine Zwei-Klassen-Hierarchie zwischen denen mit Vorkenntnissen und denen ohne Vorkenntnisse.
Aber dafür ist die Methode doch gerade da: Menschen mit sehr unterschiedlichen Voraussetzungen lernen gemeinsam mit unterschiedlichem Zugewinn an Handlungsfähigkeit. Dies zu erkennen und zu schätzen ist wichtig für die Teilnehmenden – und neu.

Denkbar ist auch, erst einmal zu schauen, wie die Gruppe mit den vorhandenen, zahlenmäßig leicht reduzierten Stationen umgeht. Wenn sie schnell und gut orientiert ist, kann nach einiger Zeit im Plenum der Aufbau weiterer Stationen (zum Spezialthema xy oder von besonderer Herausforderung) angekündigt werden.

5.6 Lehrgespräch und Vorträge als Stationen

Kann ich als Trainerin beim Stationenlernen überhaupt noch etwas Eigenes präsentieren? Wie baue ich Inputphasen in das Stationenlernen ein?

Selbstverständlich bleiben Inputphasen im Seminar erhalten. Bei genauer Prüfung ist jedoch überraschend festzustellen, wie selten so ein Input zu einem bestimmten Thema zwingend im Plenum stattfinden muss. Immer wieder zeigt sich, dass einige Teilnehmende über das in der Inputphase geplante Wissen bereits verfügen. Uns fällt erst mal kein Thema ein, das Teilnehmerinnen sich nicht über das Bearbeiten einer Stationen-Aufgabe selbst aneignen könnten. Als Trainer oder Trainerin könnten Sie auch zu dem bescheidenen Schluss kommen, das Thema Ihres Vortrags sei für einzelne Teilnehmer so belanglos, dass sie selbst bei noch so inspirierender Präsentation nichts aufnehmen werden.

Wenn Sie sich trotz dieser Überlegungen dazu entscheiden, Inputphasen im Plenum durchzuführen, haben Sie dafür Zeit und Raum, wenn die Gruppe sich ohnehin im Plenum trifft – bei uns ganz grundsätzlich am Vormittag vor dem Mittagessen und abends vor dem Abendessen (s. Unterkapitel 6.5). Wir nutzen diese Plenumsphasen neben den notwendigen Klärungen, Reflexionen oder Präsentationen der Produkte von Arbeitsgruppen dazu, die Gruppe durch die gemeinsame Konzentration auf einen Lerngegenstand zusammenzuführen. Eine halbstündige Präsentation mit anschließender Diskussion im Plenum steht zumindest in einem reizvollen Kontrast zu dem freien und selbstbestimmten Lernen in den Stunden davor. Die Teilnehmer erleben dies ganz unterschiedlich: Einige genießen es, konsumieren zu können, lernen aber nicht unbedingt etwas hinzu. Andere fühlen sich fast schon gegängelt, weil sie nun Lerntempo und -inhalt nicht mehr selbst gestalten können, wie dies bei der Einzelarbeit oder in Kleingruppen möglich ist.

Vielleicht entscheiden Sie sich aufgrund dieser Überlegungen gegen die Präsentation eines bestimmten Lerninhalts im Plenum. Dann gestalten Sie diese Inputphasen doch einfach als Station! Legen Sie die Zeit fest, wählen Sie einen Ort und bereiten Sie Ihre Inputphase vor. Dank der Freiwilligkeit erhält diese eher den Charakter eines Seminars an einer Universität. Bei der

Festlegung des Ortes ist zu berücksichtigen, dass der Zugang zu den Stationen stets gewährleistet sein muss. Das bedeutet, dass Räume, in denen sich Stationen befinden, für diese Inputphase ungeeignet sind.

Schwierig ist es zuweilen, einen Raum in der richtigen Größe zu wählen, denn Sie wissen ja nicht, wie viele das Angebot annehmen werden. Wenn Sie es so gar nicht einschätzen können, fragen Sie am besten bei einer der vorherigen Plenumsphasen das Interesse ab. In diesem Fall teilen Sie der Gruppe im Plenum und zusätzlich auf der Informationstafel (s. Unterkapitel 6.1.2) mit, wann und wo die Station mit der Präsentation und etwaiger anschließender Diskussion stattfindet.

In Einzelfall sprechen immer wieder gute Gründe dafür, einen Vortrag als Station anzubieten. So fällt es Teilnehmenden ohne Vorkenntnisse oft sehr schwer, in das Stationenlernen einzusteigen. Sie haben wohl noch nicht genug Orientierung, um selbst entscheiden zu können, wie sie den Lernprozess für sich strukturieren wollen. Wir haben gute Erfahrungen damit gemacht, zu Beginn des Stationenlernens eine freiwillige Station mit dem Thema »Einstieg in das Thema xy« anzubieten. Einige Teilnehmenden entscheiden dann für sich, direkt mit anderen Stationen zu beginnen. Ein großer Teil der Gruppe aber wird bei diesem Vortrag anwesend sein, wovon wiederum einige die Vortragsstation im Laufe Ihrer Erläuterungen verlassen werden. Sie haben dann festgestellt, dass sie schon ziemlich viel über das Thema wissen und mit dem Bearbeiten anderer Stationen beginnen können. Vielleicht benötigten sie nur noch etwas Sicherheit. Die übrigen Teilnehmenden bleiben, weil sie unbedingt wissen wollen, was Sie zum Thema zu sagen haben.

Zuweilen ist es einfacher, etwas zu erklären als es sich umständlich selbst zu erarbeiten. Auch dann kann eine Station mit Vortrag sinnvoll sein. Aber – und das ist ein großes ABER – es ist zu unterscheiden, ob der Trainer meint, es sei leichter oder sicherer zu erklären, oder ob die Teilnehmenden dies meinen. Oberste pädagogische Herausforderung des Trainers bleibt die Kunst zu erahnen, wie andere lernen; wie man selbst gerne lernt, kann allenfalls ein Indiz sein. Der bloße Glaube einer Trainerin, Teilnehmende benötigten zunächst einen Kurzvortrag über die Struktur des Themas, damit sie sich anschließend zu den Anwendungsstationen begeben, reicht zur Entscheidung nicht aus bzw. wäre nicht am lernenden Subjekt orientiert. Manche Teilnehmenden erarbeiten sich die Strukturen ganz gerne selbst, indem sie eine Vielzahl von Fällen dazu bearbeiten. Die so erarbeiteten Strukturen

Die Erfahrenen starten alleine, die Neulinge brauchen zu Beginn eine Anleitung.

sind folglich gut verankert. Es gilt also immer sehr gut abzuwägen, ob mit einer Vortragsstation die eigenen Lernvorlieben des Trainers bedient werden oder ob die Methode für das geplante Lehrziel der Station tatsächlich geeignet ist.

Stationen mit Vortrag und anschließender Diskussion sind auch dann hilfreich, wenn im Plenum das Bedürfnis geäußert wird, einen weiteren Aspekt des Seminarthemas oder ein zusätzliches, vielleicht aktuelles Thema zu bearbeiten (s. Unterkapitel 5.4). Nicht immer gelingt es, während des Seminars eine Selbstlernstation zu gestalten. Oft haben Trainer und Trainerinnen jedoch eine Präsentation in ihrem Fundus, die zu dem Bedürfnis der Teilnehmenden passt oder leicht angepasst werden kann. Die so angebotenen Stationen haben einen besonderen Charakter: Die Teilnehmenden wollen unbedingt etwas zu dem Thema wissen. Sie freuen sich, dass der Trainer dazu etwas anbietet, und lernen freiwillig und zusätzlich. So viel intrinsische Lernmotivation begegnet einem nicht oft im Seminar.

Der Wunsch, dieses Thema im Seminar bearbeiten zu können, mag daher rühren, dass es den interessierten Teilnehmenden besonders um den Austausch und die Diskussion geht. In diesem Fall sollten Sie den Raum für eine Diskussion in der Station bieten, ohne diejenigen Teilnehmenden, die daran nicht interessiert sind, dazu zu zwingen, an dieser Diskussion teilzunehmen. In der Station selbst begeben Sie sich je nach Lehrziel in die Rolle des Moderators oder Sie bereiten ein Lehrgespräch mit anschließender Diskussion vor.

5.7 Räumliche Bedingungen

Stationenlernen kann Trainer und Trainerinnen vor besondere Herausforderungen stellen – auch räumlich. Einerseits brauchen die Stationen Platz. Andererseits brauchen die Teilnehmenden Platz. Dieser Platz lässt sich schwer kalkulieren, wenn die Sozialformen freigegeben werden. Bestenfalls gibt es auch noch Raum für trainergeleitete Stationen – ohne dabei diejenigen Teilnehmenden räumlich oder akustisch einzuschränken, die nicht dabei sein wollen. Die räumlichen Begebenheiten lassen sich jedoch nicht immer von Trainerinnen definieren. Sie sind zuweilen, wie sie sind. Was ist im Vorfeld zu beachten?

5.7.1 Der Platz für die Stationen

Platzsparende Stationen können – jedenfalls überwiegend – im Raum für das Plenum aufgebaut werden. Das schafft gleich zu Beginn des Seminars eine Orientierung auf das Thema und Neugier auf die Stationen. Die Teilnehmenden werden bereits interessiert schauen, was es dort gibt. So bilden sie schon vor dem Seminareinstieg erste Vorlieben. Das bedeutet: Der Raum, in dem die Stationen aufgebaut werden, ist idealerweise groß genug, um auch dem Plenum Platz zu bieten.

Wenn die Stationen zu eng aufgebaut werden, sieht es aus wie am Fließband. Das wirkt nicht motivierend, sondern baut eher Druck auf. Auch lenken die Stationen rechts und links von der Station ab, die ein Teilnehmer sich gerade anschaut. Er liest zwar die Stationen-Anzeige, vor der er steht, ist aber leichter abgelenkt, zunächst mit den Augen und dann auch gedanklich schon mal nach rechts und links abzugleiten. Sind die Stationen im Haus verstreut, fällt es den Teilnehmenden eher schwer, den Überblick zu behalten. Irgendwo zwischen zu eng und zu weit verstreut liegt das Optimum. Zwischen diesen beiden Extremen sollten die Stationen aufgebaut werden – je nach Platzangebot am Seminarort. Wenn Sie die Stationen auf Tischen aufbauen, benötigen die Tische zusätzliche Stellfläche. Denkbar ist, Fensterbänke zu nutzen, wenn diese ausreichend tief sind. Nicht geeignet sind oft Stationen, die auf dem Boden liegen. Sie sind nicht barrierefrei.

Dort, wo die Stationen aufgebaut sind, wird viel kommuniziert. Immer wieder treffen sich dort Gruppen von Teilnehmenden, um sich neue Stationen auszusuchen. Dabei lesen sie die Stationen-Aufgaben schon mal vor, debattieren und wandern zur nächsten Station. Wieder andere Teilnehmende suchen diesen Raum auf, um sich an der Stationen-Anzeige darüber zu informieren, wer die Station schon bearbeitet hat und vielleicht Unterstützung anbieten kann. Kurzum: Der Raum mit den Stationen ist nicht ruhig. Damit ist dieser Ort nur bedingt zum Bearbeiten von Stationenaufgaben geeignet. Es gibt aber Teilnehmende, die sitzen gerne genau dort, mitten im Leben. Die Unruhe macht ihnen nichts aus. Diese Teilnehmenden benötigen im Plenum Arbeitsplätze mit Tischen. Bestenfalls sind die Tische so mobil, dass die Teilnehmenden sie auch für kleinere Arbeitsgruppen zusammenschieben können. Für die Plenumsphasen muss dann wieder umgebaut werden – es sei denn, der Plenumsraum ist so komfortabel groß, dass Arbeitsgruppentische in den Ecken stehen bleiben können. Bestenfalls sind so viele Stühle im Raum vorhanden, dass der Kreis für das Plenum und die Arbeitsplätze stehen bleiben können.

Das Plenum, in dem Stationen angeboten werden, soll möglichst immer zugänglich sein. Wundern Sie sich nicht über Teilnehmende, die bereits vor oder noch nach den üblichen Seminarzeiten arbeiten. Ermöglichen Sie diesen Teilnehmenden, zu den von ihnen bevorzugten Zeiten zu lernen, indem der Zugang zu den Stationen stets möglich ist. Es ist also besser, den Raum nicht abzuschließen, sondern lieber die Wertgegenstände (Beamer, Laptop) zu entfernen und anderswo zu sichern. Je nachdem, in welchem Haus das Seminar stattfindet, sollten Sie diesen offenen Zugang mit dem Hauspersonal besprechen. In Hotels schließt der Service Seminarräume regelmäßig zu den längeren Pausenzeiten ab. Es ist schade, wenn die Teilnehmenden lernen wollen, aber vor verschlossener Tür stehen. Nach unserer Erfahrung sind auch die Reinigungskräfte regelmäßig angewiesen, Räume abzuschließen. Auch sie müssen informiert werden, etwa mit einem gut sichtbaren Zettel auf dem Türschloss.

Oft ist der Plenumsraum nicht groß genug, um alle Stationen aufzunehmen. Bestimmte Stationen sind lokal gebunden, etwa ein PC-Arbeitsplatz, der sich nicht im Plenumsraum befindet. Manche Stationen benötigen ein ruhiges Umfeld, zum Beispiel wenn ein Rollenspiel mit Beobachtung durch-

geführt werden soll. In diesen Fällen ist es notwendig, mit einigen Stationen in andere, geeignete Bereiche auszuweichen.

Stationen, an denen sich die Teilnehmenden eine Arbeitsaufgabe als Arbeitsblatt nehmen und die lokal ungebunden sind, können im Flur auf dem Weg zum Seminarraum aufgebaut werden. Das macht bereits auf dem Weg ins Seminar neugierig auf die Methode und auf die Themen. Es gibt eine besondere Atmosphäre des »Hier ist ein Haus des Lernens«. In Hotels wird man dies mit dem Service absprechen müssen. Fluchtwege müssen natürlich frei bleiben. Außerdem ist es sinnvoll, neben die öffentlich angebrachte Station einen Hinweis für andere Gäste des Hauses anzubringen, dass sie dieses

Material bitte nicht an sich nehmen sollen, dass sie sich doch lieber an die Trainerin wenden mögen, die das Material auf Nachfrage gerne aushändigt. Sie werden sich sonst wundern, wie viele Menschen sich von Ihrem Material angesprochen fühlen – und wie oft Ihre Teilnehmenden zu Ihnen kommen, weil die Arbeitsblätter an den Flurstationen schon vergriffen sind.

5.7.2 Platz zum Lernen in den verschiedenen Sozialformen

Im Allgemeinen sollen die Teilnehmenden die Sozialform, in der sie an einer Station lernen wollen, selbst wählen können. Ob sie alleine arbeiten oder zu zweit, ob sie abwechselnd in einer Arbeitsgruppe und dann wieder alleine lernen, entscheiden sie selbst. Nur wenn eine Station es erfordert, wird die Sozialform vorgegeben. Ein Rollenspiel, in dem ein Gespräch geübt wird, braucht mindestens zwei Teilnehmende. Soll das Gespräch beobachtet und mit Rückmeldung der Beobachtenden ausgewertet werden, braucht es mindestens drei Teilnehmende. Dementsprechend müssen die Arbeitsorte beim Stationenlernen sehr flexibel sein; es braucht Arbeitsorte, die als Einzelarbeitsplatz, für Partnerarbeit sowie für Kleingruppen taugen.

Es muss viele Arbeitsorte geben, auch solche, die Ruhe bieten. Foyers sind daher nur bedingt tauglich. Die Teilnehmenden werden im Laufe einer längeren Stationen-Lerneinheit ihren eigenen Arbeitsplatz finden und ihn einrichten. Oft platzieren sie sich so, dass sie mit Lernpartnern gemeinsam sitzen. Mal wird alleine gelernt, mal sich zwischendurch beraten, mal als Arbeitsgruppe gearbeitet.

Wir haben festgestellt, dass einige Teilnehmende gerne auf ihrem Zimmer lernen, auch mit einer Arbeitsgruppe. Zunächst waren wir unsicher: Lernen die Teilnehmenden denn dort auch? An der Abfrage von Musterlösungen oder den Nachfragen zu einigen Aufgaben aus den Stationen konnten wir feststellen: Sie lernen. Wir können ihnen dabei nicht zusehen, aber sie lernen. Wen das irritiert, der mache sich bewusst, dass Teilnehmenden auch nicht anzusehen ist, ob sie lernen, wenn sie vor uns im Plenum sitzen. Wir sehen dann nur, dass sie da sind. Ob sie gerade aufnahmebereit sind oder ob etwas sie hindert, die Lerninhalte zu verankern, das wissen wir nicht.

Einzelne Teilnehmende finden kaum zur Ruhe, um sich zu platzieren und zu lernen. Sie sitzen mal hier, mal dort, huschen über die Aufgaben, ohne sie zu Ende zu bringen; sie docken bei verschiedenen Arbeitsgruppen an, ohne

Lernen im Verborgenen

sich wirklich auf sie einzulassen. Sie kommen vielleicht einmal, um sich bei der Trainerin über die fehlenden Arbeitsstrukturen oder Arbeitsplätze zu beschweren, während alle anderen schon am arbeiten sind. Sie hatten möglicherweise noch nicht die Gelegenheit, für sich selbst zu entdecken, wie sie gut lernen können, oder keinen Anlass, über ihren eigenen Lernprozess nachzudenken. Das braucht Zeit, und nach dieser Zeit vielleicht noch ein unterstützendes Gespräch mit der Trainerin. Wichtig ist, dass die Trainerin in diesem Gespräch die Entscheidung »Wo soll ich sitzen? Woran soll ich arbeiten?« nicht abnimmt und keine Vorschläge unterbreitet. Damit wird nichts gewonnen, vielmehr hat wieder jemand für diesen Teilnehmenden entschieden (auch wenn es nur ein Vorschlag war). Gelernt wird dadurch allenfalls, dass es immer jemanden gibt, der einen behutsam durchs Leben führt. Die Unterstützung des Trainers muss sich auf den Klärungsprozess beim Teilnehmenden beziehen, also auf das Entscheiden k ö n n e n, nicht auf das Entscheiden selbst.

5.7.3 Vorbereitung

Für die Vorbereitung des Stationen-Lernorts benötigen Trainer Vorabinformationen über das Haus und eventuell vorgegebene Zeiten für Pausensnacks sowie Hauptmahlzeiten. Dies gilt besonders, wenn es sich um eine längere Stationen-Lerneinheit von einigen Stunden handelt. Die Trainerin weiß am besten vorher die Antworten auf folgende Fragen:

- Wie groß ist der Raum für das Plenum?
- Wie viele Arbeitsgruppenräume habe ich zur Verfügung?
- Wie groß sind die Arbeitsgruppenräume?
- Sind die Tische frei oder miteinander verbunden?
- Gibt es andere Räume, die zum Lernen geeignet sind, und dürfen diese benutzt werden?
- Können auf den Fluren oder im Entree des Seminarbereichs Stationen aufgebaut werden?
- Übernimmt der Veranstalter eventuell zusätzlich anfallende Kosten für weitere Räume?

Um einladende Arbeitsplätze einrichten zu können, plant der Trainer zusätzlich Zeit an Ort und Stelle ein. Bevor das Seminar startet, klärt er mit dem Seminarhaus, ob die Räume, in denen Stationen untergebracht sind, offen bleiben können. Wir empfehlen darüber hinaus, auch die Reinigungskräfte darüber zu informieren, dass die Räume offen bleiben.

Lösungsvorschlag zu Seite 113:

Seminarthema	Formulieren Sie dieses Thema so, dass ein zeitlicher Ablauf deutlich wird.
Kassenprüfung	In welchen Schritten verläuft eine korrekte Kassenprüfung?
Beschwerdemanagement	In welchen Schritten bearbeite ich die Beschwerde eines Kunden/einer Kundin?
Verkaufsgespräche	In welchen Schritten führe ich ein erfolgreiches Verkaufsgespräch?
Sitzungsformalia im Gemeinderat	In welcher Reihenfolge passiert was bei der Sitzung des Gemeinderats?
neues EDV-System	In welchen Schritten arbeite ich mit der neuen EDV?
Unterricht vorbereiten	In welchen Schritten bereite ich meinen Unterricht vor?
Die rechtssichere Abmahnung	Vom Pflichtenverstoß bis zum Abheften der Abmahnung in der Akte

Durchführen

↗ 06

Jede Methode hat ihre Besonderheiten, auf die der Trainer und die Trainerin achten sollten. Das gilt auch für das Stationenlernen. Weil es sich um eine Methode handelt, die sich über einen längeren, eigenverantwortlich gestalteten Zeitraum erstreckt, ist eine gründliche Einführung erforderlich (6.1). Wir haben festgestellt, dass durch die Selbstständigkeit der Teilnehmenden über eine längere Phase hinweg die Rolle des Trainers eine andere ist als bei Seminaren, die nach dem Prinzip »einatmen – ausatmen«, also »aufnehmen – verarbeiten« ablaufen. Wie stelle ich die Stationen vor? Wie verschaffe ich den Teilnehmenden einen Überblick? (6.2). Die Gruppendynamik und der Zusammenhalt in der Gruppe müssen beim Stationenlernen anders unterstützt werden, denn sie entwickeln sich wegen des asynchronen Lernens anders als in Seminaren mit synchronem Lernangebot (6.3). »Läuft« das Stationenlernen einmal, ist das Trainingsteam frei, individuell zu begleiten oder – sofern erforderlich – weitere Stationen anzubieten. Wie und wann Stationen nachgereicht werden können, überlegt sich der Trainer am besten bereits vor dem Seminar (6.4). Wie läuft das Stationenlernen ganz praktisch? Was ist zu beachten (6.5)? Aufgrund des eigenen Lerntempos gibt es keine verordneten Pausen mehr, Pausen bleiben aber wichtig. Sie müssen daher anders organisiert werden (6.6). Kann ich als Trainerin eigentlich auch alles anders machen? Variieren (6.7)? Die Seminarauswertung oder die Rückmeldung zum Stationenlernen sollte mehr Fragen berücksichtigen als »Wie war's? Was nehme ich mit?«, um die Möglichkeiten des Stationenlernens in der Erwachsenenbildung voll ausschöpfen zu können (6.8). Beim Stationenlernen erstellen die Teilnehmenden sich eine eigene, individuelle Materialsammlung. Die Dokumentation des Seminars erhält dadurch besonderes Gewicht (6.9).

6.1 Bekannt machen der Teilnehmenden mit der Methode

Bevor Teilnehmende mit dem Stationenlernen beginnen, brauchen sie eine Einführung in diese Methode. Je nachdem, wie umfangreich der Stationen-Lernblock im Seminar ist, fällt diese Einführung länger oder kürzer aus. Grundsätzlich gehen wir derzeit davon aus, dass die Methode den meisten Teilnehmenden noch fremd ist. Einige erinnern sich – teils mit Grausen – an das Zirkeltraining im Sport. Wieder andere kennen die Methode aus Berichten ihrer Kinder, die zunehmend in den Genuss des Stationenlernens kommen, und freuen sich, dass sie jetzt selbst Erfahrungen damit machen können.

Für den Start ins Seminar vgl. Geißler 2005

6.1.1 Erläutern der Arbeitsweise

Vor der Bearbeitung müssen die Teilnehmenden auf die nun folgende Phase des Stationenlernens orientiert werden. Sie sollen die Freiheit und die Vorteile, die diese Methode bietet, erkennen und Lust auf das Lernen in diesen Freiräumen bekommen. Sie sollen aber auch die Regeln kennenlernen, die diese Vorteile erst ermöglichen, und sie sollen gewillt sein, die Regeln einzuhalten.

Vorgehensweise und Regeln für das Stationenlernen

Vor dem Bearbeiten der Stationen erläutern Sie den Teilnehmenden die Regeln. Visualisieren Sie die Regeln, damit die Teilnehmenden sie besser verinnerlichen können.

Die Regeln, die die Teilnehmenden kennen müssen, um mit dem Stationenlernen klar zu kommen, lauten:

> Sie arbeiten in dieser Schrittfolge:
> 1. Sich einen Überblick über die Stationen verschaffen
> 2. Aufgabe auswählen, für mich oder gemeinsam mit anderen
> 3. Aufgabe vollständig bearbeiten (ergibt sich im Detail aus dem Aufgabenblatt an der Station)

4. Fragen und Diskussionsbedarf vorrangig an die Teilnehmenden richten, die diese Station schon bearbeitet haben (nachrangig an das Trainerteam)
5. Auf der Stationen-Anzeige eintragen, dass ich die Station schon bearbeitet habe
6. Die Station in mein Stationen-Tagebuch eintragen und auswerten
7. Bei Punkt 2 weitermachen

Die Aufgaben nicht »hamstern«, sondern jeweils nehmen, wenn ich sie bearbeiten will
Das Trainerteam für Einzelgespräche, Lernberatungen oder vertiefende Gespräche nutzen
Pausen nicht vergessen.

Vorteile der Methode

Die Methode ist für viele Teilnehmende neu und kann daher auch abschrecken. Stellen Sie die Vorteile der Methode heraus. Aus Sicht der Teilnehmenden sind dies in erster Linie folgende Punkte:

1. Selbstbestimmt lernen – ich bestimme, welches Thema ich auswähle, an welchem Ort und in welcher Körperhaltung ich lerne.
2. Lernen in meinem Tempo – ich alleine bestimme, wie schnell oder langsam ich ein Thema bearbeite, nicht der Trainer oder die Seminargruppe. Ich bestimme, ob ich mich einem Thema vertieft widme oder nur »drüberhusche«, weil es mich nicht interessiert oder weil ich es schon beherrsche.
3. Lernen mit wem ich will – ich habe nicht immer Lust auf andere, nicht immer Lust auf mehrere Personen und nicht immer Lust darauf, mit bestimmten Personen zu lernen. Ich lerne in der Sozialform, die für mich passt – es sei denn, die Station schreibt zwingend eine bestimmte Form vor. Dann habe ich aber immer noch die Freiheit, eine Station zu wählen, deren Sozialform mir besser passt.
4. Ich lerne an den vorhandenen Stationen den Stoff, nach dem mir gerade ist. Ich kann auch weitere Stationen mit Themen, die mir wichtig sind, anregen.
5. Ich lerne zu den Zeiten, zu denen ich mich gut konzentrieren kann oder zu denen ich lernen will. Ich mache Pausen, wann und wenn ich sie benötige.
6. Ich fertige im Laufe des Stationenlernens meine eigene Materialsammlung an.
7. Die Trainerin und der Trainer sind frei für Lernberatungen, Nachfragen oder vertiefende Gespräche.

Eine Wandzeitung, mit der die Teilnehmenden in das Stationenlernen eingeführt werden, kann so aussehen (siehe Abb. 14).

Bei so viel Freiwilligkeit entwickeln manche Teilnehmende gelegentlich die Sorge, ihnen könnten wichtige Lerninhalte entgehen. Der Hinweis darauf, dass sie am Ende der Veranstaltung die Aufgaben und das Material aller von ihnen nicht bearbeiteten Stationen erhalten können, nimmt ihnen diese Sorge.

6.1.2 Verabredungen

Eine Arbeitsmethodik, mit der viele Menschen selbstbestimmt lernen und arbeiten, funktioniert nur, wenn es Verabredungen zur Zusammenarbeit gibt.

Hilfesystem

Beim Bearbeiten der Stationen kommen immer wieder Fragen auf. Es ist denkbar, dass die Aufgabenstellung für einen Teilnehmer nicht eindeutig ist, oder es wird danach gefragt, wie Lösungshinweise zu verstehen sind. Oft kommt es dazu, dass Teilnehmende weiterführende Fragen stellen, zu denen sie durch die Station angeregt werden. Für alle Fragen an Stationen und zu Aufgaben gilt: Die Teilnehmenden sollen sich in erster Linie gegenseitig unterstützen. Teilnehmende, die eine Station bearbeiten und hierzu Fragen haben, sollen Teilnehmende befragen, die diese Station schon bearbeitet haben. Nur falls andere Teilnehmende nicht zur Verfügung stehen oder sich mit ihrer Hilfe keine befriedigende Antwort erarbeiten lässt, soll das Trainerteam befragt werden.

Diese bewusst zurückhaltende Haltung des Trainers hat mehrere Vorteile. Zum einen entspricht diese Möglichkeit, Dinge zu klären, eher dem Alltag der Teilnehmenden. Schließlich sind auch die Vorgesetzten oder Expertinnen in den Betrieben nicht stets greifbar, um Dinge zu klären. Sind sie jedoch greifbar, haben sie nicht immer die Zeit, um Fragen zu beantworten. Die Teilnehmenden trainieren so die Selbstständigkeit, die sie für einen gelungenen Seminartransfer benötigen. Zum anderen üben die Teilnehmenden, die befragt werden, die Auskünfte erteilen, die zusätzliche Fallvarian-

Das Hilfesystem greift auf »LdL« (Lernen durch Lehren) zurück. Mehr Informationen unter: http://www.adz-netzwerk.de/Lernen-durch-Lehren-Paradigmenwechsel-in-der-Didaktik.php

Lernen an Stationen

► Sie lernen...

- selbstbestimmt
  Thema, Ort, Haltung

- in Ihrem Tempo,
  mit Ihrer Lerntiefe

- mit den Personen,
  mit denen Sie lernen
  wollen

- den Stoff,
  nach dem Ihnen
  gerade ist

- zu Ihren Zeiten,
  mit Ihren Pausen

► Sie fertigen...

Ihre Material-
sammlung an

► Vorgehensweise

Überblick über die Stationen

Aufgabe
auswählen

PFLICHT/
KÜR

Aufgabe bearbeiten
(ergibt sich vollständig
aus dem Aufgabenblatt)

Fragen und Diskussions-
bedarf richten an:
1. Teilnehmende, die die Station
   schon bearbeitet haben
2. Team

an der Stationenanzeige eintragen,
dass Sie sie bearbeitet haben

Tragen Sie die Station auf Ihrem
Stationenlaufzettel ein; werten
Sie sie aus, wenn Sie wollen.

Abb. 14: Lernen an Stationen

ten zur Station mit anderen Teilnehmenden durchdenken, die Inhalte dieser Station erneut und vertieft.

Wir empfinden es nicht als Nachteil, dass wir weder wissen, welche Auskünfte Teilnehmende anderen Teilnehmenden erteilen, noch prüfen können, ob diese vollständig richtig sind. Unschärfen in der Auskunft einer befragten Teilnehmerin werden ihr selbst oft erst in diesem Augenblick bewusst. So entsteht erst die Möglichkeit, nachzufragen. Der fragende Teilnehmer wird versuchen, die Auskunft seinem vorhandenen Wissen und Verständnis hinzuzufügen, sie einzupassen. Brüche zwischen vorhandenem und neuem Wissen wird er durch Nachfragen zu klären versuchen, sofern er sie sich nicht mit seinem Verständnis erschließen kann. In diesem Prozess ist die Wahrscheinlichkeit groß, dass beide Teilnehmende nach der Auskunft mehr wissen und können als vorher. Das letzte Quäntchen Ungewissheit darüber, ob die Teilnehmenden alles richtig verstanden haben, nehmen wir hin. Wir nehmen es deswegen hin, weil wir auch bei einer trainerorientierten Vermittlungsweise nicht wissen, ob das, was die Trainerin richtig mitgeteilt und mit den Teilnehmenden geübt hat, von den Teilnehmenden auch korrekt verarbeitet und verankert wurde.

Das Hilfesystem von Teilnehmenden für Teilnehmende wird über die Stationen-Anzeige organisiert (s. Unterkapitel 5.2). Wie bereits erläutert, tragen sich die Teilnehmenden, die eine Station bearbeitet haben, in die Stationen-Anzeige ein und stehen den übrigen Teilnehmenden für Fragen zur Verfügung. Den Teilnehmenden wird dieses Hilfesystem zu Beginn des Stationenlernens vorgestellt, es ist Teil der Regeln.

Für offene Fragen zur Methode und zu Beginn des Stationenlernens, wenn noch niemand anders helfen kann, steht das Trainerteam zur Verfügung. Dafür braucht es einen Ort, an dem es grundsätzlich erreichbar ist und vertiefte Gespräche mit den Teilnehmenden führen kann. Bedenken Sie, dass die Teilnehmenden in der Regel nicht mit einfachen Fragen zu Ihnen kommen. Diese lösen sie über das Hilfesystem selbst. Bei Ihnen landen die komplexen Fragen und Probleme. Dafür benötigen Sie Sitzplätze für die Teilnehmenden, die je nach gewählter Sozialform alleine oder in der Gruppe zu Ihnen kommen. Arbeiten Sie als Trainer im Team, besteht auch die Möglichkeit, eine Arbeitsgruppe an ihrem Lernort zu besuchen, während der andere Trainer im Teambüro ansprechbar bleibt.

Wir nennen diesen Ort »Teambüro«. Andere Bezeichnungen sind auch denkbar. Es geht ausschließlich darum, den Teilnehmenden mit einem Wort mitteilen zu können, wo sie die Trainer finden. Das Teambüro kann sich in einer Ecke der Hotellounge oder des Speisesaals befinden. Selbst auf Gängen lässt sich, gerne mithilfe einer Pinnwand und einiger Stühle nebst Tisch, ein Teambüro einrichten. Dort bewahrt das Trainerteam mögliche Lösungshinweise oder weiterführende Literatur zum Thema auf. Hierfür empfehlen wir Ihnen, sich einen dicken Pultordner anzulegen. Legen Sie sich ein Register an, in dem Sie notieren, in welchem Fach Sie die Lösungshinweise zu welcher Station aufbewahren. Von Vorteil ist es auch, wenn im Teambüro Material vorhanden ist, um neue Aufgaben zu erstellen.

Wer als Trainer alleine arbeitet, kann ein Mitteilungssystem einrichten. So ist sichergestellt, dass Teilnehmende ihren Unterstützungsbedarf anmelden können, auch wenn Sie nicht im Teambüro sind. Sie können zum Beispiel Zettel hinterlassen, auf denen steht, wer an welchem Ort Unterstützung benötigt. Denkbar ist auch, den Namen aller Teilnehmenden auf je eine Holzwäscheklammer zu schreiben. Wer Unterstützung benötigt, klemmt seine Wäscheklammer an den hierfür vorgesehenen Streifen oder an die Infotafel (Bauer 1997).

Informationssystem

Nehmen wir an, es gibt im Verlauf des Stationenlernens eine neue teamgeleitete Station oder der Ort für eine lokale Station hat sich geändert, weil die Nachfrage so groß war, dass ein größerer Raum bezogen werden musste. Für solche Fälle benötigen Sie ein Informationssystem. Wir bevorzugen eine schlichte Informationstafel, denkbar ist auch ein digitales Informationssystem über mobile Endgeräte.

Zeiten

Bevor Sie den Stationen-Rundgang (6.2) starten, sollten Sie alle weiteren Verabredungen für die Zusammenarbeit klären. Denn wenn die Teilnehmenden erst einmal einen Überblick haben, möchten sie auch mit der Arbeit beginnen. Sie stören diese Dynamik, wenn Sie die Teilnehmenden bitten, sich nochmals im Plenum zu versammeln.

Abb. 15: Beispiel für eine schlichte Informationstafel (Die Informationen mit Karten aufzutragen ermöglicht, sie zu wechseln.)

Klären Sie, wie lange die Stationen-Lernphase dauert. Klären Sie auch, was zwischendurch geschieht, ob es feste Zeiten gibt, in denen sich alle Teilnehmenden im Plenum treffen, um sich auszutauschen, in Kontakt zu bleiben, sich zu verabreden oder Ergebnisse zu diskutieren. Klären Sie ferner, dass die Teilnehmenden zwar arbeiten können, wann und wie lange sie wollen, dass das Trainerteam jedoch nur zu bestimmten Zeiten für Einzelgespräche und Rückmeldungen ansprechbar ist. Dies dürften die üblichen Seminarzeiten sein. Weil dies zusammen mit den Methodeninformationen und den anschließenden Stationen sehr viele Informationen auf einen Schlag sind, empfehlen wir, auch die jeweiligen Zeiten zu visualisieren und auszuhängen.

6.2 Vorstellen der Stationen/Rundgang

Nachdem Sie die Regeln und die Arbeitsweise beim Stationenlernen erläutert haben und alle wichtigen Verabredungen getroffen sind, brauchen die Teilnehmenden einen Überblick über das Lernangebot. Sie können es sich wie einen Rundgang durch ein Museum vorstellen. Bitten Sie die Teilnehmenden, sich mit Ihnen auf den Weg zu begeben. Bringen Sie die Gruppe schon jetzt in Bewegung. Gehen Sie von Station zu Station. Im Grunde genügt es, kurz die Überschrift aus der Stationen-Anzeige zu wiederholen und kurz die Arbeitsweise zu beschreiben »Hier gibt es Arbeitsblätter zum Bearbeiten.« »Hier wird ein Puzzle zum Thema zusammengefügt, das man nur lösen kann, wenn man zuvor das ausgelegte Material gelesen hat.« Sparen Sie sich allzu viele Worte, die Teilnehmenden können sie sich ohnehin nicht alle merken. Sie verschaffen den Teilnehmenden gerade einen Zugang (deswegen ist es wichtig, zum Rundgang einzuladen), eine Annäherung an die Stationen (daher ist körperliche Annäherung an die Stationen gut), die ihnen die Scheu davor nimmt.

Widerstehen Sie der Versuchung, beim Stationen-Rundgang Bearbeitungsreihenfolgen zu empfehlen. Sie können den Aufbau der Stationen im Raum erläutern: »Hier sind alle Stationen zum Thema x, im nächsten Raum sind alle Stationen zum Thema y.« Die erste Station und die Reihenfolge wählen alleine die Teilnehmenden. Sie sollten sie dabei nicht mit einem Vorschlag beeinflussen, denn sonst laufen Sie Gefahr, die in der Methode angelegte Selbstständigkeit gleich zu Beginn mit einem »Ich weiß, was gut für Sie ist« zu konterkarieren. Zum Abschluss des Rundgangs laden Sie die Teilnehmenden ein, sich die Stationen und die Aufgaben nochmals in Ruhe anzuschauen.

Statt eines Rundgangs ist es auch möglich, die Teilnehmenden dazu einzuladen, sich in der Vielfalt der Stationen selbstständig zu orientieren. Bei umfangreicheren Stationen-Lernblöcken im Seminar ist es hilfreich, sie hierzu anzuleiten, zum Beispiel durch eine »Stationen-Rallye«, die alle Teilnehmenden gleichzeitig absolvieren.

Beispiel: Fragen für eine Stationen-Rallye

Lösen Sie die folgenden Aufgaben und präsentieren Sie die Lösungen anschließend im Plenum:

1. Wie viele Stationen sind ortsgebunden?
2. Suchen Sie sich eine Partnerin/einen Partner. Nennen Sie die Station, auf die Ihr Partner/Ihre Partnerin besonders neugierig ist.
3. Wie viele Stationen führen zu einem Gruppenergebnis?
4. Wie heißt die Station, die sich mit xy befasst, und wo ist sie?
5. Machen Sie ein Gruppenfoto vor der Station, die bei Ihnen am meisten Neugier weckt.
6. Die Ergebnisse welcher Station(en) präsentieren Sie auf jeden Fall zum Schluss des Seminars im Plenum?
7. Mit welcher Station werden Sie voraussichtlich beginnen?

Zeit: 20 Minuten

6.3 Die Seminargruppe

Das selbstbestimmte Lernen und die in der Regel frei gewählte Sozialform führen zu einer anderen Gruppendynamik als bei konventionellen Seminaren, in denen die Sozialform und die Themen eher vorgegeben sind. Diese Gruppendynamik im Seminar sollte genau beobachtet werden, damit sie mit den Teilnehmenden besprochen werden und das Trainerteam – wenn nötig – intervenieren kann.

6.3.1 Gruppendynamik

Mit der dritten Phase des Stationenlernens, also dem Bearbeiten der Stationen, stellen sich die Teilnehmenden die Frage, wie und mit wem sie gemeinsam lernen wollen. Kennen sie sich zu diesem Zeitpunkt noch nicht so gut, starten sie oft alleine. Erst nach der ersten Station, manchmal auch erst nach dem ersten Plenum, suchen sie sich Gleichgesinnte zum gemeinsamen Lernen.

Teilnehmende, die sich bereits kennen, starten beim Bearbeiten der Stationen gerne gemeinsam. Sie tun sich zuweilen schwer, sich im Verlauf des Stationenlernens von ihren bekannten Lernpartnern zu lösen und alleine zu lernen oder sich jemand anders zum gemeinsamen Lernen zu suchen. Es fällt ihnen selbst dann schwer, wenn sie uns mitteilen, dass sie eigentlich gerne einmal mit jemand anderem lernen würden oder lieber alleine wären. Sie fühlen sich dem Lernpartner verpflichtet und wollen ihn nicht alleine lassen, wollen ihn – wie sie befürchten – nicht dadurch enttäuschen, dass sie sich abwenden. Hegen Sie den Verdacht, dass sich solch eine Konstellation abzeichnet, kann es durchaus angezeigt sein, die Betreffenden sachte darauf anzusprechen.

In den Plenen, die während der Bearbeitungsphase(n) durchgeführt werden, ist zu beobachten, dass die Teilnehmenden einander zugewandt sind. Es gibt einiges zu besprechen und an Erfahrungen aus den Stationen auszutauschen. Dies gilt auch und gerade für die Teilnehmenden, die von sich behaupten, jetzt in diesem Moment gar keine Lust auf das Plenum zu haben, weil sie mitten in der Bearbeitung der Aufgabe xy seien. Zu Beginn ist auch zu beobachten, dass sich die Teilnehmenden oft noch etwas fremd sind. Sie haben ja meistens kaum Zeit miteinander verbracht. Die Phase, in der die Gruppe sich formiert, die Teilnehmenden sich kennenlernen, Kommunikation noch recht förmlich abläuft (»Forming«), kommt nur schleppend in Gang, weil die Teilnehmenden in dieser Konstellation nur selten zusammentreffen (zu den Phasen des Gruppenprozesses verweisen wir beispielhaft auf Kauffeld 2011).

Die in der Phase des Forming getroffenen Annahmen über andere Gruppenmitglieder werden in der nächsten Phase (»Storming«) überprüft. Dabei kommt es nicht selten zu Meinungsverschiedenheiten, weil etwa Zuschreibungen Anderer zurückgewiesen werden. Dieser Prozess vollzieht sich in der Regel unterschwellig. So bemerkt es eine Teilnehmerin nicht zwangsläufig, wenn sie versucht, eine Position als Gruppenchefin zu erlangen, und der Underdog wehrt sich unbewusst gegen seine unfreiwillige Rolle. Verbleiben diese Prozesse im Unbewussten, werden die Konflikte indirekt ausgetragen und sind einer direkten Bearbeitung nicht zugänglich. Beim Stationenlernen verläuft diese Phase ruhiger als in Seminaren, in denen die Teilnehmenden in eine Gruppe gezwungen werden. Wir beobachten, dass die Teilnehmenden in dieser Phase vermehrt alleine arbeiten. Sie reagieren auf die problematischen, eben beschriebenen Rollenzuweisungen durch Andere gelassener. Wir vermuten, dass die Zuschreibungen Anderer für die Betroffenen durch den hohen Grad an Selbstbestimmung weniger Bedeutung erlangen. In den Plenen, die während des Storming stattfinden, agieren die Teilnehmenden ruhig, kaum gereizt, und sind dadurch in der Lage, ihre gegenseitigen Standpunkte zu klären.

Die sich anschließende Phase, in der sich eine Gruppenidentität herausbildet, wird »Norming« genannt. Hier beobachten wir zuweilen, dass Teilnehmende sich beim Storming so aus der Gruppe herausgenommen haben, dass sie beim Norming kaum noch als Gruppenmitglieder involviert sind. Die Aufgabe der Trainerin ist daher, in der Storming-Phase darauf zu achten, dass der bisher unterschwellige Prozess unter Einbeziehung aller Teilnehmenden sichtbar und kommunizierbar wird.

Für einen schnellen Überblick vgl. Stangl Arbeitsblätter »Phasen der Gruppenentwicklung« (http://arbeitsblaetter. stangl-taler.at/KOMMU- NIKATION/Anfangsprobleme.shtml)

6.3.2 Asynchrones Lernen

Die Teilnehmenden lernen an den Stationen, auf die sie Lust haben. Sie lernen in dem Tempo, das sie bevorzugen. Dies führt dazu, dass das Lernen nicht mehr gleich getaktet ist. Es ist asynchron. Deshalb kann es schwierig sein, für die nächste Station eine Lernpartnerin zu finden. Manchmal ist es so, dass gewünschte Lernpartner überhaupt nicht erreichbar sind, weil bei den Stationen selbst niemand zu sehen ist – die Teilnehmenden nehmen sich das Material einer Station mit und begeben sich damit an ihren Lieblingslernort. Das Plenum, in dem die Stationen aufgebaut sind, wirkt verwaist. Oder die gewünschte Lernpartnerin bearbeitet gerade eine andere, umfangreiche Station und hat deswegen keine Zeit, ist bereits zur nächsten Station verabredet oder hat die Station bereits bearbeitet, für die man sich als Lernpartnerin gewünscht hätte. Bei einigen führt dies dazu, dass sie,

Wie finde ich jemanden, der am Mittwoch mit mir lernt?

nachdem sie einmal alleine gearbeitet haben, Schwierigkeiten damit haben, wieder Lernpartnerinnen zu finden. Andere, die dies beobachten, könnten daraus schlussfolgern, aus ihrer Lerngruppe besser nicht auszusteigen, damit ihnen das nicht passiert.

Nach dem ersten Kennenlernen driftet die Gruppe erst einmal wieder auseinander. Meta-Lehrziel des Trainers muss es sein, dass die Teilnehmenden in der Lage sind, die für sie für den nächsten Lernschritt geeignete Sozialform zu identifizieren und sich selbst zu organisieren. Die hierfür erforderliche Vertrautheit ist erst einmal nicht von selbst gegeben. Zu Beginn des Stationenlernens kann sich die Lust auf Zusammenarbeit mit unbekannten anderen Teilnehmenden z. B. durch spontane Zuneigung, Vertrauensvorschuss, die Sicherheit spendende Atmosphäre im Seminar oder eine Gemengelage von all dem ergeben.

6.3.3 Beobachten und intervenieren

Wir haben die Besonderheiten der Gruppendynamik beim Stationenlernen bereits im vorletzten Abschnitt beschrieben. Diese Besonderheiten, verbunden mit der frei wählbaren Sozialform und dem asynchronen Lernen begründen eine besondere Verantwortung der Trainerin oder des Trainers für den Prozess der Gruppenbildung und des gemeinsamen Lernens.

Je länger die Phase des Stationenlernens im Seminar dauert, umso stärker muss die Gruppe von Beginn an zusammengeführt werden. Bei ganztägigen Blöcken empfehlen wir ein gemeinsames Plenum am Vormittag und zum Abschluss des Tages. Für die Stärkung des Gruppengefühls gibt es verschiedene Möglichkeiten, zum Beispiel Teambildungssequenzen, aber auch das gemeinsame Lernen zum Seminarthema. Auch die »joint attention« auf den Lerngegenstand kann ein Zugehörigkeitsgefühl zu einer Gruppe erzeugen (Tomasello et al. 2005, S. 675).

Soweit erforderlich und in Absprache mit dem Veranstalter möglich, sollten Sie weitere Teambildungsmaßnahmen ergreifen. Die so investierte Zeit rechnet sich: Die Teilnehmenden arbeiten sich mit einer so hohen Lernmotivation durch die Stationen, dass sie die Zeit für die Gruppenfindung locker wieder herausarbeiten. Ohnehin kann in schlechter Gruppenstimmung niemand etwas lernen, das er im Alltag sinnvoll einsetzen kann, wissen wir doch, dass die Emotionen, die das Lernen begleiten, mit

Joint Attention: gleichzeitige Aufmerksamkeit von mindestens zwei Personen auf dasselbe externe Ziel in dem Bewusstsein, dass diese Aufmerksamkeit geteilt ist.

den Lerninhalten aktiviert werden, sobald wir im Alltag an sie denken. Schon aus diesem Grund scheint es geboten, für eine angstfreie, kreative und inspirierende Stimmung sowie viele soziale Kontakte im Seminar zu sorgen.

6.4 Stationen nachreichen

6.4.1 Didaktische Begründung

Bei der Vorbereitung eines Stationen-Lernseminars wird die Trainerin so gut wie möglich versuchen, den Lernstoff zu umreißen, auszuwählen, zu strukturieren und didaktisch aufzubereiten. Dabei muss er bereits die potenziellen Teilnehmenden im Blick haben und die entsprechenden Stationen-Aufgaben entwickeln. Je nach Erfahrungen und Bedürfnissen der Teilnehmenden kann es vorkommen, dass ein bestimmtes Thema im Seminar Raum greift, das bei der Vorbereitung nicht vermutet wurde. Dieser Effekt stellt sich bei Seminaren mit Stationenlernen ebenso ein wie bei anderen Seminarformen.

Solch ein zusätzliches Thema kann zum Beispiel sein:
- ein Detail des Seminarthemas,
- ein Aspekt des Seminarthemas, den der Trainer aufgrund didaktischer Überlegungen weggelassen hat,
- ein nicht absehbarer Diskussionsbedarf, etwa zu einem konkreten betrieblichen oder persönlichen Hintergrund,
- ein Teil des Seminarthemas, den der Trainer übersehen hat.

Zu diesen oder anderen Themen zusätzliche Stationen anzubieten, gebietet die Subjektorientierung. Die Nachfrage, ob ein Bedarf an weiteren Stationen besteht oder das neue Thema in das Seminar aufgenommen werden soll, verdeutlicht den Teilnehmenden, dass sie das Seminar entscheidend gestalten können. Damit wird nicht nur erreicht, dass die interessierten Teilnehmenden ein weiteres Thema bearbeiten können. Auch werden sie eine höhere Lernmotivation entwickeln und darin bestärkt, den Seminarprozess aktiv zu gestalten und sich auf der Metaebene einzubringen, also nicht nur dann, wenn sie dazu aufgefordert werden. Letztlich handelt es sich um eine positive Erfahrung in demokratischem Lernen, die für die Lernbiografie ebenso wichtig ist wie für die gesamte Persönlichkeit.

Sie können Stationen auch dann nachreichen, wenn Sie merken, dass Sie das Niveau der Gruppe bei der Vorbereitung der Stationen verfehlt haben. Vielleicht sind in Ihrer Gruppe einige »Überfliegerinnen«, die die vorbereiteten Stationen als Fingerübung behandeln, aber ansonsten weit davon entfernt sind, in einen »Lernflow« zu kommen.

Irgendwann verfügen Sie über ein prall gefülltes Portfolio an Stationen-Aufgaben. Da kann es schnell passieren, dass bereits zu Beginn des Seminars ein riesiger Parcours entsteht, der bei den Teilnehmenden die Befürchtung auslöst, dass so viel nicht zu schaffen ist – ein denkbar schlechter Auftakt. Dieser Punkt sollte vor Beginn des Seminars stets überprüft werden. Denn Stationen nachzureichen ist immer denkbar. Den Teilnehmenden Überforderungsgefühle zu nehmen ist hingegen nicht leicht.

Der Nachteil an nachgereichten Stationen besteht darin, dass sie mitten im selbstbestimmten Lernen deutlich machen, dass die Trainerin den Prozess letztlich doch bestimmt. Das ist natürlich zutreffend und kein Geheimnis, schließlich hat sie das Seminar auch vorbereitet. Dennoch entspricht es nicht unserem Verständnis eines gemeinsamen Seminarprozesses, ohne einen Anlass aus der individuellen Begleitung oder der Gruppe heraus Themen im laufenden Seminar einfach so zu setzen.

Manche Teilnehmende, die mit den vorhandenen Stationen schon zu schaffen haben, können sich durch nachgereichte Stationen zurückgesetzt fühlen. Es kann sich ein Gefühl der Unzulänglichkeit einstellen, die Angst, den Anforderungen nicht zu genügen, während andere Mitlernende dies tun. Nicht allen Teilnehmenden gelingt es, sich darauf zu besinnen, dass sie mit eigenen persönlichen und fachlichen Voraussetzungen in den Lernprozess eingestiegen sind und folglich auch anders und anderes lernen als ihre Mitstreiter. Die Trainerin sollte versuchen, solche Teilnehmenden in ihrem eigenen Lernen zu bestärken, sie aufzurichten, sie zu motivieren.

6.4.2 Erstellen der neuen Station

Sollte ein Thema für eine zusätzliche Station im Seminar identifiziert worden sein, stellt sich unmittelbar die Frage nach dem Lehrziel, aber auch danach, wer die Station erstellt. Wir geben den Teilnehmenden gerne die Möglichkcit, Stationen-Aufgaben zu entwickeln, die sie selbst eingebracht oder angeregt haben. Allerdings sollte darauf geachtet werden, dass dies nicht als Strafarbeit empfunden wird. Das Trainerteam sollte es als eine weitere – freiwillige (!) – Möglichkeit für die Auseinandersetzung mit dem Thema auf der Metaebene darstellen. Sowohl das Lehrziel wie auch die Frage, wer die Station erstellt, klären wir mit den Teilnehmenden im regelmäßigen Plenum. Dort verabreden wir auch, wann in etwa die Station spätestens fertig sein sollte.

Erstellen durch Teilnehmende

Teilnehmende können alleine, zu zweit oder als Arbeitsgruppe eine Lernstation gestalten. Dies hat den Vorteil, dass sie sich metakognitiv mit dem Thema auseinandersetzen. Sie müssen

- das Thema erfassen und eingrenzen,
- eine Aufgabe extrahieren, die zum Ziel passt,
- die Aufgabe verständlich und neutral formulieren,
- die Aufgabe schließlich auf Stringenz testen (Probebearbeiten) sowie
- die Lösungshinweise erstellen.

Die Teilnehmenden benötigen dazu die erforderlichen Unterlagen, also eine Vorlage für die Stationen-Anzeige und eine für die Stationen-Aufgabe. Mit der Trainerin muss geklärt werden, was zu einer Station gehört, dass es nicht nur um eine Aufgabe geht, sondern dass zu den Aufgaben in der Regel auch Lösungshinweise gehören. Selbstverständlich begleitet der Trainer die Teilnehmenden bei der Aufgabenerstellung. Ihnen muss klar sein, dass sie sich mit allen Fragen an ihn wenden und sich mit ihm beraten können. Schließlich muss gewährleistet sein, dass die von den Teilnehmenden erstellte Aufgabe samt Lösungshinweisen den Anforderungen genügt und im Seminar verwendet werden kann. Ist die Aufgabe erstellt, sollten die Teilnehmenden sie aufbauen und auf der Infotafel bekannt machen. Im nächsten Plenum wird sie mit einem Hinweis auf ihren Ort und der Bitte angekündigt, die Teilnehmenden mögen diese zusätzliche Station in ihr Lerntagebuch (s. Unterkapitel 5.4.) aufnehmen.

Erstellen durch die Trainerin

Zuweilen muss die zusätzliche Station vom Trainer selbst erstellt werden. Vielleicht ist das Thema den Teilnehmenden zu herausfordernd, zu neu, oder sie sind gerade im »Lernflow«, den sie jetzt nicht unterbrechen wollen. Zuweilen ergibt die Diskussion im Plenum auch, dass das Thema zwar interessant ist, aber niemand Lust hat, sich jetzt damit zu beschäftigen. In solchen Situationen muss sich der Trainer mit der Vorstellung begnügen, dass die einzelnen Teilnehmenden sich später selbstorganisiert damit befassen. Folglich wird keine neue Station nötig sein. All das kann im Plenum offen angesprochen und diskutiert werden. Es kommt vor, dass die neu zu schaffende Station lediglich einen Teilnehmenden interessiert. Dieser kann dann eine Aufgabe vom Trainer erhalten oder das Thema im Einzelgespräch mit dem Trainer erörtern. Genau hierzu bietet das Stationenlernen Freiräume.

Ergibt das Plenum, dass tatsächlich eine zusätzliche Station zu erstellen ist, wird die Trainerin wie bei allen Lernstationen vorgehen und überlegen, wie sie das Lehrziel am besten erreicht – mit den Einschränkungen, dass im laufenden Seminar weniger Zeit für die Erstellung zur Verfügung steht und sie mit den im Seminarhaus vorhandenen Mitteln und Materialien auskommen muss. Zuweilen reicht es aus, eine trainergeleitete Station von circa einer halben Stunde Dauer anzubieten, die mit einem kurzen visualisierten Input oder einem impulsgebenden Lehrgespräch eröffnet wird. Die Teilnehmenden entscheiden sehr bewusst, ob sie an diesen trainergeleiteten Stationen teilnehmen oder weiter ihrem eigenen Lernplan folgen. Manche nehmen teil, weil sie das Thema interessiert, andere gönnen sich eine Phase, in der sie mit Informationen »beliefert« werden. Das bedeutet nicht, dass sie am Thema nicht interessiert wären oder bei der trainergeleiteten Station nicht mitarbeiten. Sie genießen schlicht die Abwechslung, was eine hervorragende Ausgangslage für erfolgreiches Lernen darstellt.

Die neue Station wird auf der Infotafel und im Plenum bekannt gegeben und gegebenenfalls aufgebaut bzw. durchgeführt.

6.5 Ablauf des Stationenlernens

Die Phasen des Stationenlernens im Seminar sind immer dieselben:
- Bekanntmachen der Teilnehmenden mit der Methode,
- Bekanntmachen der Teilnehmenden mit den Stationen und Aufgaben,
- Bearbeiten der Aufgaben,
- Auswerten des Stationenlernens.

Es gibt jedoch Besonderheiten während der Durchführung, die sich aus der unterschiedlichen Länge der Stationen-Lernphase ergeben.

6.5.1 Ablauf eines Stationen-Lernseminars

Es ist problemlos möglich, ein ganzes Wochenseminar im Stationenlernen durchzuführen. Der Einstieg in das Seminar ist dann der übliche: Die Teilnehmenden werden begrüßt, lernen sich kennen, es werden die Themen des Seminars vereinbart sowie die organisatorischen Rahmenbedingungen geklärt. Und schon kann das Lernen an Stationen beginnen. Wichtig ist allerdings zu berücksichtigen, dass nach der Einführung in die Methode und nach dem Stationenrundgang eine ausreichend Zeitspanne für das selbständige Bearbeiten von Aufgaben zur Verfügung steht. Wir meinen, dass mindestens noch zwei Stunden zur Verfügung stehen sollten. Schätzen Sie, dass Sie weniger Zeit für die erste Bearbeitungseinheit zur Verfügung haben, sollten Sie deren Start auf den nächsten Tag verschieben. In einer kürzeren Bearbeitungseinheit besteht für die Teilnehmenden kaum die Möglichkeit, in einen Lernflow zu gelangen, die Hektik und die Planungen für den Feierabend gelangen in den Vordergrund.

Beginnt ein Wochenseminar etwa montags nach dem Mittagessen, und nimmt man sich für die Vorstellung, die Klärung der Themen und das Kennenlernen der Teilnehmenden sowie der Methode drei Stunden Zeit, dann lohnt es sich nicht mehr, in eine Lernphase einzusteigen. Bei diesem Beispiel wüssten die Teilnehmenden am Ende des ersten Seminartages bereits alles, um am nächsten Morgen gleich völlig selbstbestimmt Aufgaben auszusuchen und zu bearbeiten. Weil subjektorientiertes Lernen aber direkte Kommunikation fordert und auf Partizipation der Lernenden baut, können und sollen solche organisatorischen Fragen im Plenum besprochen werden (hier also in der Anfangssequenz). Einen ersten Kontakt mit der Metaebene des

Lernens hatten die Teilnehmenden ja bereits, sodass es fast schon eine gute Übung ist, gemeinsam die Entscheidung zu treffen, wann die erste Lernphase startet. Egal, wie die Startphase abläuft: Wichtig ist, dass die Gruppe weiß, wann sie sich nächstes Mal im Vormittagsplenum trifft und wo die Trainerin zu finden ist.

Das Plenum legen wir ganz bewusst in den Vormittag, auf die Zeit vor dem Mittagessen, damit die Teilnehmenden in jedem Fall den selbstbestimmten Einstieg am Morgen erleben können. Genau hier beginnt die Freiwilligkeit und Selbstbestimmtheit, die oft zu einer weiteren Tasse Kaffee am Frühstückstisch führt und somit einen glänzenden Start in den Lerntag markiert. Der selbstständige Beginn am ersten Morgen ist die wichtigste Initiation für diesen Lernprozess. Ein typisches Morgenplenum mit gemeinsamem Start würde diese Initiation verhindern und nach unserem Dafürhalten bei den Teilnehmenden vorhandene Muster von Fremdbestimmung in früheren Lernsituationen aktivieren. Die an diese Muster geknüpften Erwartungen führen nicht nur zwangsläufig zur Orientierung auf den Trainer, sondern wahrscheinlich auch zu unbewussten, negativen Emotionen, die nicht selten den Weg in die passive Lernhaltung weisen. Lernende, die morgens erst einmal die »Tagesziele« der Trainerin entgegennehmen, müssen sich ihren Modus der Selbstständigkeit für den anstehenden Lernprozess noch erarbeiten. Lernende, die selbstbestimmt beginnen, haben bereits den wichtigsten emanzipativen Schritt gemacht.

Die üblichen Erwartungen von Teilnehmenden, etwa dass Wissen in Häppchen serviert und von ihnen geschluckt und verdaut wird oder dass sie morgens gesagt bekommen, was an Lernstoff ansteht, werden hier ganz bewusst enttäuscht. Wo immer möglich, soll beim Stationenlernen auf Vorgaben verzichtet werden. Die Teilnehmenden sind so gezwungen, sich im Lernen neu zu orientieren und ihren ganz persönlichen Weg in den Tag zu wählen. Zu unserem Erstaunen fangen viele Teilnehmende morgens gerne alleine an. Wir beobachten, wie sie lesend mit einem Pott Kaffee in der Hand an einem ruhigen Ort in Schwung kommen und erst nach dieser Aufwärmphase in Kontakt mit anderen treten. Wir haben aber auch schon Teilnehmende erlebt, die bereits vor dem Frühstück mit dem Lernen begonnen haben. Da wir in Sorge waren, sie könnten sich durch die Vielzahl von Stationen unter Druck gesetzt fühlen und deswegen schon zu so früher Stunde starten, sprachen wir sie darauf an. Zu unserer Überraschung waren sie völlig entspannt und froh, dass sie nicht bis zu irgendeinem Eröffnungsritual

Seien Sie unbesorgt: Die Teilnehmenden werden die »verlorene« Lernzeit locker und selbstständig wieder nachholen.

Frühaufsteher lernen früh, Nachteulen lernen nachts.

warten mussten. Es handelt sich in diesen Fällen regelmäßig um Frühaufsteher, die es genießen, in ihrem Tagesrhythmus lernen zu können.

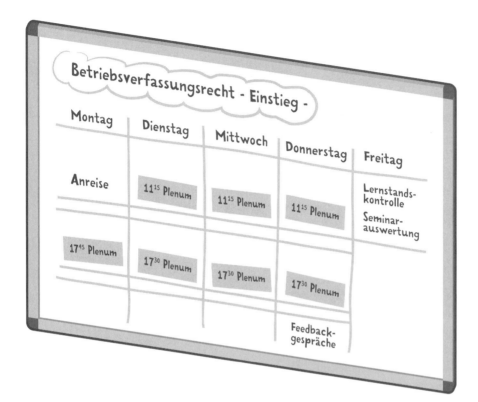

Abb. 16: Beispiel für einen Zeitüberblick bei einem einwöchigen Stationen-Seminar

Die Plenen dienen in erster Linie dazu, die Gruppe zusammenzuhalten. Im ersten Plenum und in allen weiteren Vormittagsplenen arbeiten wir mit folgenden Bausteinen:

- **Warming-Ups:** Der Name »Warming-Up« passt zu diesem Zeitpunkt nicht wirklich, denn die Teilnehmenden befinden sich bereits mitten im Lernprozess. Da es jedoch darum geht, mit der Gruppe immer wieder warm zu werden, verwenden wir ihn dennoch. Geeignet sind Warming-Ups und Gruppenspiele mit besonderem Bezug zur Teambildung. Auch gemeinsames Singen kann ein gelungener, weil fröhlicher Einstieg in das Vormittagsplenum sein, wenn die Gruppe dafür offen ist.
- **Aktuell notwendige Klärungen:** Gibt es etwas Organisatorisches zu klären, zum Beispiel Ausflüge, gemeinsame Aktivitäten in den Pausen oder

am Abend? Später angereiste Teilnehmende, die sich noch vorstellen? Fehlende Unterschriften auf Anwesenheitslisten?

- »LernpartnerInnenbörse«: Wer sucht für die nächste Station und für welche Uhrzeit noch jemanden zum gemeinsamen Lernen? Hier empfiehlt sich abermals der Hinweis, dass der Wechsel von Einzelarbeit zu Lernen im Team wegen des asynchronen Lernens geplant werden muss, damit die LernpartnerInnen zum gleichen Zeitpunkt mit derselben Station beginnen können.
- **Lehrgespräche und Diskussionen**: Für viele Aufgaben (Themenaspekte) des Seminarthemas bieten wir die Möglichkeit zu kurzen Phasen synchronen Lernens. Besonders bei Aufgaben, deren Lehrziel in der Bewertung eines Sachverhalts liegt, lohnt eine anschließende Diskussion über die individuellen Bewertungen. Über eine Diskussion in der Gesamtgruppe erhalten die Lernenden weitere Reflexionsimpulse von außen. Gut geeignet sind Themen, bei denen man sich darauf verständigt hat, dass sie zu komplex für eine zu schaffende Selbstlernstation und zu wichtig sind, um eine fakultative, trainergeleitete Station anzubieten.

In den Plenen zum offiziellen Ende eines Seminartages (alle können danach weiter lernen, wie es ihnen gefällt) arbeiten wir mit folgenden Bausteinen:

- **Präsentation von Stationsprodukten oder Ergebnissen**: Wir bieten auch Stationen an, die eine Präsentation im Plenum oder das Erstellen eines Produkts (Flugblatt, Sketch, Statuentheater oder Ähnliches) zur Aufgabe haben. Das abendliche Plenum bietet sowohl Raum für Präsentationen als auch für die Ausstellung von Produkten. Nach einer Präsentation zu einer Station meinen die Teilnehmenden oft, diese Station nicht mehr bearbeiten zu müssen. Sie wüssten ja nun, worum es dort gehe. Dabei unterschätzen sie, wie viele Aspekte ein Thema haben kann, dass eben nicht alles in einer Präsentation berücksichtigt werden kann. Gleiches gilt für ausgestellte Produkte. Daher macht es Sinn, die Präsentationen im Plenum so zu steuern, dass sie nicht früher als zum vorletzten Plenum angesetzt werden. Etwaige Dopplungen von Präsentationen in der Plenumsphase sind didaktisch gewünscht, weil jede Präsentation dem individuellen Blickwinkel des jeweiligen Lernenden entstammt, was einen additiven Effekt auf das Lernen hat, da der Lernende weitere Aspekte und Bedeutungsebenen verarbeiten kann. Zu guter Letzt empfehlen wir den Trainerinnen und Trainern, sich möglichst nicht an den inhaltlichen Diskussionen zu beteiligen, sondern diese moderierend zu begleiten

- **Kurze synchrone Lernphasen:** In den ersten Tagen des Stationenlernens besteht die Möglichkeit, auch im Nachmittagsplenum kurze Inputs, Lehrgespräche oder Diskussionen zum Seminarthema als kurze Phasen synchronen Lernens anzubieten (s. o.).

- **Überprüfung des Lernparcours:** Gibt es Bedarf an weiteren Stationen? Sind Themen nicht abgedeckt? Ist eine Vertiefung zu einer Station erwünscht? Welches Ziel soll diese neue Station haben? Wer bereitet diese Station vor (s. Unterkapitel 6.4)?

- **Ankündigen weiterer Stationen:** Je nachdem, wie die Gruppe sich durch die Stationen arbeitet und wie lange die Stationenphase insgesamt dauert, ist es möglich, im Laufe des Stationenlernens noch weitere Stationen nachzureichen. Denkbar ist auch, dass eine Station auf Anregung aus dem Plenum nunmehr fertig ist. Beides muss selbstverständlich bekannt gemacht werden.

- **»LernpartnerInnenbörse«** (s. S. 187)

- **Appelle:** »Machen Sie Pausen!« »Nutzen Sie die Pausenstationen oder nehmen Sie anders Abstand.« Wir haben schon erwähnt, dass regelmäßig zu beobachten ist, dass Lernende keine bewussten Lernpausen einbauen. Da es aber beim Lernen hilft, sich den Kopf frei zu machen und den Körper in Bewegung zu setzen, sollte versucht werden, die Teilnehmenden dazu zu motivieren.

- **Gruppenreflexion:** Das Plenum gibt der Lerngemeinschaft die Gelegenheit, den Tag gemeinsam bezogen auf das gemeinsame Lernen zu reflektieren. Das verbindet die Menschen. Ziel ist die freie Assoziation, was man in der Gruppe und als ein Teil von ihr erlebt und wie man das empfunden hat. Denn auch bezogen auf den Gruppenprozess Stationenlernen können Teilnehmende eine Menge über sich und ihre Teamfähigkeit erfahren und dazulernen.

- **Blitzlicht:** Eine allgemeine Auswertung des Seminartages aus individueller Sicht und Rückmeldungen dazu an die Trainerin, damit diese gegebenenfalls gegensteuern kann, halten wir für obligatorisch. Am besten hierfür geeignet scheint uns das klassische Blitzlicht zu sein.

6.5.2 Ablauf einer kürzeren Stationen-Einheit

In einem konventionellen Seminar kann auch »nur« eine Phase mit der Methode Stationenlernen durchgeführt werden. Dies ist besonders dann denkbar, wenn die Teilnehmenden sich ein Thema vollständig neu erarbeiten, wenn das Thema für sie so fremd ist, dass sie noch nicht in der Lage sind, sich einen Überblick über die Stationen zu verschaffen. In einer solchen Situation mag die Trainerin entscheiden, das Seminar nach allen Regeln der Kunst zunächst trainerzentriert durchzuführen, die Teilnehmenden zu orientieren, Inhalte aufzubereiten, darzureichen und verarbeiten zu lassen. Der sich daran anschließende Schritt des Anwendens oder Übens im Seminar könnte dann im Stationenlernen durchgeführt werden.

Wir regen an, diesen Schritt zeitlich so zu organisieren, dass in das Stationenlernen am Vorabend eingeführt wird, sodass die Teilnehmenden die Entscheidung darüber, wann sie mit dem Lernen beginnen (s. Unterkapitel 6.5.1), ganz bewusst treffen und auskosten können. Dies setzt voraus, dass die Stationen am Nachmittag oder schon in der Mittagspause aufgebaut werden. Es schadet nicht, wenn die Stationen bereits sichtbar sind. Es erleichtert den Teilnehmenden sogar die Orientierung, weil sie sich einige Stationen schon angeschaut haben und mit der Einführung in die Methode und dem anschließenden Überblick besser einsortieren können, was sie da gesehen haben. Es macht sie neugierig, dass da Lerninhalte herumstehen oder -liegen, die aber noch nicht besprochen werden. Am besten sehen die Stationen auch noch interessant oder anregend aus, sodass die Neugierde darauf noch steigt.

Sollte die Einführung in die Methode aus organisatorischen Gründen nicht ans Tagesende gelegt werden, sondern direkt der Stationenlernphase vorausgehen, bleibt das Gebot der maximalen Selbstbestimmung bestehen. Bei den Teilnehmenden darf keinesfalls ein Gefühl von Eile oder Druck entstehen, was vor allem über ausgedehnte selbstbestimmte Lernphasen zu erreichen ist. Auch die Zeit für selbstbestimmte Pausen muss vorhanden sein. Gerade in kürzeren Phasen ist es wichtig, dass die Stationen in der Mittagspause zugänglich bleiben. Je kürzer die Stationen-Lernphase, umso weniger Vorgaben hinsichtlich Pflicht und Kür, Reihenfolge oder gar Bearbeitungszeit sollten gemacht werden.

Der Eindruck, im Seminar sollen im Rahmen eines kognitiven Zirkeltrainings so viele Aufgaben wie möglich »durchgehechelt« werden, muss unbedingt vermieden werden. Zirkeltraining, bei dem möglichst viele Übungen in kurzer Zeit absolviert werden, mag gut für die Kondition sein. Für eine unterstützende Lernatmosphäre sorgt der zeitliche Druck in Kombination mit der Vorgabe auch ungeliebter Aufgaben jedoch nicht. Vertrauen Sie darauf, dass die Teilnehmenden lernen wollen und dass Sie die Verankerung der Lerninhalte bei solchen Teilnehmenden, die sich bei den Stationen »durchzuschummeln« scheinen, auch mit einer anderen, direktiveren Methode nicht erreicht hätten.

Nicht hetzen! Stationenlernen ist kein Zirkeltraining.

Unserer Erfahrung nach macht eine Stationen-Lernphase unter drei Stunden netto (abzüglich der Einführung) keinen Sinn. Da lohnt es sich, darüber nachzudenken, ob es hier noch um selbstbestimmtes Lernen geht. Die Lernenden selbst werden das kaum so empfinden. Es gilt abzuwägen, wie viele der vorgesehen Themenaspekte in der vorgesehenen Zeit zu zielgeführten Lerneinheiten gegliedert im Seminar untergebracht werden sollen, und ob diese sich im Rahmen eines konventionellen Seminars über »Ein- und Ausatmen« erreichen lassen. Wer sich dazu entschließt, seinen Teilnehmenden etwas Tolles, Neues, Vielfältiges anzubieten, hat mit Stationenlernen die richtige Methode gewählt. Die aber funktioniert nur mit dem nötigen Freiraum. Um also genug Zeit für das Stationenlernen zu haben, kann der Trainer sich dazu entschließen, den Rahmen um weitere Seminarinhalte zu erweitern, wodurch zwangsläufig mehr Zeit für mehr Stationen entsteht.

Gespräch zur Dauer des Stationenlernens

Ist es eigentlich möglich, für einen halben Tag oder auch für kürzere Zeit Stationenlernen im Seminar anzubieten?

Da bleibe ich dogmatisch: Wer den Teilnehmenden nicht die Möglichkeit bietet, selbstbestimmt morgens anzufangen und selbstbestimmt abends aufzuhören, der bietet Methodenvielfalt, nicht aber Stationenlernen.

Das geht mir zu weit! Stationenlernen bedeutet doch vorrangig, dass die Teilnehmenden selbst bestimmen, in welcher Reihenfolge, mit welcher Bearbeitungsintensität, in welcher Sozialform und mit welchen Pausen sie die Aufgaben bearbeiten. Demnach werden auch kürzere Einheiten vom Begriff des Stationenlernens erfasst.

Mich treibt die Sorge um, dass falsch verstandenes Stationenlernen diese großartige Art zu Lernen in Verruf bringt. Denn man beschneidet den Teilnehmenden die notwendige Zeit, um umfassend und selbstbestimmt im Seminar zu lernen.

Das stimmt. Stationenlernen ist es aber dennoch. Es kann sogar sinnvoll sein. Denn es bringt Schwung in ein längeres Seminar, einige Stunden selbstbestimmtes Lernen in Stationen einzubauen.

Wobei die Gefahr besteht, dass die Teilnehmenden sich gehetzt fühlen und versuchen, in dieser kurzen Zeit möglichst viel zu schaffen. Das ist doch das Gegenteil dessen, was wir wollen.

Aber für die Trainer und Trainerinnen ist es einfacher, sich der Methode »Stationenlernen« dadurch zu nähern, dass sie es erst mal bei einer mehrstündigen Sequenz belassen. Allerdings berauben sie sich dadurch der Möglichkeit, die ganze Dynamik des Stationenlernens zu erleben.

6.6 Pausen

Beim Stationenlernen entfällt die angeordnete Seminarpause. Es gibt keinen Seminarleiter, der bestimmt, wann Pause ist und wann gelernt wird. Die Teilnehmenden entscheiden das selbst. Erstaunlicherweise entscheiden sie sich nach unserer Erfahrung eher selten für Pausen, allenfalls für kurze Schaffenspausen, um neue Stationen-Aufgaben zu wählen und aufzunehmen. Wir konnten beobachten, dass die Teilnehmenden so motiviert und engagiert lernten, dass wir besorgt waren, sie würden dem Gehirn keine Zeit lassen, das Gelernte zu verarbeiten.

Pausen sind wichtig. Wer unregelmäßige, aber häufige und innerhalb von drei bis vier Stundenblöcken nicht zu lange Pausen macht, lernt besser als jemand, der keine Pausen macht. Pausen und achtsamer Umgang der Lernenden mit sich selbst sind daher Bestandteil des Stationenlernens. Dies gilt besonders bei längeren Stationen-Lernphasen. Wie aber zu Pausen einladen, ohne sie zu verordnen und damit die Selbstbestimmung wieder infrage zu stellen? Schon bei der Einführung in die Methode des Stationenlernens weisen wir auf die Notwendigkeit von Pausen hin. Weil die Teilnehmenden sich zuweilen aber schwer tun, einfach nichts zu tun, können zusätzlich

Mach mal Pause!

Pausenstationen angeboten werden. Auch hier sind Pausen mit allen möglichen Sozialformen und Entspannungsformen denkbar. Im Folgenden einige Beispiele für einfache Aufgaben möglicher Pausenstationen:

1. »Hier ist ein MP3-Player. Setzen oder legen Sie sich bequem hin. Drücken Sie auf ▶. Hören Sie zehn Minuten konzentriert der Musik zu und achten Sie dabei nur auf Ihre Atmung. Drücken Sie danach auf ◀◀.«
2. »Nehmen Sie sich eine Rosine und setzen Sie sich bequem an einen ruhigen Ort. Schauen Sie sich die Rosine genau an: Wie ist ihre Oberfläche, wie fühlt sie sich an? Stecken Sie sich die Rosine in den Mund und schließen Sie die Augen. Achten Sie darauf, wie sie sich anfühlt, wie sie schmeckt, wie sich Gefühl und Geschmack während des Kauens verändern.«
3. »Hier ist ein Laptop. Schauen Sie sich das Video an und machen Sie mit.« Material: Therapieband aus Latex, Stuhl, Laptop in ruhigem Raum, Video zum Auflockern, zum Beispiel: http://www.youtube.com/watch?v=NxVUy9PNSWE aus der Kampagne »Denk an mich, Dein Rücken«.

6.7 Experimente

Das Stationenlernen ermöglicht eine ganz besondere Seminardynamik. Wir haben Seminare erlebt, bei denen weniger Trainerpräsenz vonnöten war als bei konventionellen Seminaren – was nicht verallgemeinert werden sollte, durchaus aber passieren kann, wenn die Teilnehmenden das individuelle Begleiten kaum abrufen. Es wurden Informations- und Problemlösungskonferenzen mit Stationen gestaltet. Hier kamen die Teilnehmenden so gut miteinander in Kontakt, wie es bei einer klassisch frontal ausgerichteten Konferenz einfach nicht möglich ist. Wir haben erlebt, wie Teilnehmende parallel laufender Seminare zu einer gemeinsamen Stationen-Lernphase ausschwärmten, sich seminarübergreifend kennenlernten, seminarübergreifend gemeinsam lernten und danach wieder in ihre Lerngruppe zurückkehrten – geradezu beseelt von dem guten Gefühl, einer großen Lerngemeinschaft anzugehören. Freilich erforderte dies einen großen Koordinations- und Abspracheaufwand zwischen den beteiligten Seminaren, was durch den Spaß und das besondere Erleben aber deutlich kompensiert wurde.

6.8 Stationenlernen reflektieren und abschließen

Zum verabredeten Zeitpunkt ist das Lernen an den Stationen beendet und die Gruppe trifft sich im Plenum. Nach diesem letzten Plenum können sich die Teilnehmenden alle Aufgaben, Materialblätter und Lösungshinweise zu den Stationen mitnehmen, die sie noch nicht bearbeitet haben. Die Trainerin hat zu diesem Zweck alle Lösungshinweise neben die Aufgabenblätter bei den Stationen gelegt.

6.8.1 Reflexion des eigenen Lernverhaltens durch die Teilnehmenden

Wie wir bereits deutlich gemacht haben, halten wir es für wesentlich, dass Erwachsene ein positives Selbstbild in Bezug auf das eigene Lernvermögen und -verhalten haben. Wir haben betont, dass das Wissen-Wollen in Verbindung mit der Freiwilligkeit die erste Grundvoraussetzung für erfolgreiches Lernen ist.

Wir kennen aber auch Teilnehmende, bei denen die intrinsische Motivation, am Seminar teilzunehmen, nicht so sehr im Wissen-Wollen als vielmehr im Urlaub-Machen-Wollen zu sehen ist. Sie haben eine günstige Gelegenheit ergriffen, dem Alltag zu entkommen. Diese kleine Gruppe von Teilnehmenden, mit der eigentlich immer gerechnet werden sollte, spielt für die Reflexion allgemein keine bedeutende Rolle. Sie können natürlich selbst entscheiden, ob sie über ihr Lernen reflektieren mögen oder nicht. Dennoch erwähnen wir sie, weil sie in Bezug auf das Hilfesystem sehr wohl Ansprechpersonen für andere werden können, weshalb die Trainerin im Blick behalten sollte, ob diese Rolle dann auch ernsthaft angenommen bzw. ausgefüllt wird. Die weiteren Formulierungen gehen ausschließlich von Teilnehmenden aus, die sich bewusst für das Lernen entschieden haben. Sie werden auf ihr Lernen bezogene Selbstbilder mitgebracht haben, derer sie sich aber nicht zwangsläufig bewusst sind.

Das Stationenlernen bietet eine gewisse Kontinuität des Reflektierens. Das Hilfesystem verlangt von Teilnehmenden, die von anderen zu einer bestimmten Station um Hilfe gebeten werden, einen reflektierenden Umgang

mit dem entsprechenden Lerngegenstand. Außerdem müssen die Teilnehmenden ständig Entscheidungen treffen: Was lerne ich? Mit wem lerne ich?
Wo lerne ich? Welche Aufgabe wähle ich? Habe ich etwas gelernt? Was habe
ich gelernt? All diese Fragen drängen förmlich zur Selbstbetrachtung aus
der Metaebene. Es kann aber auch sein, dass die Teilnehmenden diese Fragen intuitiv für sich beantworten und somit gar nicht erkennen können,
was die zentralen Faktoren für die jeweilige Entscheidung waren. Erst die
Arbeit mit dem »Stationen-Tagebuch« fordert zur Reflexion über einzelne
Stationen auf.

Im Gegensatz zu Horst Siebert, der zwischen Selbst-, Gruppen- und Pro-
blemreflexion unterscheidet, betrachten wir hier lediglich die Ebene der
Selbstreflexion (vgl. Hilzensauer 2008, S. 7). Dabei geht es uns um die Reflexion des eigenen Lernverhaltens zum Erkennen und Erweitern des eigenen
Lernvermögens. Idealerweise sollten sich Teilnehmende am Ende jeder Station oder eines Seminartages folgende Fragen stellen:

- Konnte ich meine Handlungskompetenz erweitern? (Nutzen, rational)
- Wie habe ich mich beim Bearbeiten der Aufgabe gefühlt? (Emotionen)
- Welche Aspekte (methodisch wie inhaltlich) wirkten förderlich, welche
  hemmend? (Lernanalyse)

Mit diesem Reflexionsschritt treten die Teilnehmenden zu ihrem lernenden
Ich in Beziehung. Die Beantwortung dieser Fragen verlangt von ihnen, den
Blick nach innen zu richten und sich aus verschiedenen Blickwinkeln selbst
zu bewerten. So wird ihnen das eigene Lernen bewusst, um daraus Erkenntnisse für spätere Lernprozesse ziehen zu können. Alle drei Fragen fügen
dem eben abgeschlossenen Lernschritt eine weitere Dimension zur neuro-
nalen Verarbeitung hinzu, weil der Lerngegenstand auf der Metaebene noch
einmal anders wahrgenommen und entsprechend verarbeitet wird als im
Lernprozess selbst.

Die erste Frage stellt über die Einschätzung des individuellen Nutzens
einen konkreten Lebensweltbezug zum Lerngegenstand her. Die Teilnehmenden vergegenwärtigen sich noch einmal ihre intrinsische Motivation, die wir
übersetzen wollen als Erkenntnis von Handlungskompetenz zu einem – im
Seminar angebotenen – Sachverhalt. Beantworten können die Frage diejenigen, die sich entweder unmittelbar eine Situation ins Gedächtnis rufen und
auf diese das Gelernte bzw. Bearbeitete der Aufgabe gedanklich anwenden.
Die Teilnehmenden können sich aber auch eine Situation vorstellen, wenn

sie keine reale Situation in Erinnerung haben. In beiden Fällen vertiefen sie den Lerngegenstand über dessen gedankliche Anwendung (Wiederholung).

Die zweite Frage bereitet darauf vor, sich von Station zu Station zunehmend darüber klar zu werden, unter welchen Bedingungen man selbst gut lernt. Bei dieser Frage sind die Teilnehmenden regelmäßig darauf hinzuweisen, im Lernprozess ihre Gefühle zu beachten. Da diese extrem »flüchtig« sind, wäre auch der Hinweis denkbar, sie gleich niederzuschreiben.

Die dritte Frage zielt darauf ab, die das Lernen begleitenden Gefühle mit dem Lernvorgang direkt zu verknüpfen. Anders formuliert könnten wir sagen, dass dieser Reflexionsschritt dabei helfen kann, Muster im Gehirn aufzuspüren, die das Lernen hemmen oder befördern. Je besser das gelingt, umso mehr erfahren die Teilnehmenden über ihr Lernen. Über die Trennung von Methode und Inhalt soll versucht werden, hemmende und fördernde Aspekte besser identifizieren zu können. Im Rückgriff auf die zweite Frage können auch die dort identifizierten Emotionen deutlicher eingeordnet werden.

Ein Anliegen des Stationenlernens ist es, die Teilnehmenden darin zu unterstützen, ein positives Selbstbild von sich als Lernende (weiter) zu entwickeln. Bei manchen Teilnehmenden wird das kaum die Unterstützung des Trainers erfordern, bei anderen verhält es sich genau andersherum. Hier kommt es einmal mehr auf die erfahrungsbasierte Einschätzung und das Beobachtungstalent der Trainerin an.

6.8.2 Abschlussplenum

Das abschließende Plenum muss zeitlich gut eingeschätzt werden. Dies gilt besonders, wenn es zugleich der Seminarabschluss ist. Die zeitliche Einschätzung gelingt, wenn bei den regulären Plenen stets im Blick behalten wird, wer etwa noch Produkte aus Stationen präsentieren will oder welche Themen Einzelnen noch unter den Nägeln brennen. Der Trainer schaut vor dem abschließenden Plenum auf die Bearbeitungsergebnisse aus den Stationen, aus denen im Laufe des Stationenlernens allmählich ein Gruppenergebnis gewachsen ist. Diese Gruppenergebnisse können meist erst im Abschlussplenum betrachtet und gewürdigt werden, weil die Teilnehmenden bis zum Ende der Bearbeitungsphase die Gelegenheit haben, ihren Beitrag zu dieser Station zu leisten. Der Trainer verschafft sich so einen Überblick, welche davon im Plenum noch aufgerufen und beraten werden sollten.

Zu Beginn des Plenums werden zunächst die noch nicht präsentierten Produkte von Stationen gezeigt. Stationen, in denen ein Gruppenergebnis entstanden ist, werden im Plenum in den Mittelpunkt gerückt, das Gesamtbild wird betrachtet und besprochen, gegebenenfalls ausgewertet und diskutiert. Zu manchen Themen haben einzelne Teilnehmende noch Diskussionsbedarf. Hier sollte im Plenum beraten werden, wie damit umgegangen wird. Soll das Thema überhaupt diskutiert werden? Diskutieren alle Teilnehmenden alle Themen mit Diskussionsbedarf nacheinander oder wird arbeitsteilig diskutiert und danach im Plenum zusammengetragen?

Einerseits sollte die Trainerin strikt bei den Bedürfnissen der Teilnehmenden bleiben. Nur wenn diese Diskussions- oder Klärungsbedarf haben, wird ein Thema im Plenum angesprochen. Das Abschlussplenum dient nicht dazu, dass der Trainer den Teilnehmenden noch die eine oder andere Weisheit mit auf den Weg gibt. Ausgenommen hiervon sind nur offen zutage getretene Fehler in Bereichen, in denen es ein Richtig und ein Falsch gibt.

Andererseits dient das Plenum auch nicht dazu, dem Bedürfnis Einzelner nach einer Gruppendiskussion oder einer Positionsbestimmung nachzugeben. Solche Situationen ergeben sich zuweilen, wenn Führungskräfte teilnehmen, die zu einem bestimmten Thema die offizielle Firmenstellungnahme verkünden wollen. Hier sollte schon vor dem Seminar geklärt werden, ob dies vom Auftraggeber gewünscht wird. Wenn dem so ist, wählt man besser eine andere Methode, die weniger Freiraum lässt. Auch bei Seminaren, die eher politische Inhalte haben, oder wenn die Teilnehmenden engagierte Ehrenamtliche sind, kommt es schnell zu erhöhtem Diskussionsbedarf mit Selbstdarstellerpotenzial. Auch hier gilt: Für eine Diskussion bedarf es mehrerer Beteiligter. Mindestens vier Teilnehmende, je nach Seminargröße auch mehr, sollten ein Bedürfnis danach haben. Sind die im Seminar nicht vorhanden, sollte die Diskussion in die nächste Kaffeepause verschoben werden.

Die abschließende Auswertung des Stationenlernens erfolgt bei kürzeren Lerneinheiten in Form einer Rückmeldung zum Tag, bei Seminaren in Form der Seminarauswertung. Um eine genauere Rückmeldung zu erhalten und den Teilnehmenden die Möglichkeit zu bieten, ihr eigenes Lernverhalten zu reflektieren, haben sich Methoden bewährt, die differenziert nach den Erfahrungen im Seminar fragen. Zunächst werden die Teilnehmenden eingeladen, in ihr Lerntagebuch zu schauen und es gegebenenfalls noch zu ergänzen. Im Anschluss daran kann zum Beispiel danach gefragt werden,

- was jemand gelernt hat,

- wie jemand gelernt hat,
- in welcher Stimmung gelernt wurde,
- ob jemand glaubt, etwas über das eigene Lernen gelernt zu haben, und
- ob die allgemeine Handlungskompetenz erweitert wurde.

Um dies abzufragen, gibt es unterschiedliche Möglichkeiten. Wir arbeiten gerne mit den »Sieben Hüten«, angelehnt an die Kreativitätstechnik von Edward de Bono, auf die Seminarauswertung übertragen von Amelie Funcke.

Wertvolle Rückmeldungen verspricht eine Kartenabfrage zu diesen drei Fragen:

- Was nehme ich an Erkenntnissen mit?

- Was nehme ich an Erfahrungen aus der Zusammenarbeit mit?

- Was nehme ich an Erfahrungen zur Seminargestaltung mit?

Die vorbereiteten Wandzeitungen hängen vorne, nebeneinander, gleich gut sichtbar im Plenum. In der Mitte des Raumes liegen ausreichend Moderationskarten und Moderationsmarker für alle Teilnehmenden. Der Trainer stellt die Wandzeitungen vor. Die Taschen stehen dafür, etwas vom Seminar mitnehmen zu wollen. Die Teilnehmenden werden aufgefordert, für sich auf Karten zu notieren, was sie zu dem

---

jeweiligen Aspekt vom Seminar »mitnehmen«, welche Erfahrungen oder Erkenntnissen sie jetzt bereits haben. Wenn bislang noch nicht mit Moderationskarten gearbeitet wurde, folgen die Hinweise »Bitte laut und deutlich schreiben« und »Nur eine Aussage je Karte«. Wenn die Trainerin mag, kann sie unterschiedliche Kartenfarben für jede Wandzeitung vorgeben. Es empfiehlt sich dann, eine leere Musterkarte in der jeweiligen Farbe auf die entsprechende Wandzeitung zu heften. Es folgt eine stille Phase von circa sieben Minuten, in der die Teilnehmenden Karten beschriften. Wer fertig ist, wartet – die Ruhe bewahrend –, bis alle fertig sind und es weitergeht. Danach kommen die Teilnehmenden einzeln nach vorne, lesen ihre Karten vor, erläutern diese eventuell noch kurz und heften sie auf die entsprechende Wandzeitung. Die Aussagen auf den Karten werden weder kommentiert noch diskutiert, nicht vom Trainer, nicht von den Teilnehmenden. Wenn alle Karten an den Wandzeitungen hängen, ergibt sich ein Gesamtbild, das gemeinsam beschrieben werden oder einfach so stehen bleiben kann.

Gewagt, aber nach unserer Erfahrung ergiebig ist es, die Rückmelderunde mit der folgenden, sehr individuellen Auswertung einzuleiten, die jede und jeder Teilnehmende für sich ausfüllt. Dafür sollten nicht weniger als 15 Minuten angesetzt werden.

Seminarauswertung

Aufgabe: Bitte ergänzen Sie folgende Sätze:

1. Für mich war hilfreich, dass

   ....

   ....

2. Es wäre wichtig gewesen, dass

   ....

   ....

3. Ich empfand Langeweile, als

   ....

   ....

4. Für mich war besonders interessant, dass

....

....

5. Ich fühlte mich abgehängt, als

....

....

6. Mich überraschte, dass

....

....

7. Ich war enttäuscht, dass

....

....

8. Ich war froh über

....

....

(aus Rabenstein/Reichel/Thanhoffer 2001, 4 B 16)

Im Anschluss an die Phase des Erinnerns, Ausfüllens und Reflektierens haben die Teilnehmenden die Möglichkeit, im Plenum freiwillig den einen oder anderen Aspekt aus ihrer Seminarauswertung mitzuteilen.

6.9 Dokumentation

Es leuchtet ein, dass beim Stationenlernen wegen des individuellen Lernens und der konstruktivistischen Perspektive kein einheitlich zu dokumentierendes »Seminarergebnis« zustande kommen kann. Wie aber lässt sich dennoch eine den Teilnehmenden auch zustehende Seminardokumentation realisieren? Einerseits enthält das Stationen-Tagebuch, als eine Chronik des Lernens, eine vollständige – sehr persönliche – Dokumentation des Seminars. Hier notieren die Teilnehmenden ihre ganz persönlichen Gedanken, Fragen, Erkenntnisse, Hemmnisse und vieles mehr. Dessen primäre Funktion, eine bestimmte Aufgabe unmittelbar zu reflektieren, steht dem nicht im Wege. Das Stationentagebuch wird durch die Aufgabenblätter, die eigenen Lösungsnotizen sowie Stationen-Material ergänzt.

Andererseits soll aber auch das kollektive Erlebnis dokumentiert werden, nicht zuletzt, weil in ihm viele Emotionen konserviert sind. Wir machen, mit Einverständnis der Teilnehmenden, Fotos während des Seminars. Aus der Verbindung von Fotos des Lernparcours, der Lernenden im Parcours und ihrer am Ende des Seminars getroffenen Bewertungen des selbigen lassen sich ansprechende Fotodokumentationen erstellen. Wir versehen diese gerne mit wertfreien Kommentaren – sollte es »running gags« im Seminar gegeben haben, sollten sie unbedingt ins Protokoll – und stellen sie den Teilnehmenden digital, mit wenig Zeitverzug, zur Verfügung. Dies kann per E-Mail erfolgen oder über eine »Cloud«, für die die Teilnehmenden die Zugangsdaten erhalten.

Literatur

Aamodt, Sandra/Wang, Samuel: *Welcome to your Brain.* München 2009.

Angermeier, Wilhelm F./Bednorz, Peter/Schuster, Martin: *Lernpsychologie.* München, 2. Aufl. 1991.

Arnold, Rolf/ Nolda, Sigrid/Nuissl, Ekkehard (Hrsg.): *Wörterbuch Erwachsenenpädagogik.* Bad Heilbrunn 2001.

Arnold, Rolf: *Erwachsenenbildung – Eine Einführung in Grundlagen, Probleme und Perspektiven.* Hohengehren, 4. Aufl. 2001.

Arnold, Rolf: *Ich lerne, also bin ich. Eine systemtisch-konstruktivistische Didaktik*, Heidelberg 2007.

Arnold, Rolf/Erpenbeck, John: *Wissen ist keine Kompetenz.* Baltmannsweiler 2014.

Aziz, Wajeeha/Wang, Wen/Kesaf, Sebnem/Mohamed, Alsayed Abdelhamid/Fukazawa, Yugo/Shigemoto, Ryuichi: *Distinct kinetics of synaptic structural plasticity, memory formation, and memory decay in massed and spaced learning.* PNAS 2013. www.pnas.org/content/early/2013/12/17/1303317110.full.pdf+html?with-ds=yes (Aufruf am 23.4.2014).

Bauer, Roland: *Schülergerechtes Arbeiten in der Sekundarstufe I: Lernen an Stationen.* Berlin 1997.

Bauer, Roland: *Lernen an Stationen weiterentwickeln.* Berlin 2009.

Bauer, Roland/Markwald, Ulrich: *Feuer und Flamme – Wärme verändert.* Berlin, 5. Aufl. 2009.

Becker, Manfred: *Personalentwicklung – Bildung, Förderung und Organisationsentwicklung in Theorie und Praxis.* Stuttgart, 5. Aufl. 2009.

Becker, Nicole: *Die neurowissenschaftliche Herausforderung der Pädagogik.* Bad Heilbrunn 2006.

Blankertz, Herwig: *Theorien der Didaktik – Grundfragen der Erziehungswissenschaft.* München, 6. Aufl. 1972.

Bloom, Benjamin S. (Hrsg.): *Taxonomie von Lernzielen im kognitiven Bereich.* Weinheim/Basel 1976.

Bohl, Thorsten/Kucharz, Diemut: *Offener Unterricht heute – konzeptionelle und didaktische Weiterentwicklung.* Weinheim/Basel 2010.

Caspary, Ralf (Hrsg.): *Lernen und Gehirn.* Freiburg im Breisgau 2010.

Cornelius, Till: *Didaktische Überlegungen zum Stationenlernen als Form des Offenen Unterrichts.* Norderstedt 2001.

Crusco, April H./Wetzel, Christopher G.: *The Midas Touch: The Effects of Interpersonal Touch on Restaurant Tipping.* Personality & Social Psychology Bulletin 10 (4), 1984, pp. 512–517.

Dedering, Heinz: *Pädagogik der Arbeitswelt.* Weinheim 1998.

Dirks, Sandra: *Humorkochbuch für Trainer.* Bonn 2013.

Edelmann, Gudrun/Möller, Christine: *Grundkurs Lernplanung, Einzel- und Gruppenübungen zu praxisorientierten Problemen der Lernzielerstellung.* Weinheim/Basel 1976.

Egle, Gerd: *Lernzirkel.* www.teachsam.de/methdid/meth_samml/lernzirk/lernzirk_1.htm (Aufruf am 16.4.2014).

Eller, Ursula/Greco, Luisa/Grimm, Wendelin: *Praxisbuch Individuelles Lernen.* Weinheim 2012.

Flerlage, Yvonne: *Lernen aus neurobiologischer Sicht, Grundlagen der Beeinflussung – Chancen bei der betrieblichen Weiterbildung.* Saarbrücken 2007.

Funcke, Amelie: *Vorstellbar.* Bonn 2010.

Funcke, Amelie: *Moderations-Tools.* Bonn 2011.

Geißler, Karlheinz: *Anfangssituationen, Was man tun und besser lassen sollte.* Weinheim, 10. Auflage 2005.

Gieth, van der, Hans-Jürgen: *Lernzirkel. Die neue Form des Unterrichtens.* Kempen 1999.

Grzega, Joachim/Klüsener, Bea: *LdL für Pepe, Pfeiffer und die Pauker: Unterrichtstipps nach 30 Jahren bewährtem, verlässlichem, kreativem und effektivem Lernen durch Lehren.* Berlin 2013.

Gührs, Manfred/Nowak, Claus: *Das konstruktive Gespräch – Ein Leitfaden für Beratung, Unterricht und Mitarbeiterführung mit Konzepten der Transaktionsanalyse.* Neumünster, 6. Aufl. 2006.

Herold, Cindy/Herold, Martin: *Selbstorganisiertes Lernen in Schule und Beruf.* Weinheim/Basel, 2. Aufl. 2013.

Herrmann, Ulrich: *Neurodidaktik – Grundlagen und Vorschläge für gehirngerechtes Lehren und Lernen.* Weinheim/Basel 2006.

Hilzensauer, Wolf (2008): *Theoretische Zugänge und Methoden zur Reflexion des Lernens. Ein Diskussionsbeitrag.* In: bildungsforschung, Jahrgang 5, Ausgabe 2. www.bildungsforschung.org/Archiv/2008-02/lernvermoegen/ (Aufruf am 18.1.2014)

Hoefs, Hartmut: *Offenheit macht Schule.* Mülheim 1996.

Hüther, Gerald: *Bedienungsanleitung für ein menschliches Gehirn.* Göttingen 2006.

Hüther, Gerald: *Die Zukunft des Lernens. Voraussetzungen für gelingende Lernprozesse aus neurobiologischer Sicht.* Auditorium Netzwerk 2008.

Jank, Werner/Meyer, Hilbert: *Didaktische Modelle.* Berlin 2002.

Kaiser, Arnim/Kaiser, Ruth: *Studienbuch Pädagogik.* Berlin 2001.

Klafki, Wolfgang: *Neue Studien zur Bildungstheorie und Didaktik – zeitgemäße Allgemeinbildung und kritisch-konstruktive Didaktik.* Weinheim/Basel 2007.

Klier, Andreas: *Neurowissenschaftliche Erkenntnisse zum Lernen im Lebenslauf.* In: Grundlagen der Weiterbildung e. V. (Hrsg.): Grundlagen der Weiterbildung, Loseblattsammlung, Neuwied/Kriftel/Berlin, Stand Juli 2010.

Krathwohl, David R./Bloom, Benjamin/Masia, B. Bertram: *Taxonomie von Lernzielen im affektiven Bereich.* Weinheim/Basel 1975.

Kron, Friedrich W.: *Grundwissen Didaktik.* Basel, 5. Aufl. 2008.

Krüger, Hermann-Heinz/Helsper, Werner (Hrsg.): *Einführung in Grundbegriffe und Grundfragen der Erziehungswissenschaft.* Opladen, 3. Aufl. 1998.

Mager, Robert: *Lernziele und Unterricht.* Weinheim/Basel 1994.

Markowitsch, Hans-Joachim: *Dem Gedächtnis auf der Spur – vom Erinnern und Vergessen.* Darmstadt, 2. Aufl. 2005.

Masemann, Sandra/Messer, Barbara: *Improvisation und Storytelling in Training und Unterricht.* Weinheim 2009.

Masemann, Sandra/Messer, Barbara: *Trainings inszenieren. Theater im Training.* Offenbach 2011.

Meueler, Erhard: *Lob des Scheiterns – Methoden- und Geschichtenbuch zur Erwachsenenbildung an der Universität.* Hohengehren 2001.

Möller, Christine: *Technik der Lernplanung.* Weinheim/Basel, 5. Aufl. 1976.

Möller, Christine (Hrsg.): *Praxis der Lernplanung.* Weinheim/Basel 1974.

Müller, Detlef K. (Hrsg.): *Pädagogik, Erziehungswissenschaft, Bildung – eine Einführung in das Studium.* Köln/Weimar/Wien 1994.

Neider, Andreas (Hrsg.): *Wer strukturiert das menschliche Gehirn? Fragen der Hirnforschung an das Selbstverständnis des Menschen.* Stuttgart 2006.

Pöppel, Ernst/Wagner, Beatrice: *Je älter desto besser.* München 2010.

Quarks & Co, Sendung vom 03.07.2012, http://gffstreamz.vo.llnwd.net/c1/m/1326225600/quarks/wdr_fernsehen_quarks_und_co_20120703.mp4 (Aufruf am 15.8.2013).

Paradies, Liane/Linser, Hans Jürgen: *Differenzieren im Unterricht.* Berlin, 7. Aufl. 2012.

Rabenstein, Reinhold/Reichel, René/Thanhoffer, Michael: *Das Methoden-Set.* Münster 2001.

Rachow, Axel (Hrsg.): *Spielbar. 51 Trainer präsentieren 77 Top-Spiele aus ihrer Seminarpraxis,* Bonn, 4. Aufl. 2012.

Rachow, Axel (Hrsg.): *Spielbar II. 66 Trainer präsentieren 88 Top-Spiele aus ihrer Seminarpraxis,* Bonn 2002.

Reich, Eberhard: *Denken und Lernen – Hirnforschung und pädagogische Praxis.* Darmstadt 2005.

Reich, Kersten: *Konstruktivistische Didaktik.* Weinheim/Basel, 5. Aufl. 2012.

Roth, Gerhard: *Fühlen, Denken, Handeln – Wie das Gehirn unser Verhalten steuert.* Frankfurt a. M. 2003.

Roth, Gerhard: *Bildung braucht Persönlichkeit.* Stuttgart 2011.

Rump, Konrad u. a.: *Methodensammlung für Trainerinnen und Trainer.* Bonn, 9. Aufl. 2014.

Schüßler, Ingeborg: *Deutungslernen – Erwachsenenlernen im Modus der Deutung.* Hohengehren 2000.

Siebert, Horst: *Didaktisches Handeln in der Erwachsenenbildung.* Neuwied/Kriftel 2000.

Siebert, Horst: *Vernetztes Lernen. Systemisch-konstruktivistische Methoden der Bildungsarbeit,* Hergensweiler 2007.

Siebert, Horst: *Aspekte einer reflexiven Didaktik.* In: Mader, Wilhelm (Hrsg.): Zehn Jahre Erwachsenenbildungswissenschaft, Bad Heilbrunn 1991, S. 19–26.

Singer, Wolf: *Der Beobachter im Gehirn – Essays zur Hirnforschung.* Frankfurt a. M. 2002.

Sosic, Zrinka: *Nach dem Lernen braucht unser Gehirn eine Denkpause.* In: Spektrum Hören, 1/2008, S. 8 ff. www.updatenet.net/images/7/7a/Konsolidierung_Sosic_2008.pdf (Aufruf am 15.4.2014).

Spitzer, Manfred: *Lernen – Gehirnforschung und Schule des Lebens.* Heidelberg/Berlin 2002.

Spitzer, Manfred: *Lernen – Die Entdeckung des Selbstverständlichen.* Weinheim/Basel 2006.

Spitzer, Manfred: *Medizin für die Bildung. Ein Weg aus der Krise.* Heidelberg 2010.

Spitzer, Manfred/Bertram, Wulf: *Hirnforschung für Neu(ro)gierige.* Braintainment 2.0, Stuttgart 2010.

Strauch, Barbara: *Da geht noch was. Die überraschenden Fähigkeiten des erwachsenen Gehirns.* Berlin 2011.

Tomasello, Michael et al.: *Understanding and sharing intentions: The origins of cultural cognition.* In: Behavioral and Brain Sciences, 28, Cambridge University Press 2005, pp. 675–735.

Tuckmann, Bruce W.: *Developmental sequences in small groups.* In: Psychological Bulletin, 63, 1965, pp. 348–399, zit. nach Kauffeld, S.: Arbeits-, Organisations- und Personalpsychologie – für Bachelor, Berlin/Heidelberg 2011.

Vester, Frederic: *Denken. Lernen, Vergessen.* München. 24. Aufl. 1997.

Watzlawick, Paul: *Menschliche Kommunikation.* Göttingen, 9. Aufl. 1996.

Watzlawick, Paul: *Anleitung zum Unglücklichsein.* München, 17. Aufl. 1998.

Zhang, Yili et al.: *Computational design of enhanced learning protocols.* In: Nature Neuroscience, 15/2012, pp. 294–297.